新能源汽车专业"岗课赛证"融通活页式创新教材

新能源汽车充电技术

组编　行云新能科技（深圳）有限公司
主编　高晓琛　寿伟义　黄乐安
参编　吴立新　周伟伟　赵海兰
　　　金昊炫　任　艺　毛　鸿
　　　姜方富　欧卫新　郑礼民

机械工业出版社

本书是按照新能源汽车相关专业"岗课赛证"融通模式编写的教材,教学内容主要包括新能源汽车充电系统、新能源汽车充电设施、新能源汽车充电站等方面的相关知识。全书以"做中学"为主导,以程序性知识为主体,配以必要的陈述性知识和策略性知识,重点强化"如何做",将必要知识点穿插于各个"做"的步骤中,边学习、边实践,同时将"课程思政"融入课程的培养目标,在实训教学中渗透理论的讲解,使所学到的知识能够融会贯通,让学生具有独立思考、将理论运用于实践的动手能力,成为从事新能源汽车相关工作的高素质技能型专业人才。

本书内容通俗易懂,可作为职业院校新能源汽车运用与维修、新能源汽车技术、新能源汽车检测与维修技术等相关专业教材,也可供新能源汽车专业的工程技术人员参考。

图书在版编目(CIP)数据

新能源汽车充电技术 / 行云新能科技(深圳)有限公司组编;高晓琛,寿伟义,黄乐安主编. — 北京:机械工业出版社,2024.5(2025.2重印)
新能源汽车专业"岗课赛证"融通活页式创新教材
ISBN 978-7-111-75903-4

Ⅰ.①新… Ⅱ.①行… ②高… ③寿… ④黄… Ⅲ.①新能源-汽车-充电-教材 Ⅳ.①U469.72

中国国家版本馆CIP数据核字(2024)第105953号

机械工业出版社(北京市百万庄大街22号　邮政编码100037)
策划编辑:谢　元　　　　　　　　责任编辑:谢　元
责任校对:张勤思　马荣华　景　飞　封面设计:马精明
责任印制:邰　敏
中煤(北京)印务有限公司印刷
2025年2月第1版第3次印刷
184mm×260mm・14.5印张・314千字
标准书号:ISBN 978-7-111-75903-4
定价:59.90元

电话服务　　　　　　　　　网络服务
客服电话:010-88361066　　机　工　官　网:www.cmpbook.com
　　　　　010-88379833　　机　工　官　博:weibo.com/cmp1952
　　　　　010-68326294　　金　书　网:www.golden-book.com
封底无防伪标均为盗版　　　机工教育服务网:www.cmpedu.com

新能源汽车专业"岗课赛证"融通活页式创新教材

丛书编审委员会

主　任　吴立新　行云新能科技（深圳）有限公司

副主任　吕冬明　机械工业教育发展中心
　　　　　李林超　深圳大学
　　　　　胡剑平　深圳市海梁科技有限公司
　　　　　穆　毅　深圳市海梁科技有限公司
　　　　　庞浩博　北京博伟东方科技有限公司

委　员　邹　晔　无锡职业技术学院
　　　　　高晓琛　淄博职业学院
　　　　　张立荣　淄博职业学院
　　　　　杨秀芳　扬州工业职业技术学院
　　　　　张　力　山东交通职业学院
　　　　　程　章　安徽交通职业技术学院
　　　　　郑丽萍　泉州职业技术大学

资源说明页

本书附赠 12 个富媒体资源，总时长 69 分钟。

获取方式：

1. 微信扫码（封底"刮刮卡"处），关注"天工讲堂"公众号。
2. 选择"我的"—"使用"，跳出"兑换码"输入页面。
3. 刮开封底处的"刮刮卡"获得"兑换码"。
4. 输入"兑换码"和"验证码"，点击"使用"。

通过以上步骤，您的微信账号即可免费观看全套课程！

首次兑换后，微信扫描本页的"课程空间码"即可直接跳转到课程空间，或者直接扫描内文"资源码"即可直接观看相应富媒体资源。

课程空间码

序

2020年10月，国务院办公厅印发《新能源汽车产业发展规划（2021—2035年）》，明确提出，深化"三纵三横"研发布局，提高创新能力。"三纵"是指纯电动汽车、插电式混合动力汽车、燃料电池汽车；"三横"是指动力电池与管理系统、驱动电机与电力电子、网联化与智能化技术，是新能源汽车的核心技术。在国家的产业规划与政策支持下，我国的新能源汽车产业蓬勃发展。2022年10月，党的二十大报告指出，建设现代化产业体系。坚持把发展经济的着力点放在实体经济上，推进新型工业化，加快建设制造强国、质量强国、航天强国、交通强国、网络强国、数字中国。这为推动新能源汽车发展、助力实体经济指明了方向。

2023年7月3日，随着一辆银色新能源汽车在广州驶下生产线，我国第2000万辆新能源汽车诞生，这标志着我国新能源汽车在产业化、市场化的基础上，迈入了规模化、全球化的高质量发展新阶段。从1995年我国第一辆新能源汽车"远望号"起步，到首个1000万辆的突破，历时27年；而从第1000万辆到第2000万辆下线，仅用时17个月。时间和数字的变化，展示了我国新能源汽车崛起的加速度，勾勒出我国汽车产业高质量发展轨迹。汽车被誉为"现代工业皇冠上的明珠"，是公认最能体现国家制造实力的重要标志之一。在燃油车时代，中国汽车工业努力从旁观者变成了参与者。随着百年汽车迈向电动化、智能化、网联化和共享化的"新四化"的新征程，我国敏锐捕捉全球汽车产业转型升级和绿色发展的主要方向，以前瞻性的战略判断和提前布局，成为新能源汽车领域的领跑者。

根据公安部统计，截至2024年底，我国新能源汽车保有量达3140万辆，呈高速增长态势，但售后维修领域的人才培养速度并没有跟上前端产业的发展。目前，中国有50万家汽车修理厂，真正能够维修新能源汽车的，还不到1万家。从事新能源汽修的技师，不仅要掌握维修原理，还必须要持有汽车维修工证和电工证。因此，传统燃油汽车的修理厂基本无法维修新能源汽车。《制造业人才发展规划指南》显示，到2025年，从事与节能与新能源汽车相关工作的人才总量预计达到120万人，但人才缺口预计可达103万人。

比亚迪拥有一系列的核心技术，比如电池、电机、电控以及车身结构等技术，在燃料电池、氢能等领域，比亚迪也走在了行业的前列。2022年比亚迪新能源汽车销量186.3万辆，位居全球新能源汽车销量第一。行云新能作为搭接产业和教育的桥梁，自2015年就与比亚迪在院校中开展校企合作，最早将比亚迪新能源汽车技术、产品和人才培养标准引入院校中，并与比亚迪一起参与《汽车维修业经营业务条件 第1部分：汽车整车维修企业》《新能源汽车维修维护技术要求》两项国家标准制定。为解决新能源汽车行业人才短缺的现状，行云新能以比亚迪等新能源汽车企业技术、产品和岗位需求为根本，结合比亚迪的生产制造、检测维修、辅助研发设计等核心岗位的技能要求，开发出中—高—本（高技能）衔接的"新能源汽车全产业链人才培养技能树"，构建"岗课赛证"的综合育人体系，并以比亚迪"油转电"训练体系为基础，建立新能源汽车技能训练工作站培训体系，多元化解决新能源汽车售后维修领域人才短缺的难题。

为了响应高速发展的新能源汽车产业对素质高、专业技术全面、技能熟练的大国工匠、高技能人才的迫切需求，为了响应《国家职业教育改革实施方案》提出的"建设一大批校企'双元'合作开发的国家规划教材，倡导使用新型活页式、工作手册式教材并配套开发信息化资源"的倡议，行云新能科技（深圳）有限公司联合多名中职、高职、本科、技工技师类院校中具有丰富教学实践经验的汽车专业教师与比亚迪汽车工业有限公司合作，历时两年，共同完成"新能源汽车专业'岗课赛证'融通活页式创新教材"的编写工作。

结合目前新能源汽车专业教材的设置特点，"新能源汽车专业'岗课赛证'融通活页式创新教材"包括《新能源汽车电学基础与高压安全》《新能源汽车构造》《新能源汽车电机及控制系统检修》《新能源汽车动力电池及管理系统检修》《新能源汽车电气技术》《新能源汽车充电技术》《新能源汽车保养与故障诊断技术》共七本。

多年的教材开发经验、教学实践经验以及产业端的工作经验，使我们深切地感受到，教材建设是专业建设的基石。为此，本系列教材力求突出以下特点：

1）以学生为中心。活页式教材具备"工作活页"和"教材"的双重属性，这种双重属性直接赋予了活页式教材在装订形式与内容更新上的灵活性。这种灵活性使得教材可以依据产业发展及时调整相关教学内容与案例，以培养学生的综合职业能力为总目标，其中每一个能力模块都是完整的行动任务。按照"以学生为中心"的思路进行教材开发设计，将"教学资料"的特征和"学习资料"的功能完美结合，使学生具备职业特定技能、行业通用技能以及伴随终身的可持续发展的核心能力。

2）以职业能力为本位。在教材编写之前，我们全面分析了新能源汽车的整车设计端、制造端、销售端、售后服务端这四个产业端，根据新能源汽车企业对机电维修工、新车销售顾问、售后服务顾问、质检工程师等岗位的能力要求，对职业岗位进行能力分解，提炼出完成各项任务所应具备的知识和能力。以此为基础进行教材内容的选择和结构设计，学以致用，实现人才培养与社会需求的无缝衔接，真正体现工学结合的本质特征。同时，在内容设置方面，还尽可能与国家及行业相关技术岗位职业资格标准衔接，力求符合职业技能鉴定的要求，为学生获得相关的职业认证提供帮助。

3）以学习成果为导向。新能源汽车内含多个系统，涉及维护、保养、检修、更换、标定等多种工作任务，这使得相关专业的学生在学习过程中往往会感到无从下手。我们利用了活页式教材的特点来解决此问题。活页式教材是一种以模块化为特征的教材形式，它将一本书分成多个独立的模块，以某种顺序组合在一起，从而形成相应的教学逻辑。教材的每个模块都可以单独制作和更新，便于保持内容的时效性和精准性。通过发挥活页式教材的特点，我们将实际工作所需的理论知识与技能相结合，以工作过程为主线，便于学生在实际的操作过程中掌握工作所需的技能和加深对理论知识的认知。

总体而言，本系列活页式教材以学生为中心，以职业能力为本位，以学习成果为导向，让学生在教师指导下经历完整的工作过程，创设沉浸式教学环境，并在交互体验的过程中建构专业知识，训练专业技能，从而促进学生自主学习能力的提升。在学习任务中，以学习目标、知识索引、情境导入、任务分组、工作计划、进行决策、任务实施、评价反馈等环节为主线，帮助学生在动手操作和了解行业发展的过程中领会团结合作的重要性，培养执着专注、精益求精、一丝不苟、追求卓越的工匠精神。在每个能力模块中引入了拓展阅读，将爱党、爱国、爱业、爱史与爱岗教育融入课程中。为满足"人人皆学、处处能学、时时可学"的需要，本系列活页式教材还搭配了微课等数字化资源辅助学生学习。

虽然本系列教材的编写者在新能源汽车应用型人才培养的教学改革方面进行了一些有益的探索和尝试，但由于水平有限，教材中难免存在错误或疏漏之处，恳请广大读者给予批评指正。

丛书编委会

前 言

党的二十大报告提出,统筹职业教育、高等教育、继续教育协同创新,推进职普融通、产教融合、科教融汇,优化职业教育类型定位。产教融合是培养智能网联汽车产业端所需的素质高、专业技术全面、技能熟练的大国工匠、高技能人才的重要方式,也是本教材体系建设的重要依据。

2007年,国家发展改革委发布了《产业结构调整指导目录(2007年本)》,新能源汽车正式进入发展改革委的鼓励产业目录。也正是从2007年开始,国内关于发展新能源汽车的呼声越来越高。乘着奥运会为新能源汽车带来的东风,2009年1月,科技部、财政部、国家发展改革委、工业和信息化部共同启动了"十城千辆"工程,通过提供财政补贴,计划用3年左右的时间,每年发展10个城市,每个城市推出1000辆新能源汽车开展示范运行,涉及这些大中型城市的公交、出租、公务、市政、邮政等领域,力争使全国新能源汽车的运营规模到2012年占到汽车市场份额的10%。2010年5月31日,财政部、科技部、工业和信息化部、国家发展改革委联合印发了《关于开展私人购买新能源汽车补贴试点的通知》,论证后对符合条件的城市开展私人乘用车的试点,对购买插电式混合动力汽车和纯电动汽车的车主予以补贴。在政策的大力支持下,我国的新能源汽车产业蓬勃发展,新能源汽车产销量飞速增加。中国汽车工业协会公布的产销数据显示,2015年新能源汽车生产340471辆,销售331092辆,跃居世界第一。2020年9月,我国新能源汽车生产累计突破了500万辆,实现了《节能与新能源汽车产业发展规划(2012—2020年)》中提出的目标。2022年2月,我国新能源汽车生产累计突破了1000万辆。2023年7月3日,我国第2000万辆新能源汽车在广州正式下线。从2009年的"十城千辆"工程到第1000万辆新能源汽车的下线,我国用时13年,从第1001万辆新能源汽车下线到第2000万辆新能源汽车下线,我国仅用了1年零5个月的时间。新能源汽车产业的飞速发展也带来了人才紧缺的问题,工信部2023年发布的《制造业人才发展规划指南》指出,到2025年,节能与新能源汽车的人才总量预计达到120万人,但人才缺口预计可达103万人,其中,新能源汽车维修领域将面临80%的人才缺口。为了缓解新能源汽车领域的人才紧缺问题,开设新能源汽车运用与维修、新能源汽车技术、新能源汽车检测与维修技术等新能源汽车相关专业的职业院校越来越多,为了融合信息技术、贴合产业发展,促进中职、高职、职教本科类院校汽车类专业建设,我们特开发了本教材。

本教材围绕新能源汽车相关专业"岗课赛证"综合育人的教育理念与教学要求,基于"学生为核心、能力为导向、任务为引领"的理念编写。在对新能源汽车技术人才岗位特点、1+X职业技能等级证书和"校—省—国家"三级大赛体系进行调研的基础上,分析出岗位典型工作任务,进而创设真实的工作情景,引入企业岗位真实的生产项目,强化产教融合深度,从而构建整套系统化的课程体系。

全书分为掌握新能源汽车结构及产业发展知识、掌握新能源汽车充电系统知识与结构识别方法、掌握新能源汽车充电设施的检测与维修方法、掌握新能源汽车充电标准知识及充电报文的解析方法、掌握新能源汽车充电站的建设标准与运行模式、掌握新能源汽车充电系统故障的诊断与排除方法这6个能力模块,下设共17个任务。

能力模块		理论学时	实践学时	权重
能力模块一	掌握新能源汽车结构及产业发展知识	3	4	7.3%
能力模块二	掌握新能源汽车充电系统知识与结构识别方法	8	24	33.3%
能力模块三	掌握新能源汽车充电设施的检测与维修方法	6	8	14.6%
能力模块四	掌握新能源汽车充电标准知识及充电报文的解析方法	4	10	14.6%
能力模块五	掌握新能源汽车充电站的建设标准与运行模式	5	0	5.2%
能力模块六	掌握新能源汽车充电系统故障的诊断与排除方法	6	18	25%
总计		32	64	100%

本书由淄博职业学院高晓琛、杭州科技职业技术学院寿伟义、邵阳职业技术学院黄乐安主编;行云新能科技(深圳)有限公司吴立新、淄博职业学院周伟伟和赵海兰、杭州科技职业技术学院金昊炫和任艺、邵阳职业技术学院毛鸿和姜方富、北海职业学院欧卫新、衢州市工程技术学校郑礼民参与编写。

由于编者水平有限,本书内容深度和广度难免存在欠缺,欢迎广大读者批评指正。

编 者

活页式教材使用注意事项

 根据需要,从教材中选择需要夹入活页夹的页面。

 小心地沿页面根部的虚线将页面撕下。为了保证沿虚线撕开,可以先沿虚线折叠一下。注意:一次不要同时撕太多页。

选购孔距为80mm的双孔活页文件夹,文件夹要求选择竖版,不小于B5幅面即可。将撕下的活页式教材装订到活页夹中。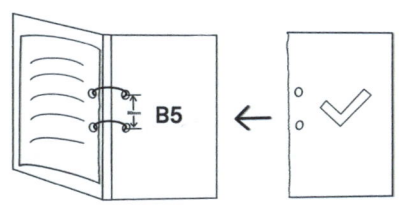

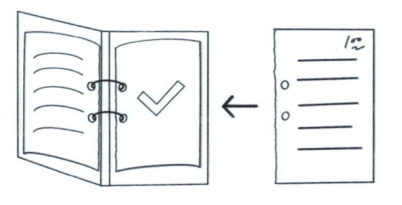  也可将课堂笔记和随堂测验等学习资料,经过标准的孔距为80mm的双孔打孔器打孔后,和教材装订在同一个文件夹中,以方便学习。

温馨提示:在第一次取出教材正文页面之前,可以先尝试撕下本页,作为练习

目 录

序
前　言

能力模块一　掌握新能源汽车结构及产业发展知识 / 001
　　任务一　了解新能源汽车产业发展历程 / 002
　　任务二　认知新能源汽车结构 / 014

能力模块二　掌握新能源汽车充电系统知识与结构识别方法 / 029
　　任务一　了解新能源汽车常见补能方式 / 030
　　任务二　认知新能源汽车交流充电系统 / 043
　　任务三　认知新能源汽车直流充电系统 / 058
　　任务四　了解新能源汽车换电技术及无线充电技术 / 069

能力模块三　掌握新能源汽车充电设施的检测与维修方法 / 081
　　任务一　了解新能源汽车充电站 / 082
　　任务二　检修直流充电桩故障 / 090
　　任务三　检修交流充电桩故障 / 102

能力模块四 掌握新能源汽车充电标准知识及充电报文的解析方法 / 111

任务一　了解新能源汽车充电连接标准 / 112
任务二　解析新能源汽车直流充电报文 / 121

能力模块五 掌握新能源汽车充电站的建设标准与运行模式 / 151

任务一　了解充电运营服务系统 / 152
任务二　了解充电站设计与建设标准 / 160
任务三　了解充电站发展趋势 / 174

能力模块六 掌握新能源汽车充电系统故障的诊断与排除方法 / 181

任务一　维护新能源汽车充电系统 / 182
任务二　诊断与排除交流充电系统故障 / 196
任务三　诊断与排除直流充电系统故障 / 206

新能源汽车充电技术

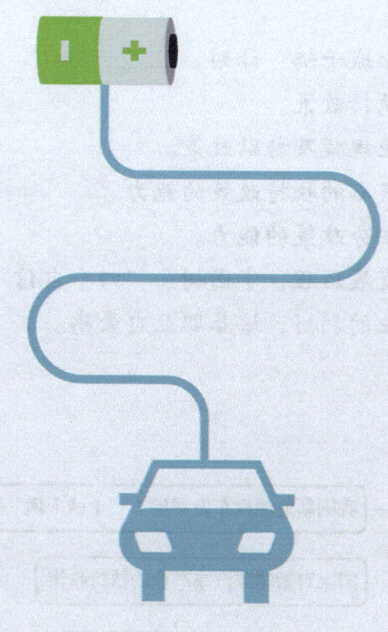

能力模块一
掌握新能源汽车结构及产业发展知识

任务一　了解新能源汽车产业发展历程

学习目标

- 了解我国新能源汽车"十城千辆"计划。
- 了解国家新能源汽车的扶持政策。
- 了解我国新能源汽车产业规模及补贴政策。
- 具备阐述国家对新能源汽车的扶持政策的能力。
- 具备阐述新能源汽车双积分政策的能力。
- 了解新能源汽车产业的发展历程,牢固树立"四个自信"。
- 了解发展新能源汽车产业的利好,培养职业自豪感。

知识索引

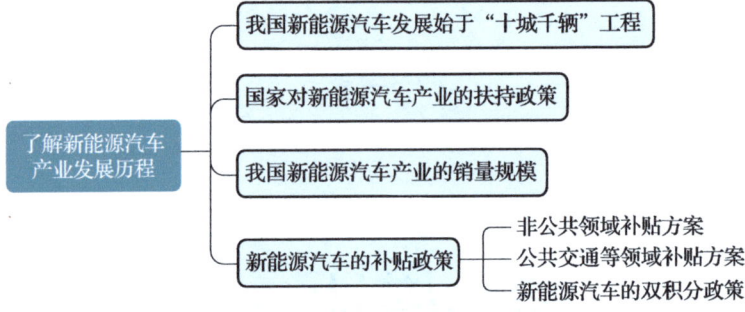

情境导入

　　发展新能源汽车是国家战略,在国家及地方政府配套政策的支持下,我国新能源汽车实现了产业化和规模化的飞跃式发展。自2015年起,我国新能源汽车产销量连续8年位居世界第一。
　　你作为4S店的销售顾问,接待了一位有意向购买新能源汽车的顾客,你能否依据4S店所在地的相应补贴政策和门店的优惠等各项因素向顾客介绍新能源汽车相较于传统燃油车的优势?

获取信息

引导问题 1

请查阅相关资料,简述"十城千辆"工程的成果。

_____
_____
_____

我国新能源汽车发展始于"十城千辆"工程

"十城千辆"工程,全称为"十城千辆节能与新能源汽车示范推广应用工程",2009年由科技部、财政部、发改委、工业和信息化部启动。该工程通过提供财政补贴的方式,计划用3年左右的时间,每年发展10个城市,每个城市推出1000辆新能源汽车开展示范运行,涉及这些大中城市的公交、出租、公务、市政、邮政等领域,力争使全国新能源汽车的运营规模到2012年占到汽车市场份额的10%。

首次确定参与"十城千辆"工程的城市有13个,分别是北京、上海、重庆、长春、大连、杭州、济南、武汉、深圳、合肥、长沙、昆明、南昌。第二批确定参与的城市有7个,分别是天津、海口、郑州、厦门、苏州、唐山、广州。第三批确定参与的城市有5个,分别是沈阳、成都、呼和浩特、南通、襄樊。2012年年底,"十城千辆"3年示范运营期结束。

2012年12月,四部委组织专家对25个示范城市(包括6个开展私人购买新能源汽车的试点城市)进行了验收,验收工作主要依据国家对示范工作的要求及四部委批复的各城市实施方案,对相关工作展开实地检查。经过核实,截至2012年底,25个示范城市共推广各类示范车辆27432辆,其中公共服务领域各类车辆23032辆,私人购买新能源汽车4400辆。

节能与新能源汽车重大项目监理组组长王秉刚认为,通过"十城千辆"工程,我国新能源汽车示范推广数量得到快速增长;混合动力公交车数量多、成效显著;纯电动乘用车数量明显增长,商业模式获得多方探索;政策适时跟进,扩大了混合动力公交车示范范围,技术创新工程启动;企业研发与产业化投入加大。

借助2011年"大运会"的"东风",深圳新能源汽车得到大力推广,示范车辆种类众多,各类示范运行车辆数量达到3452辆,累计行驶里程超过3.5亿千米,并涌现出以比亚迪、五洲龙等为代表的新能源汽车及相关配套企业,新能源汽车产业得到极大发展,并在市场推广中形成"深圳模式"。

深圳市为了解决公交公司无资金、买车难的问题,采取了由中国普天信息产业集团公司(以下简称"中国普天")出面担保,公交公司向交通银行下属的金融租赁公司贷款支付新能源购车费用的方式。政府则将同样行驶里程下的燃油汽车所需运营费用直接转入普天账户,帮助公交公司先实现新能源公交车的购置,即"融资租赁"。融资租赁解决了公交公司前期无法一次性支付巨额购置资金的问题。然后再用"车电分离"的方式实现公交公司新能源车辆的更新。"车电分离"即公交公司支付新能源公交车的裸车价格，剩余的电池费用由中国普天支付，分离车辆和电池的所有权，进一步降低公交公司的购车成本。在运营过程中采用"充维结合"的运营模式，充维服务商进行动力电池购置投入，并对新能源车辆进行充电服务、动力电池的维护和回收，向公交企业提供充维服务，充维服务总成本原则上不高于同类燃油车辆的燃油成本。"融资租赁、车电分离、充维结合"的"深圳模式"有效解决了新能源汽车采购成本高的压力，让深圳公交实现了新能源汽车运营，如图 1-1-1 所示。同时，由比亚迪和深圳巴士联合组成的国内首个纯电动出租车公司也拉开了新能源汽车生产企业介入新能源汽车市场运营的序幕，打开了新能源汽车尤其是纯电动汽车在出租车领域的市场，如图 1-1-2 所示。

图 1-1-1　比亚迪双层纯电动观光巴士

图 1-1-2　比亚迪纯电动出租车

引导问题 2

请查阅相关资料，简述《新能源汽车产业发展规划（2021—2035 年）》部署的战略任务。

_____

_____

_____

国家对新能源汽车产业的扶持政策

2020 年 11 月，国务院办公厅印发《新能源汽车产业发展规划（2021—2035 年）》（以下简称《规划》）。《规划》指出，要以习近平新时代中国特色社会主义思想为指引，坚持创新、协调、绿色、开放、共享的发展理念，以深化供给侧结构性改革为主线，坚持电动化、网联化、智能化发展方向，深入实施发展新能源汽车国家战略，以融合创新为重点，突破关键核心技术，提升产业基础能力，构建新型产业生态，完善基础设施体系，优化产业发展环境，推动我国新能源汽车产业高质量可持续发展，加快建设汽车强国。

《规划》提出，到 2025 年，纯电动乘用车新车平均电耗降至 12.0kW·h/百公里，新能源汽车新车销售量达到汽车新车销售总量的 20% 左右，高度自动驾驶汽车实现限定区域和特定场景商业化应用，充换电服务便利性显著提高。到 2035 年，纯电动汽车成为新销售车辆的主流，公共领域用车全面电动化，燃料电池汽车实现商业化应用，高度自动驾驶汽车实现规模化应用，充换电服务网络便捷高效，氢燃料供给体系、建设稳步推进，有效促进节能减排水平和社会运行效率的提升。

《规划》部署了 5 项战略任务：

1. 提高技术创新能力

坚持整车和零部件并重，强化整车集成技术创新，提升动力电池、新一代车用电机等关键零部件的产业基础能力，推动电动化与网联化、智能化技术互融协同发展。

2. 构建新型产业生态

以生态主导型企业为龙头，加快车用操作系统开发应用，建设动力电池高效循环利用体系，强化质量安全保障，推动形成互融共生、分工合作、利益共享的新型产业生态。

3. 推动产业融合发展

推动新能源汽车与能源、交通、信息通信全面深度融合，促进能源消费结构优化、交通体系和城市智能化水平提升，构建产业协同发展新格局。

4. 完善基础设施体系

加快推动充换电、加氢等基础设施建设，提升互联互通水平，鼓励商业模式创新，营造良好使用环境。

5. 深化开放合作

践行开放融通、互利共赢的合作观，深化研发设计、贸易投资、技术标准等领域的交流合作，积极参与国际竞争，不断提高国际竞争能力。

《规划》要求，要充分发挥市场机制作用，促进优胜劣汰，支持优势企业兼并重组、做大做强，进一步提高产业集中度。落实新能源汽车相关税收优惠政策，优化分类交通管理及金融服务等措施，对作为公共设施的充电桩建设给予财政支持，给予新能源汽车停车、充电等优惠政策。2021 年起，国家生态文明试验区、大气污染防治重点区域的公共领域新增或更新公交、出租、物流配送等车辆中新能源汽车比例不低于 80%。

2022 年 3 月，国家发展改革委、工信部等十部委联合发布《关于进一步推进电能替代的指导意见》（以下称"意见"）。

《意见》提出要深入推进交通领域电气化。加快推进城市公共交通工具电气化，在城市公交、出租、环卫、邮政、物流配送等领域，优先使用新能源汽车。大气污染防治重点区域（以下简称"重点区域"）港口、机场新增和更换车辆设备，优先使用新能源车辆。大力推广家用电动汽车，加快电动汽车充电桩等基础设施建设。积极推进厂矿企业等单位内部作业车辆、机械的电气化更新改造。加大绿色船舶示范应用和推广

力度，推进内河短途游船电动化，并配建充电设施；研究探索其他具备条件的内河船舶电动化更新改造的可行性。

> **引导问题 3**
>
> 请查阅相关资料，简述我国新能源汽车的需求端与供给端呈现了怎样的变化趋势。
>
> _____
> _____
> _____

我国新能源汽车产业的销量规模

我国新能源汽车销量与渗透率的提升速度仍在不断超出市场预期，自 2015 年起，我国新能源汽车产销量连续 8 年位居世界第一。2022 年全年新能源汽车产销分别实现 705.8 万辆和 688.7 万辆，同比分别增长 96.7% 和 93.4%。随着优质电车供给的丰富、充电网络的逐渐完备，以及新能源车消费者认同度的提升，我国 2023 年新能源乘用车销量进一步达到 949 万辆。

新能源汽车在需求、供给、使用、政策端均全面向好，助力销量持续高速增长。

需求端：自 2020 年新能源汽车销量迎来快速增长，2023 年 12 月，新能源汽车销量达 89.5 万辆，同比增长 26%。新能源汽车由原来的政策导向，正在转为市场需求驱动。

供给端：新车型迎来密集发布（如：比亚迪的唐 EV、汉 EV 等车型），头部车企开展海外市场拓展，中国品牌新能源汽车走出国门，立足全球。

传统车企方面，传统车企在 2022 年的新车型布局上主要呈两大趋势：

1）追求品牌向上，布局高端智能电动。

2）立足传统车企优势，纯电 + 混动双轮驱动。

如：比亚迪汽车主打纯电动 + 超级混合系统 EHS，长城汽车的 DHT 插混系统等。

客户使用端：充电桩布局不断完善，优化消费者对充电网络的体验。充电服务市场将充分发挥互联网、车联网和充电网三合一的优势，在服务消费和商品销售一体化基础上得到更大发展。

政策端：我国碳中和目标落实思路逐渐清晰，将围绕碳达峰、碳中和目标制定汽车产业实施路线图，强化整车集成技术创新，推动电动化与网联化、智能化并行发展。

随着近年油耗标准以及新能源车辆推广等一系列措施推进，生态环境部预计中国交通领域将于 2028—2030 年间实现碳达峰。2022 年 3 月，国家发展改革委、工信部等十部委联合发布《关于进一步推进电能替代的指导意见》提出要深入推进交通领域电气化。加快推进城市公共交通工具电气化，在城市公交、出租、环卫、邮政、物流配送等领域，优先使用新能源汽车。大气污染防治重点区域（以下简称"重点区域"）港口、机场新增和更换车辆设备，优先使用新能源车辆。

引导问题 4

请查阅相关资料,简述双积分政策为行业带来了怎样的改变。

_____
_____
_____

新能源汽车的补贴政策

这里主要以 2022 年新能源汽车推广补贴方案为例对新能源汽车的补贴政策进行介绍。

1. 非公共领域补贴方案

新能源乘用车、新能源客车、新能源货车补贴方案分别见表 1-1-1、表 1-1-2、表 1-1-3。

表 1-1-1 新能源乘用车补贴方案(非公共领域)

车辆类型	纯电动续驶里程 R/km(工况法)		
纯电动乘用车	$300 \leq R < 400$	$R \geq 400$	$R \geq 50$(NEDC 工况)/ $R \geq 43$(WLTC 工况)
	0.91 万元	1.26 万元	—
插电式混合动力(含增程式)乘用车	—	—	0.48 万元

1. 纯电动乘用车单车补贴金额 =Min{ 里程补贴标准,车辆带电量 ×280 元 }× 电池系统能量密度调整系数 × 车辆能耗调整系数。
2. 对于非私人购买或用于营运的新能源乘用车,按照相应补贴金额的 0.7 倍给予补贴。
3. 补贴前售价应在 30 万元以下(以机动车销售统一发票、企业官方指导价等为参考依据,"换电模式"除外)。

表 1-1-2 新能源客车补贴方案(非公共领域)

车辆类型	中央财政补贴标准/(元/kW·h)	中央财政补贴调整系数			中央财政单车补贴上限/万元		
					$6<L\leq 8$m	$8<L\leq 10$m	$L>10$m
非快充类纯电动客车	280	单位载质量能量消耗量/(W·h/km·kg)			1.4	3.08	5.04
		0.18(含)~0.17(不含)	0.17(含)~0.15(不含)	0.15(含)及以下			
		0.8	0.9	1			
快充类纯电动客车	504	快充倍率			1.12	2.24	3.64
		3C~5C(含)	5C(不含)~15C(含)	15C(不含)以上			
		0.8	0.9	1			

（续）

车辆类型	中央财政补贴标准/(元/kW·h)	中央财政补贴调整系数			中央财政单车补贴上限/万元		
					6<L≤8m	8<L≤10m	L>10m
插电式混合动力（含增程式）客车	336	节油率水平			0.56	1.12	2.13
		60%~65%（含)	65%（不含）~70%（含）	70%（不含）以上			
		0.8	0.9	1			

单车补贴金额 =Min{ 车辆带电量 × 单位电量补贴标准；单车补贴上限 }× 调整系数（包括：单位载质量能量消耗量系数、快充倍率系数、节油率系数）

表 1-1-3　新能源货车补贴方案（非公共领域）

车辆类型	中央财政补贴标准/（元/kW·h）	中央财政单车补贴上限/万元		
		N1 类	N2 类	N3 类
纯电动货车	176	1.01	1.96	2.8
插电式混合动力（含增程式）货车	252	—	1.12	1.76

2. 公共交通等领域补贴方案

新能源乘用车、新能源客车、新能源货车补贴方案分别见表 1-1-4、表 1-1-5、表 1-1-6。

表 1-1-4　新能源乘用车补贴方案（公共领域）

车辆类型	纯电动续驶里程 R/km（工况法）		
	300≤R<400	R≥400	R≥50（NEDC 工况）/ R≥43（WLTC 工况）
纯电动乘用车	1.3 万元	1.8 万元	—
插电式混合动力（含增程式）乘用车	—		0.72 万元

1. 纯电动乘用车单车补贴金额 =Min{ 里程补贴标准，车辆带电量 ×396 元 }× 电池系统能量密度调整系数 × 车辆能耗调整系数。
2. 对于非私人购买或用于营运的新能源乘用车，按照相应补贴金额的 0.7 倍给予补贴。
3. 补贴前售价应在 30 万元以下（以机动车销售统一发票、企业官方指导价等为参考依据，"换电模式"除外）。

表 1-1-5　新能源客车补贴方案（公共领域）

车辆类型	中央财政补贴标准/(元/kW·h)	中央财政补贴调整系数			中央财政单车补贴上限/万元		
					6<L≤8m	8<L≤10m	L>10m
非快充类纯电动客车	360	单位载质量能量消耗量/（W·h/km·kg）			1.8	3.96	6.48
		0.18（含）~0.17（不含）	0.17（含）~0.15（不含）	0.15（含）及以下			
		0.8	0.9	1			

（续）

车辆类型	中央财政补贴标准/(元/kW·h)	中央财政补贴调整系数			中央财政单车补贴上限/万元		
					6<L≤8m	8<L≤10m	L>10m
快充类纯电动客车	648	快充倍率			1.44	2.88	4.68
		3C~5C(含)	5C（不含）~15C（含）	15C（不含）以上			
		0.8	0.9	1			
插电式混合动力（含增程式）客车	432	节油率水平			0.72	1.44	2.74
		60%~65%（含）	65%（不含）~70%（含）	70%（不含）以上			
		0.8	0.9	1			

单车补贴金额 =Min{ 车辆带电量 × 单位电量补贴标准；单车补贴上限}× 调整系数（包括：单位载质量能量消耗量系数、快充倍率系数、节油率系数）

表 1-1-6　新能源货车补贴方案（公共领域）

车辆类型	中央财政补贴标准/（元/kW·h）	中央财政单车补贴上限/万元		
		N1类	N2类	N3类
纯电动货车	252	1.44	3.96	3.96
插电式混合动力（含增程式）货车	360	—	1.44	2.52

3.新能源汽车的双积分政策

"双积分"政策，是指《乘用车企业平均燃料消耗量与新能源汽车积分并行管理办法》，由工信部、财政部等五部门于 2017 年 9 月联合发布。"双积分"政策的目的是促进新能源汽车产业发展，同时督促企业降低传统燃油车的油耗。

所谓"双积分"是平均燃油消耗量积分和新能源汽车积分。简言之，即对车型能耗和产量等在内的一系列变量进行加权计算后产生分数，负分者将受到包括停产在内的严厉惩罚。通常，能耗高于达标值的传统燃油车型更易产生负分，产量越高负分越多，而新能源车型更易获得正分。但相关政策也规定平均燃油消耗量负积分可以与新能源汽车积分之间进行交易、抵偿、转让等。

工业和信息化部装备中心发布的《乘用车企业平均燃料消耗量与新能源汽车积分并行管理办法实施情况年度报告（2022）》显示，从企业申报数据来看，2021 年行业正积分规模扩大较快。初步计算，2021 年度油耗正积分 1553 万分、负积分 614 万分，新能源正积分 677 万分、负积分 81 万分。"双积分"正积分远高于负积分，原因可能有以下几点：

1）传统燃油汽车企业主动实施技术攻坚，提升燃油汽车的节能技术水平。

2）更多车企加速向新能源汽车转型，提前布局，推出全新新能源汽车品牌获得积分。

拓展阅读

汽车被誉为工业皇冠上的明珠，汽车工业涉及冶金、铸造、机械加工、电子工程、橡胶化工等一系列产业，是评估一个国家、地区综合工业实力的重要参考对象。发展新能源汽车是我国从汽车大国迈向汽车强国的必由之路，新能源汽车产业的发展也与每个人息息相关。

大家可能会对此感到疑惑，觉得身边开新能源车的人不多，新能源汽车的发展对个人的影响似乎并不显著。

这就要从电动汽车和燃油汽车的竞争开始说起。自从1897年美国费城电车公司研制的电动汽车成为纽约出租车的起点，电动汽车就在美国开启了商用化进程，安东尼电气、贝克、底特律电气、爱迪生等公司都相继推出了电动汽车。在19世纪末期这一阶段，人们认为电动汽车噪声低、易起动、运转平稳、操作简单，相较于运转时会散发刺鼻气味的内燃机汽车更具优势。此外，由于内燃机汽车技术尚未成熟，油品不佳，电动汽车是更优的选择。

可为什么之后燃油汽车取代了电动汽车呢？主要是进入20世纪后，随着大量油田的发现，各地公路网络的建立，内燃机汽车技术的成熟及流水线大批量生产模式的发展，速度更快、续驶里程更长、而且价格更加便宜的燃油车便开始了一统天下的局面。

20世纪70年代，接连发生的石油危机则在全球范围内使人们开始重新关注电动汽车。到了20世纪90年代继能源危机之后，环境污染日益严重，世界各国又开始将目光投向了新能源汽车，纷纷推出新的汽车尾气排放限定标准。巧合的是，新能源汽车离不开锂电池，而我国锂资源储量丰富，目前的驱动电机技术离不开稀土，我国恰恰又是稀土资源最丰富的国家，可以说我国在发展新能源汽车产业上具备得天独厚的优势。2023年我国全年累计进口原油56429.1万吨，相当一部分的进口原油在经过一系列加工后消耗在了燃油车上，发展新能源汽车可大幅度减少我国对进口原油的依赖。

综上所述，发展新能源汽车同时具有提升我国综合工业实力、保护环境、减少我国对进口原油的依赖等多项利好。综合工业实力的发展可以推进我国对高精尖技术的攻关，让我们购买到更加质优价廉的商品。保护环境不仅有利于我们的身心健康，良好的生态环境同样也是宝贵的经济财富。新能源汽车产业的发展可以让我们所有人都从中受益。

任务分组

学生任务分配表见表1-1-7。

表 1-1-7　学生任务分配表

班级		组号		指导老师	
组长		学号			
组员角色分配					
信息员		学号			
操作员		学号			
记录员		学号			
安全员		学号			
任务分工					

（就组织讨论、工具准备、数据采集、数据记录、安全监督、成果展示等工作内容进行任务分工）

工作计划

按照前面所了解的知识内容和小组内部讨论的结果，制定工作方案，落实各项工作负责人，如任务实施前的准备工作、实施中主要操作及协助支持工作、实施过程中相关要点及数据的记录工作等。工作计划表见表 1-1-8。

表 1-1-8　工作计划表

步骤	工作内容	负责人
1		
2		
3		
4		
5		
6		
7		
8		

进行决策

1）各组派代表阐述资料查询结果。
2）各组就各自的查询结果进行交流，并分享技巧。
3）教师对各组的计划方案进行点评。
4）各组长对组内成员进行任务分工，教师确认分工是否合理。

任务实施

引导问题 5

了解我国新能源汽车相关扶持政策的变化，并制作 PPT 进行汇报。

_____
_____
_____

评价反馈

1）各组代表展示汇报 PPT，介绍任务的完成过程。
2）以小组为单位，对各组的操作过程与操作结果进行自评和互评，并将结果填入综合评价表（见表 1-1-9）的小组评价部分。
3）教师对学生工作过程与工作结果进行评价，并将评价结果填入综合评价表（见表 1-1-9）的教师评价部分。

表 1-1-9　综合评价表

班级		组别		姓名		学号	
实训任务							
	评价项目		评价标准			分值	得分
小组评价	计划决策	制定的工作方案合理可行，小组成员分工明确				10	
	任务实施	能够正确检查并设置实训工位				5	
		能够准备和规范使用工具设备				5	
		能够正确阐述国家对新能源汽车产业的扶持政策				20	
		能够正确阐述新能源汽车双积分政策				20	
		能够规范填写任务工单				10	
	任务达成	能按照工作方案操作，按计划完成工作任务				10	
	工作态度	认真严谨、积极主动，安全生产，文明施工				10	
	团队合作	小组组员积极配合、主动交流、协调工作				5	
	6S 管理	完成竣工检验、现场恢复				5	
		小计				100	

（续）

评价项目		评价标准	分值	得分
教师评价	实训纪律	不出现无故迟到、早退、旷课现象，不违反课堂纪律	10	
	方案实施	严格按照工作方案完成任务实施	20	
	团队协作	任务实施过程互相配合，协作度高	20	
	工作质量	能准确完成本节的实训任务	20	
	工作规范	操作规范，三不落地，无意外事故发生	10	
	汇报展示	能准确表达、总结到位、改进措施可行	20	
		小计	100	
综合评分		小组评价分×50%＋教师评价分×50%		
总结与反思				

（如：学习过程中遇到什么问题→如何解决的/解决不了的原因→心得体会）

任务二 认知新能源汽车结构

学习目标

- 了解比亚迪e平台。
- 了解比亚迪秦EV充电系统。
- 了解比亚迪秦EV其他系统。
- 具备正确使用直流充电枪与交流充电枪的能力。
- 在介绍汽车结构的过程中锻炼职业素养与表达能力。
- 通过实训过程中的6S管理,培养自我管理意识。

知识索引

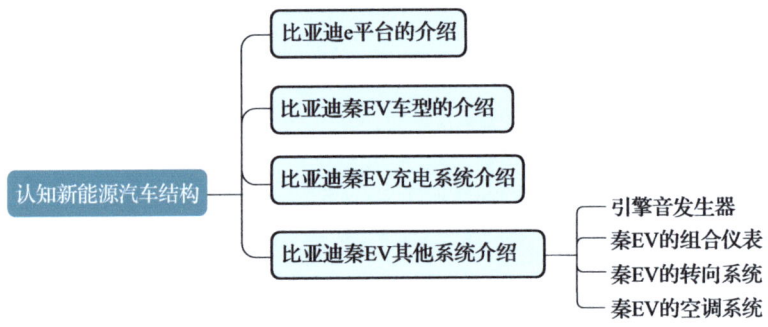

情境导入

秦EV是比亚迪旗下的一款电动轿车,也是王朝系列的首款纯电三厢车产品,自2016年推出后一直位列行业前茅,其搭载的自主研发的三电系统是该车的核心竞争力。秦系列的第三代产品——全新秦EV已经上市,该车型拥有了更长的续驶里程,更低的能耗、更优秀的加速性能,成为了家喻户晓的品牌车型。

你作为4S店的销售顾问,一位顾客向你咨询比亚迪秦EV车型的特点,你能回答他的问题吗?

获取信息

引导问题 1

请查阅相关资料，简述 e 平台的"33111"中各位数的含义。

_____

_____

比亚迪 e 平台的介绍

e 平台的"33111"中的第一个"3"代表前驱电动总成，前驱电动总成将驱动电机、电机控制器和单档减速器三者合一，减少了部件间的复杂连接和线束的数量，从而让整体的结构更加紧凑、体积更小、质量更小，成本也得到大幅度降低。对于消费者而言，驾乘人员可获得最大化的乘坐空间和储物空间。由于新能源汽车的驱动电机和控制器共用冷却系统，前舱布局更加轻量化，使得电动汽车获得了更长的续驶里程。秦 EV 前驱电动总成如图 1-2-1 所示。

图 1-2-1　秦 EV 前驱电动总成

"33111"中的第二个"3"是指充配电总成，将一台 6.6kW 的车载充电机（OBC）、一台 2.2kW 的 DC/DC 电源变换器和高压配电箱（PDU）进行三者合一，如图 1-2-2 所示。充配电总成相较于原来 2016/2017 款的比亚迪 e5 的高压电控总成体积小、质量小、功率密度大、支持电池电压范围更宽，适用于不同车型的不同电池电压平台。e 平台的充配电总成在集成化设计思路下，由于分体部件较少、共用功率半导体等原因，整套系统可承受直流 500V 的高压，部分核心器件按照最高承受工作电压 600V 设计，这意味着使用同一个直流充电桩时，比亚迪的充电功率更大。

充配电总成的作用主要是控制能量流入和流出电池，通过配电箱来做管理和保护。配电箱主要负责把电池输出的高压电与电机控制器相连接，再与直流充电的回路相连接，并与空调 PTC、空调压缩机等高压附件进行动力的分配。充配电总成内部结构如图 1-2-3 所示。

图 1-2-2　充配电总成（电池加热车型）

图 1-2-3　充配电总成内部结构（电池加热车型）

"33111"中的第一个"1"是指1块能量密度高、续驶里程长、性能稳定的镍钴锰622（NCM622）三元锂电池模组。电池组的额定容量为130A·h，标称电压为408.8V，单体电池的标称电压为3.7V。2019年投放市场的秦EV动力电池搭载的电量有40.62kW·h和53.13kW·h两款，对应的续驶里程为300km和405km。秦EV车型动力电池参数及存储标准见表1-2-1，动力电池包总成安装在车辆底盘部位，如图1-2-4所示。

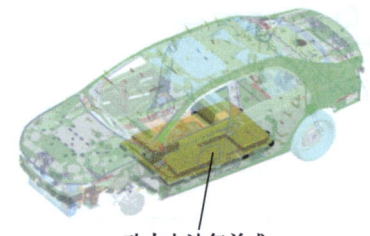

图 1-2-4 秦 EV 车型动力电池包总成安装位置

表 1-2-1 秦 EV 车型动力电池参数及存储标准

性能指标	规格（300km）	规格（400km）	备注
动力电池包容量 /A·h	105	130	23±2℃、1C 充电、1C 放电
额定电压 /V	386.9	408.8	
充电截止电压 /V	4.2	4.2	充电截止
放电截止电压 /V	2.5	2.5	放电截止
充电温度 /℃	-20~65	-20~65	与 BMS 配套使用
放电温度 /℃	-30~65	-30~65	与 BMS 配套使用
储存温度 /℃	-40~40，短期储存（3 个月）25%≤SOC≤40%		
	-20~35，长期储存（<1 年）30%≤SOC≤40%		
质量 /kg	≥350		

"33111"中的第二个"1"表示一块高度集成的 PCB 板——集成式车身控制器。它将传统汽车内的多块控制器集中整合在一个控制器内，整车的线束减少了约50根，从而大大减小了控制器的质量、节省了空间、降低了车辆能耗。在功能上，这块集成式车身控制器集成了仪表、空调、音响、智能钥匙、倒车辅助、门窗等十多项原本分离的控制模块。集成式车身控制器安装在驾驶室转向盘下方，如图 1-2-5 所示。

2021 款秦 EV 车型安装比亚迪最新的集成式车辆控制模块，集成度更高，进一步降低线束的使用数量。行业内称之为"低压十合一"。比亚迪内部称之为左域控制器（图 1-2-6），主要功能见表 1-2-2。

图 1-2-5 秦 EV 车型集成式车身控制模块安装位置

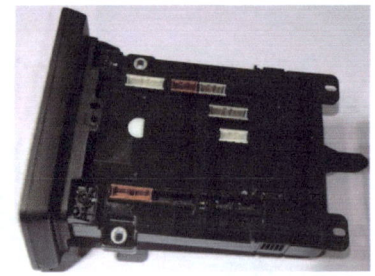

图 1-2-6 2021 款秦 EV 车型左域控制器

表 1-2-2　集成式车身控制器（左域控制器）的解析

零部件名称		功　能
集成式车身控制器	驻车辅助系统模块	驻车辅助系统，即在倒车时能探测监控范围内的障碍物，给驾驶员发出视觉和听觉信号，以提高汽车停车安全性的辅助装置，驻车辅助系统模块是一块为控制探头、判断是否有障碍物，并发出视觉和听觉信号的控制模块
	信息站（蓝牙钥匙）	蓝牙钥匙系统包括车辆端的蓝牙模块、手机端的 APP 应用程序等。当手机靠近车辆时，可通过手机的蓝牙功能对车辆进行安全的解闭锁
	网关控制器总成	网关是一种可让采用不同通信协议的网络模块相互通信的信息转换单元（类似路由器）
	智能钥匙系统控制器	驱动天线发射低频钥匙探测信号、接收并验证钥匙信息，与车身控制模块进行 CAN 通信请求，实现开、闭锁及起动功能
	高频接收模块	接收钥匙发射的高频信号，并能将其携带的信息解调出来发送给智能钥匙系统控制器的装置
	车身控制模块	车身控制模块是具有控制门锁、灯光、起动配电等功能的控制模块
	空调及电池热管理控制器	具有管理乘员舱空调采暖、制冷、驻车通风等功能。当动力电池有需求时，给电池加热或制冷
	引擎音发生器	根据法规要求，在车速小于 30km/h 时引擎音发生器需要发声用于提示
组合仪表显示屏	组合仪表 + 组合仪表控制器（属于集成式车身控制器）	用于显示车速、功率、里程、档位、时间、指示灯、行车信息、报警等提示信息

"33111"中的第三个"1"表示一块搭载"DiLink"系统的智能旋转大屏，如图 1-2-7 所示。在功能上，这块智能旋转大屏同时具备了空调控制面板、音响控制面板、信息娱乐显示屏的功能。

图 1-2-7　DiLink 智能大屏

> **引导问题 2**
>
> 请查阅相关资料，简述 e 平台对秦 EV 的影响。
>
> _____
> _____
> _____

比亚迪秦 EV 车型的介绍

比亚迪秦 EV 是 2019 年在 331111 的 e 平台上生产的全新一代纯电动轿车。e 平台让纯电动汽车的结构更简单、更安全、更可靠。通过对原本繁杂、分立的零部件进行标准化、集成化设计，让纯电动汽车的核心零部件体积变小，质量变小，满足现代新能源汽车轻量化的要求。

秦 EV 车型的前驱电动总成由驱动电机控制器、驱动电机以及单档变速器组成。充配电总成由车载充电机、DC/DC 电源变换器、高压配电箱组成。前驱电动总成和充配电总成通过电子冷却液泵循环的方式进行冷却。秦 EV 外观图如图 1-2-8 所示。

图 1-2-8　秦 EV 外观图

> **引导问题 3**
>
> 请查阅相关资料，简述秦 EV 充电口的位置。
>
> _____
> _____
> _____

比亚迪秦 EV 充电系统介绍

秦 EV 车型安装有交流充电和直流充电装置。其中交流充电口安装在车身右后翼子板上，如图 1-2-9 所示。直流充电口位于车头 logo 背后。若要打开交流或直流充电口，只需要按下充电口盖即可。秦 EV 交流、直流充电口如图 1-2-10 所示。

图 1-2-9　秦 EV 交流充电口安装位置　　图 1-2-10　秦 EV 交流、直流充电口

秦 EV 车型新车默认充电防盗是停用状态。在停用状态下给车辆充电，充电枪不会闭锁。

在"启用防盗"，车辆闭锁后，充电过程中充电枪均会处于闭锁状态。此时，充电枪会被锁止。可以通过以下几种方式进行解锁。

1）按智能钥匙解锁按钮进行解锁（OFF 档充电时）。

2）按驾驶员侧车门外门把手旁边的微动开关进行解锁（钥匙在附近时）。

3）按左前门窗控制开关上的开锁按键进行解锁。解锁充电枪后，30s 内可拔枪，30s 后充电枪锁会重新闭合。

需要注意的是，秦 EV 车型的中控屏大小不一样，因此充电枪锁的设置位置也不一样。10.1in⊖ 中控屏是在车辆菜单内进行充电枪锁设置；8in 中控屏则是在锁的菜单界面进行设置，如图 1-2-11 所示。

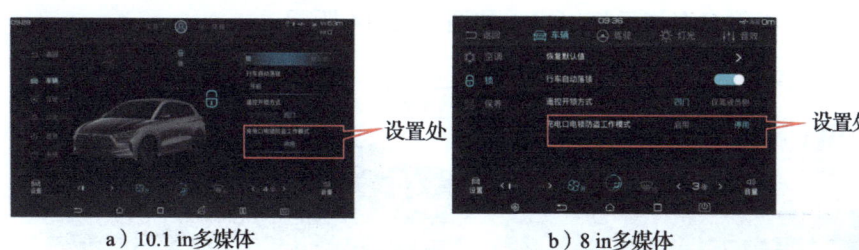

a）10.1 in 多媒体　　b）8 in 多媒体

图 1-2-11　秦 EV 充电枪锁设置

引导问题 4

请查阅相关资料，简述秦 EV 引擎音发生器的作用。
_____
_____
_____

比亚迪秦 EV 其他系统介绍

1. 引擎音发生器

车辆在低速行驶时，引擎音发生器会适当地发出警示性声响，以提醒行人有车辆经过。秦 EV 的引擎音发生器安装在前防撞梁上，如图 1-2-12 所示。

（1）引擎音发生器触发条件（前进）

1）当车速 v 大于 0km/h，小于或等于 20km/h 时，提示声随车速的增加而增大。

2）当车速 v 大于 20km/h，小于或等于 30km/h 时，提示

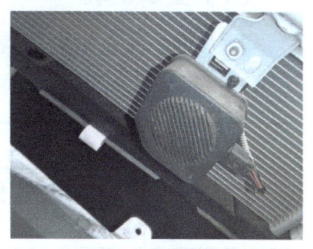

图 1-2-12　秦 EV 引擎音发生器安装位置

⊖ 1in=25.4mm。

声随车速的增加而降低。

3)当车速 v 大于 30km/h,提示声则自动停止。

(2)倒车时

倒档行驶时,车辆发出持续均匀的提示声。

2. 秦 EV 的组合仪表

(1)安装位置

秦 EV 的组合仪表是一种机电组合仪表,包括安装件和电气连接等部分,位于驾驶员正前方、转向管柱的上部,如图 1-2-13 所示。

(2)结构组成

组合仪表由功率表、车速表、电量表等 3 个表盘和时间、档位、方位、车外温度、总里程、续驶里程等多个指示灯组成,如图 1-2-14 所示。

图 1-2-13 秦 EV 组合仪表位置

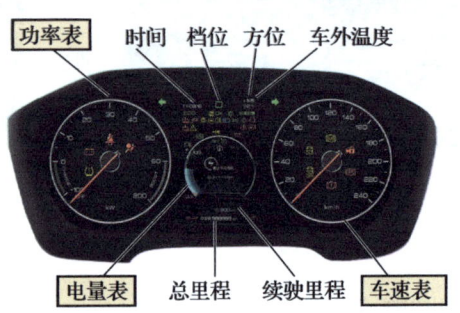

图 1-2-14 秦 EV 组合仪表结构

所有组合仪表的电路组成单一线束,用接插件在组合仪表壳体背面连接。组合仪表的表盘和指示灯保护在一整块透明面罩后面。透明面罩采用遮光板,使仪表的表面免受环境光照和反射的影响,以达到减轻眩光的效果。组合仪表的照明是通过液晶显示来实现的,此照明方式可照亮仪表使它达到必须的能见度。组合仪表的每一个指示灯也是通过液晶显示的。连接电路将组合仪表连接到整车的电气系统上,这些连接电路被集成在对应汽车线束内,按不同位置进行走向,并按许多不同方式加以固定。

(3)显示模块

1)计量表类。计量表包括车速表、功率表、电池容量表,其功能见表 1-2-3。

表 1-2-3 计量表名称及功能

名称	功能
车速表	基于轮速传感器,ABS 将轮速信号转化为车速信号,通过 CAN 将数据传给组合仪表
功率表	功率表根据电池管理器的计算得出当前功率。电池管理器通过采集 CAN 上动力电池管理模块发送的总电压、总电流计算功率,同时判断正、负功率
电池容量表	组合仪表采集动力电池管理模块的 CAN 信息,显示电池容量

2）警告和指示类。组合仪表上警告和指示类图标及其工作逻辑见表 1-2-4。

表 1-2-4　警告和指示类图标及其工作逻辑

名称	图标	工作逻辑
转向指示灯		仪表通过硬线采集组合开关转向信号
远光灯指示灯		组合仪表接收到远光灯"开启"的 CAN 信息时，点亮此灯并长亮；组合仪表接收到远光灯"关闭"的 CAN 信息时，此灯熄灭，此指示灯和远光灯同步工作
示宽灯指示灯		从组合开关接收示宽灯开关信号（CAN）
前雾灯指示灯		从组合开关接收前雾灯开关信号（CAN）
后雾灯指示灯		从组合开关接收后雾灯开关信号（CAN）
驾驶员座椅安全带指示灯		从十合一模块（BCM）接收安全带开关信号（CAN）
SRS 故障警告灯		从安全气囊系统接收安全气囊故障信号
ABS 故障警告灯		接收网关发送的 ABS 故障信息，点亮指示灯。CAN 线断线点亮
驻车制动故障警告灯		从驻车制动开关接收驻车信号（硬线）；从制动液位开关接收制动液位信号（硬线）；当组合仪表采集到"EBD 故障"信号（CAN）时，仪表 CPU 控制此指示灯点亮
EPS 故障警告灯		CAN 通信传输，EPS 控制单元发送 EPS 故障指示信号给组合仪表，仪表 CPU 命令指示灯点亮
智能钥匙系统警告灯		从智能钥匙系统读取钥匙信息（CAN）
前照灯调节指示灯（预留）		组合仪表采集前照灯调节单元的模式信号（CAN）
定速巡航主显示指示灯		CAN 通信传输，电机控制器发送开关量信号给组合仪表。仪表 CPU 根据信号处理此指示灯状态
定速巡航主控制指示灯		CAN 通信传输，电机控制器发送开关量信号给组合仪表。仪表 CPU 根据信号处理此指示灯状态
车门和行李舱门状态指示灯		从十合一模块（BCM）接收各车门和行李舱门开关状态（CAN）
主警告灯		接收到故障信息及提示信息（除背光调节、车门及行李舱状态信息外）后，仪表 CPU 控制此指示灯点亮
充电系统故障警告灯		CAN 线传输 DC 及充电系统故障信号，组合仪表控制指示灯点亮
动力电池电量低指示灯		CAN 通信传输，动力电池管理模块发送电池组电量过低报警信号给组合仪表。仪表 CPU 控制此指示灯点亮，指示灯点亮需与电量表进入红色区域同步

（续）

名称	图标	工作逻辑
动力电池充电连接指示灯	🔌	硬线传输，充电感应开关闭合时，仪表点亮指示灯。充电感应开关断开时，仪表熄灭此指示灯
电机过热警告灯	🔥	CAN 通信传输，电机控制器发送驱动电机过热报警信号给组合仪表，仪表 CPU 命令指示灯点亮
动力系统故障警告灯	⚠	CAN 通信采集到电池管理器、M2 电机控制模块的故障信号时，仪表 CPU 驱动指示灯点亮
OK 指示灯	OK	M2 电机控制模块通过 CAN 发送"READY"指示灯点亮信号给组合仪表，仪表 CPU 控制此指示灯点亮
经济模式指示灯	ECO	CAN 线传输，组合仪表 CPU 驱动指示灯工作
运动模式指示灯	SPORT	CAN 线传输，组合仪表 CPU 驱动指示灯工作
电子驻车状态指示灯	(P)	CAN 传输，组合仪表采集网关转发的 ID 为 0x218 的报文信号，并根据报文的内容进行相应的指示
电机冷却液温度过高警告灯	🌡	CAN 通信传输电机控制器的冷却液温度过高报警信号，仪表 CPU 控制此指示灯点亮
ESP 故障警告灯	⚠	从 ESP 系统接收到 ESP 故障信号（CAN）后，仪表 CPU 控制此指示灯点亮
ESP OFF 警告灯	OFF	接收到 ESP 系统关闭信号（CAN）后，仪表 CPU 控制此指示灯点亮
胎压故障警告灯	(!)	从胎压监测系统接收到胎压故障信号（CAN）后，仪表 CPU 控制此指示灯点亮

3. 秦 EV 的转向系统

EPS（Electric Power-assistant Steering，以下简称 EPS）系统，是指利用 EPS 电机提供转向动力，辅助驾驶员进行转向操作的转向系统。该系统和其他控制系统一样，是由传感器（转矩转角传感器、车速传感器）、EPS 电子控制单元、EPS 电机以及相关机械部件组成的。秦 EV 的转向系统总成实物如图 1-2-15 所示。

图 1-2-15　秦 EV 的转向系统总成

（1）秦 EV 的转向系统功能介绍

EPS 系统将最新的电子技术和高性能的电机控制技术应用于汽车转向系统。EPS 系统在原有汽车转向系统的基础上，改造并且增加了以下几个部分：EPS 电子控制单元、转矩及转角传感器、EPS 电机等。EPS 系统的传动机构采用电机驱动，取代了传统机械液压机构。它能够在各种环境下给驾驶员提供实时转向盘助力。

EPS 系统通常由以下几部分组成：

1）转矩及转角传感器。
2）车速传感器。
3）EPS 电子控制单元。
4）EPS 电机。
5）相关机械结构。

EPS 系统由 EPS 电机提供助力，助力大小由 EPS 电子控制单元实时调节与控制。根据车速的不同提供不同的助力，改善汽车的转向特性，减轻停车泊位和低速行驶时的操纵力，提高高速行驶时的转向操纵稳定性，进而提高了汽车的主动安全性。

（2）助力控制器功能

EPS 的助力特性属于车速感应型，即在同一转向盘力矩输入下，电机的目标电流随车速的变化而变化，能较好地兼顾轻便性与路感的要求。EPS 的助力特性采用分段型助力特性。EPS 电机根据转向盘偏离方向施加助力转矩，以保证低速时转向轻便、高速时操作稳定，并获得较好的路感。

（3）回正控制功能

转向时，由于转向轮主销后倾角和主销内倾角的存在，使得转向轮具有自动回正的功能。EPS 系统在机械转向机构的基础上，增加了 EPS 电机和减速机构。EPS 系统通过 EPS 电子控制单元对 EPS 电机进行转向回正控制，与前轮定位产生的回正力矩一起进行车辆的转向回正动作，使转向盘迅速回正，抑制转向盘振荡，保持路感，提高转向灵敏性和稳定性，优化转向回正特性，缩短了回正收敛时间。回正控制通过调整回正补偿电流，进而产生回正作用转矩，该转矩沿某一方向使转向轮返回到中间位置。

（4）阻尼控制功能

车辆高速行驶时，通过控制阻尼补偿电流进行阻尼控制，增强驾驶员路感，改善车辆高速行驶情况下转向的稳定性。

4. 秦 EV 的空调系统

（1）结构组成

秦 EV 的空调系统为单蒸发器自动调节空调。系统主要由压缩机、冷凝器、HVAC 总成、制冷管路、暖风水管、风道、空调控制器等零部件组成，具有制冷、采暖、除霜除雾、通风换气等功能。该系统利用电机冷却液余热采暖，利用蒸气压缩式制冷循环制冷，制冷剂为 R134a，控制方式为按键操纵式。自动空调箱体的模式风门、冷暖混合风门和内外循环风门都是电机控制的。

（2）工作原理

1）制冷。纯电动汽车制冷是通过电动压缩机、冷凝器、电子膨胀阀、蒸发器、鼓风机、空调控制器（集成式车身控制器）和空调制冷管路等组件组合成的空调制冷系统来实现的。空调控制器（集成式车身控制器）通过控制电动压缩机转速、电子膨胀阀、鼓风机和冷暖风门来实现空调的制冷。

秦 EV 空调制冷系统的工作原理如图 1-2-16 所示。由空调驱动器驱动的电动压缩机将气态的制冷剂从蒸发器中抽出，并将其压入冷凝器。高压气态制冷剂经冷凝器时液化而进行热交换（释放热量），热量被车外的空气带走。气态的制冷剂又被压缩机抽走，泵入冷凝器，如此使制冷剂进行封闭的循环流动，不断地将车厢内的热量排到车外，使车厢内的气温降至适宜的温度。

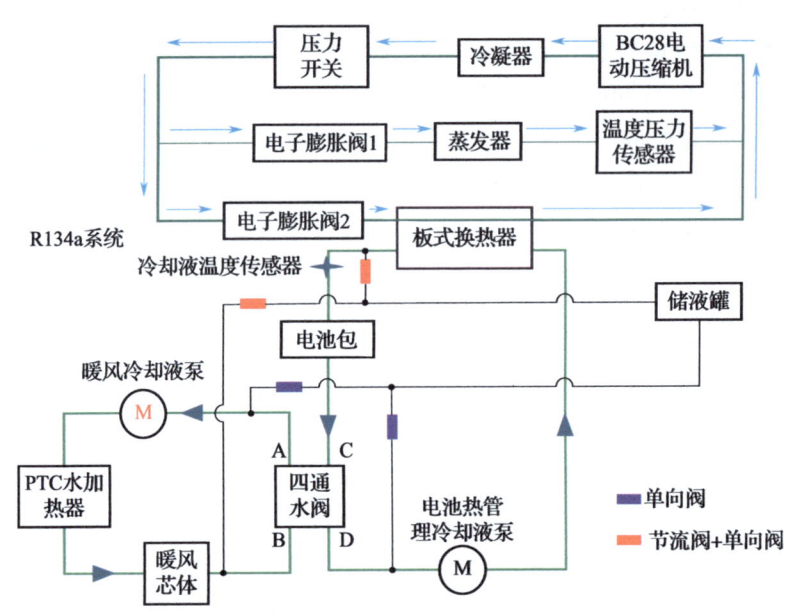

图 1-2-16　秦 EV 空调制冷系统工作原理图

2）制热。纯电动汽车制热是通过水加热 PTC、暖风冷却液泵、暖风芯体、鼓风机、空调控制器（即集成式车身控制器）和空调供暖管路等组件组合成的空调暖风系统来实现的。空调控制器（集成式车身控制器）通过控制 PTC 水加热器、暖风电动冷却液泵、鼓风机和冷暖风门来实现空调的制热供暖。

秦 EV 空调制热系统如图 1-2-17 所示，其工作原理如下：当车辆在低温环境下充电，一旦动力电池内部的 BICC 检测到单体动力电池的温度不高于 5℃，电池管理器通过动力 CAN 与网关控制器通信，网关控制器再通过舒适网与空调控制器通信，之后空调控制器控制水加热 PTC、暖风冷却液泵工作，加热后的液体通过暖风冷却液泵进入动力电池，再经过板式换热器模块进行热交换。四通水阀 AC 通、BD 通、AB 不通、CD 不通。此时，动力电池内部的 BICC 若检测到单体动力电池的温度已高于 10℃，空调控制器则控制 PTC 停止加热。

此工作机制可确保秦 EV 电池组温度保持在最佳温度范围内，在保障电池安全的同时也极大提升了电池组的工作效率。

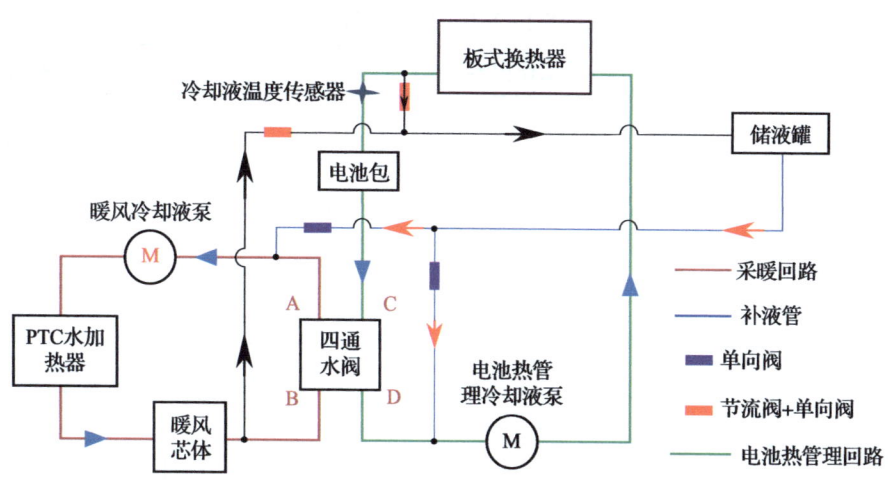

图 1-2-17　秦 EV 空调制热系统工作原理图

👥 任务分组

学生任务分配表见表 1-2-5。

表 1-2-5　学生任务分配表

班级		组号		指导老师	
组长		学号			
组员角色分配					
信息员		学号			
操作员		学号			
记录员		学号			
安全员		学号			
任务分工					
（就组织讨论、工具准备、数据采集、数据记录、安全监督、成果展示等工作内容进行任务分工）					

📋 工作计划

按照前面所了解的知识内容和小组内部讨论的结果，制定工作方案，落实各项工作负责人，如任务实施前的准备工作、实施中主要操作及协助支持工作、实施过程中相关要点及数据的记录工作等。工作计划表见表 1-2-6。

表 1-2-6　工作计划表

步骤	工作内容	负责人
1		
2		
3		
4		
5		
6		
7		
8		

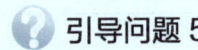 进行决策

1）各组派代表阐述资料查询结果。
2）各组就各自的查询结果进行交流，并分享技巧。
3）教师对各组的计划方案进行点评。
4）各组长对组内成员进行任务分工，教师确认分工是否合理。

任务实施

引导问题 5

扫描二维码观看视频，了解如何正确使用直流充电枪，并简述操作要点。

参考操作视频，按照规范作业要求完成相应的操作步骤，完成数据采集并记录。实训准备见表 1-2-7。

表 1-2-7　实训准备

序号	设备及工具名称	数量	设备及工具是否完好
1	比亚迪秦 EV	1 辆	□是　□否
2	直流充电桩	1 套	□是　□否
质检意见	原因：		□是　□否

直流充电枪的正确使用见表 1-2-8。

表 1-2-8　直流充电枪的正确使用

序号	步骤	记录	完成情况
1	按下解锁键，车辆转向灯会闪烁两次		已完成□ 未完成□
2	打开直流充电口盖，检查充电口有无异常现象 注意：车辆未解锁状态下，充电口无法打开		已完成□ 未完成□
3	一只手握住充电枪把手，另外一只手拖住枪，向上抬枪至微动开关（滑动开关）与地面平行；用力向下按动充电枪微动开关，然后拔出充电枪		已完成□ 未完成□
4	将充电枪插入车辆直流充电口，用专用充电卡进行刷卡充电		已完成□ 未完成□
5	车辆正常充电		已完成□ 未完成□
6	待车辆充电完成后，一只手握住充电枪把手，另外一只手拖住枪，将充电枪抬至微动开关（滑动开关）与地面平行；将充电枪插回充电桩口/车端充电口，听到"咔哒"一声，表示已正确插好		已完成□ 未完成□
7	实训现场 6S 整理		已完成□ 未完成□
总结提升			已完成□ 未完成□
质检意见	原因：		已完成□ 未完成□

评价反馈

1）各组代表展示汇报 PPT，介绍任务的完成过程。

2）以小组为单位，对各组的操作过程与操作结果进行自评和互评，并将结果填入综合评价表（见表 1-2-9）的小组评价部分。

3）教师对学生工作过程与工作结果进行评价，并将评价结果填入综合评价表（见表 1-2-9）的教师评价部分。

表 1-2-9 综合评价表

班级			组别		姓名		学号	
实训任务								
评价项目			评价标准				分值	得分
小组评价	计划决策		制定的工作方案合理可行,小组成员分工明确				10	
	任务实施		能够正确检查并设置实训工位				5	
			能够准备和规范使用工具设备				5	
			能够正确使用直流充电枪				20	
			能够正确使用交流充电枪				20	
			能够规范填写任务工单				10	
	任务达成		能按照工作方案操作,按计划完成工作任务				10	
	工作态度		认真严谨、积极主动,安全生产,文明施工				10	
	团队合作		小组组员积极配合、主动交流、协调工作				5	
	6S 管理		完成竣工检验、现场恢复				5	
	小计						100	
教师评价	实训纪律		不出现无故迟到、早退、旷课现象,不违反课堂纪律				10	
	方案实施		严格按照工作方案完成任务实施				20	
	团队协作		任务实施过程互相配合,协作度高				20	
	工作质量		能准确完成本节的实训任务				20	
	工作规范		操作规范,三不落地,无意外事故发生				10	
	汇报展示		能准确表达、总结到位、改进措施可行				20	
	小计						100	
综合评分			小组评价分 ×50%＋教师评价分 ×50%					
总结与反思								

(如：学习过程中遇到什么问题→如何解决的 / 解决不了的原因→心得体会)

新能源汽车充电技术

能力模块二
掌握新能源汽车充电系统知识与结构识别方法

任务一　了解新能源汽车常见补能方式

学习目标

- 了解直流充电、交流充电的概念。
- 了解直流充电桩的电气原理。
- 了解交流充电桩的结构。
- 了解换电技术的概念。
- 具备更换车载充电机的能力。
- 了解新能源汽车补能方式的发展潮流，进行个人职业规划。
- 通过实训过程中的6S管理，培养自我管理意识。

知识索引

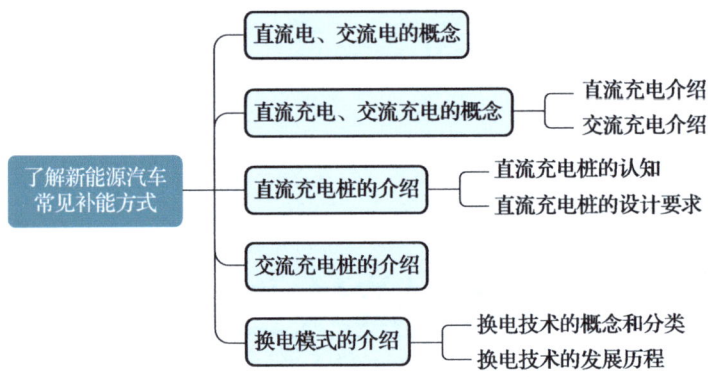

情境导入

你正在接待一位有意向购买纯电动汽车的顾客，这位顾客目前仍对新能源汽车的补能方式存在疑问，他说："我听买电动车的邻居说他们每次在小区的充电桩充电都要充一晚上，但开纯电动出租车的师傅说他们充电只需要1~2h，为什么两边的说法不一样呢？"作为一名4S店的销售顾问，你能回答这位顾客的问题，打消他的疑虑吗？

获取信息

引导问题 1

请查阅相关资料，简述直流电和交流电的概念。
_____
_____
_____

直流电、交流电的概念

直流电（Direct Current，DC）是指方向不随时间作周期性变化的电流，又称"恒定电流"，其波形图如图 2-1-1 所示。

直流电一般分为两种：一种是大小（电压高低）和方向（正负极）都不随时间（相对范围内）而变化的"恒稳直流电"；另一种是方向不变但大小随时间变化的"脉动直流电"。

交流电（Alternating Current，AC）是指电流大小、方向随时间作周期性变化的电流，在一个周期内的平均电流为零，其波形图如图 2-1-2 所示。

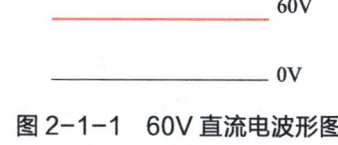

图 2-1-1　60V 直流电波形图

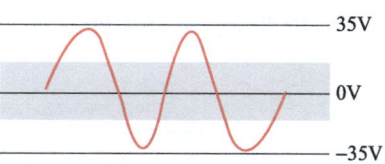

图 2-1-2　35V 交流电波形图

引导问题 2

请查阅相关资料，简述直流充电和交流充电的概念。
_____
_____
_____

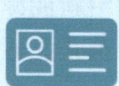

职业认证　　智能新能源汽车职业技能等级要求中的纯电动汽车车载充电系统检查保养任务就要求报考人员能检查充电口和充电机，以确认是否需要维修。通过智能新能源汽车职业技能等级考核可获得教育部 1+X 证书中的《智能新能源汽车职业技能等级证书》。

直流充电、交流充电的概念

新能源汽车的动力电池是车辆的动力源，对新能源汽车的使用有很重要的影响，而动力电池所搭载的电量并不是无穷无尽的，当电量消耗后要进行补充。充电系统为新能源汽车运行提供能量补给，是新能源汽车重要的基础支撑系统，也是新能源汽车商业化、产业化过程中的重要环节。随着新能源汽车产业的快速发展，充电技术已成为制约新能源汽车行业发展的关键因素之一。智能、快速的充电方式成为新能源汽车充电技术发展的趋势。新能源汽车常见的补能方式有交流充电、直流充电和换电 3 种。

1. 直流充电介绍

直流充电是指使用直流充电设备直接给新能源汽车的动力电池补充能量的方式。直流充电设备是直接安装固定在户外，接入电网，为新能源汽车的动力电池提供直流电源的充电装置，可直接为新能源汽车的动力电池充电。直流充电设备可以从功率大小、充电枪的多少、结构形式、安装方式等不同维度进行分类。

按结构形式，比较主流的分类方式是将直流充电桩分为一体式直流充电桩与分体式直流充电桩，一体式直流充电桩如图 2-1-3 所示。

根据功率进行分类，直流充电桩可分为：15kW、20kW、30kW、40kW、45kW、60kW、80kW、90kW、120kW、160kW、180kW、240kW、360kW 等多种。

根据充电枪数量进行分类，直流充电桩可分为单枪直流充电桩、双枪直流充电桩以及四枪直流充电桩 3 种，图 2-1-4 所示的为一体式双枪 120kW 直流充电桩。

图 2-1-3　一体式直流充电桩

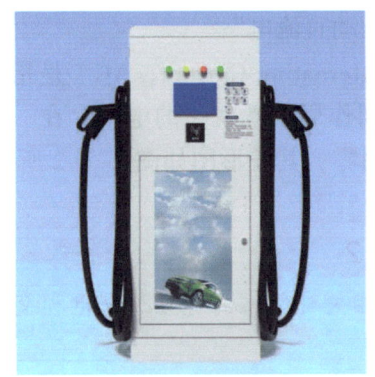
图 2-1-4　一体式双枪 120kW 直流充电桩

2. 交流充电介绍

交流充电是指直接用电网 AC 220V 交流电，通过交流充电枪连接车辆给新能源汽车的动力电池充电，如图 2-1-5 所示。根据交流充电桩的安装方式分为便携式、落地式、壁挂式三种交流充电设备。

交流充电设备给新能源汽车提供 AC 220V 的交流电，通过车载充电机（OBC）升压，整流后输出动力电池所需要的直流电。

车载充电机（OBC）里面通常包括单片机 1、单片机 2 和 DSP。个别厂家的方案只有一个单片机，CC/CP 部分则直接用 DSP 实现。交流桩的 ARM 控制 K1、K2、S1；单片机 1 控制 K3；单片机 2 控制 S2；DSP 控制 K4；BMS 控制 PDU 里面的 K5、K6 和动力电池包里面的 K7。这里 K5 表示预充接触器，K6 表示慢充接触器，K7 表示动力电池总负接触器。S1、S2 位于供电设备中，与供电控制装置相连接。

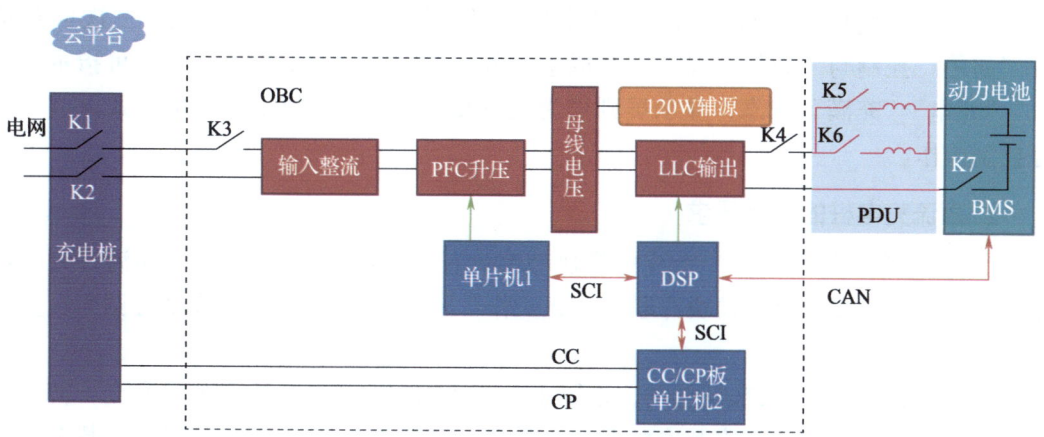

图 2-1-5　交流充电示意图

引导问题 3

请查阅相关资料，简述直流充电桩的电气原理。

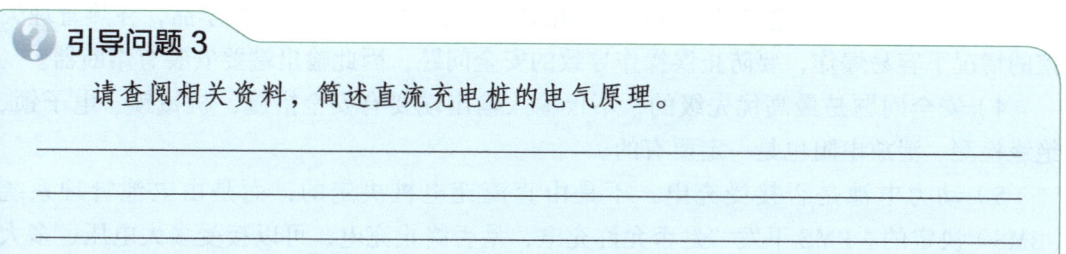

直流充电桩的介绍

1. 直流充电桩的认知

直流充电桩的电气部分由主回路和二次回路组成。

如图 2-1-6 所示，主回路的输入是三相交流电，经过输入断路器、交流智能电能表之后由充电模块（整流模块）将三相交流电转换为 DC 500V 或 DC 750V 的直流电，再连接熔断器和直流充电枪，从而实现为新能源汽车充电。

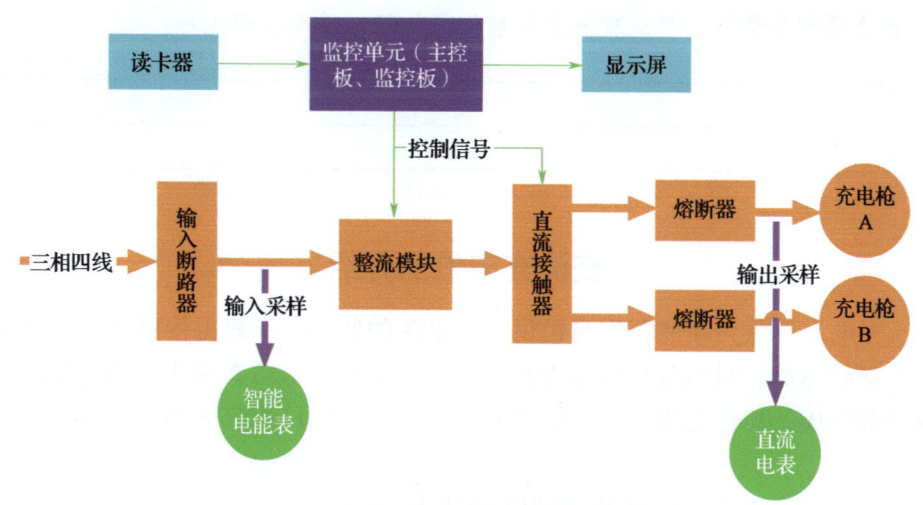

图 2-1-6　直流充电桩内部结构示意图

二次回路则由充电桩控制器、读卡器、显示屏、直流电表等组成。二次回路负责"起停"控制与"急停"操作。组成中的各部件功能分别如下：信号灯可指示"待机""充电""充满"状态；显示屏则作为人机交互设备提供刷卡、充电方式设置与起停控制操作。

2. 直流充电桩的设计要求

1）直流充电桩内部的单个充电模块功率只有15kW，单个模块并不能满足充电功率的要求，需要多个充电模块并联在一起工作，因此需要有CAN总线来协调实现多个模块的均流。

2）充电模块的输入来自电网，是属于大功率供电，涉及电网和人身安全，特别是人身安全，需要在输入端安装空气开关（学名是"塑壳断路器"）、防雷开关甚至漏电开关。

3）直流充电桩的输出是高电压、大电流电能，动力电池是电化学品，在热管理失控的情况下容易爆炸，要防止误操作导致的安全问题，因此输出端要安装有熔断器。

4）安全问题是最高优先级的，不仅输入输出端要有安全措施，机械锁、电子锁、绝缘检测、泄放电阻也是一定要有的。

5）动力电池是否接受充电，不是由直流充电桩决定的，而是由电池管理系统（BMS）决定的。BMS下发"是否允许充电，是否终止充电，可以接受多大电压、多大电流充电"的指令给控制器，控制器再下发给直流充电模块。因此，需要实现控制器和BMS之间的CAN通信、控制器和充电模块之间的CAN通信。

6）所有充电站内的充电桩要接受监控管理，控制器需要通过WiFi或4G/5G等网络通信模块和后台连接。

7）充电桩壳体上需要有一目了然的指示灯，通常采用三个指示灯，分别表示充电、故障和电源。

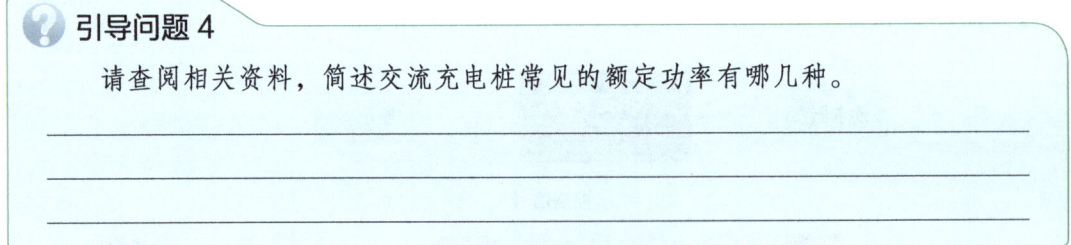

引导问题 4

请查阅相关资料，简述交流充电桩常见的额定功率有哪几种。

交流充电桩的介绍

交流充电设备是为新能源汽车提供交流电源的装置，一般由接触器、控制导引电路、漏电保护电路、过电流过电压保护电路、计量模块、防雷模块、通信模块、人机交互界面等组成，其额定功率有单相 2kW 10A、3.3kW 16A、6.6kW 32A 及三相 40kW 63A。

充电时所使用的充电连接装置的物理尺寸、机械结构、电气特性等应符合GB/T

20234.1—2023《电动汽车传导充电用连接装置 第1部分：通用要求》、GB/T 20234.2—2015《电动汽车传导充电用连接装置 第2部分：交流充电接口》的相关要求，以保证充电连接物理适应性。

> **引导问题 5**
>
> 请查阅相关资料，简述换电技术的概念。
> _____
> _____
> _____

换电模式的介绍

1. 换电技术的概念和分类

（1）概念

汽车换电技术是指将新能源汽车已经衰减或能量耗尽的动力电池从车身中拆下，并替换全新或满电状态的动力电池的技术。

（2）分类

目前换电技术主要分为单次换电和快速换电2种。

1）单次换电。单次换电主要为电池容量衰减到80%的新能源汽车一次性更换新的动力电池，这样可以保证汽车继续以车辆出厂时的电池容量行驶，续驶里程得到保障。

目前比亚迪、上汽荣威、吉利、广汽等新能源汽车企业可以提供免费单次更换动力电池的业务，此业务模式的缺点：

①新更换的动力电池容量与之前的相同，更换之后的续驶里程与该车出厂时的续驶里程相比没有增加。

②增加新能源企业存储退役电池的压力，若衰减的动力电池被无资质的企业暴力拆解，还有污染环境的风险。

2）快速换电。在目前国内仍有部分地区充电桩普及程度不高的环境下，新能源汽车企业为了解决消费者的里程焦虑，开始研发多次换电技术，又称为快换电池技术，该技术可以在新能源汽车使用的任意时间段，通过特定的装置短时间内快速更换动力电池，与燃油车的加油过程类似，使汽车可以继续保有足够的续驶里程。快换电池技术相比于单次换电技术更加高效、灵活、机动，可以真正解决行驶过程中电量耗尽的问题，快换电池技术（以下简称换电技术）是未来换电技术的主要发展方向和趋势。

目前快速换电存在以下缺点：

①各品牌各车型的新能源汽车的动力电池尺寸不一，无法使用统一规格的换电技术让市场上所有的新能源汽车享受快速换电的福利。

②换电站的建设造价高昂。

2. 换电技术的发展历程

换电技术最早始于 21 世纪初，当时新能源汽车产业还处于示范发展推广初期，新能源汽车续驶里程不尽人意，电池技术发展缓慢，针对这一窘境，相关企业已经开始研发换电技术，当时全球最具代表性的换电公司是总部位于以色列的 Better Place 公司，该公司首先与以色列政府合作，投资 6 亿美元在以色列建成了 38 个换电站和少量充电桩，继而与丹麦、澳大利亚、加拿大、日本等国合作，大力推行旗下的换电网络服务项目。但 2013 年 5 月在巨额建站成本和极低回报率的双重打击下，Better Place 公司宣布破产，其相应的换电业务也宣告终止。2013 年 6 月 20 日，美国电动汽车制造商特斯拉演示了其最新研发的耗时仅 90s 的换电技术，但由于产业链整合难度大、建站投入高、收益极微等因素，特斯拉最终也宣告放弃换电模式。

在国外相关企业纷纷放弃换电技术的同时，国内企业仍在积极推进换电模式的发展。2006 年国内新能源汽车产业尚处于萌芽状态，国家电网响应国家号召启动电动汽车项目，2010 年项目团队开发完成了中国首台可上牌的纯电动汽车，并完成了基础换电技术的储备，发展了一套标准箱换电的技术。国家电网在杭州用众泰朗悦和海马普力马车型与高箱体标准箱完成了 500 台纯电动换电型出租车试点，并在该项目中首次提出并验证了"车电分离、里程计费"的商业模式；深圳市发改委在 2011 年世界大学生运动会时推广大客车换电模式，但最后因电池尺寸不统一、高频率拆装电池导致高压插件过度磨损等原因，最终试行了 6 个月后宣告失败。

国内最大客车企业宇通集团多年来研发大型车辆的换电技术，并在 2008 年北京奥运会、2010 年上海世博会期间，正式在旗下公交车辆运营换电业务，成效显著，目前已经应用于国内多座城市的公交系统；北汽新能源在 2017 年发布了"擎天柱计划"，预计将在全国范围内投入 100 亿元人民币建造 3000 座分布式储换电站；国金汽车、申沃客车、华菱汽车、万向集团、南方电网等相关企业都在积极投身于换电模式的研发，但它们的换电模式都是针对出租车等商用车型的，没有涉及私人乘用车领域。

2017 年 12 月 16 日蔚来汽车在其 Nio Day 发布会上，正式公布针对私人车主的 Nio Power 换电技术，可以实现 3min 内完成动力电池的快速更换，是全球首个面向私人用户的汽车换电服务系统。截至 2019 年 12 月，蔚来共拥有换电站 123 座（图 2-1-7），分布在全国超过 20 个省份，近 4 万名车主已经体验到蔚来的快速换电服务。此外，蔚来还首次实现旗下所有车型使用统一规格标准的电池组，方便不同车型的动力电池更换，同时推出电池租用服务，真正实现私人乘用车市场"车电分离"的商业模式，为新能源汽车企业换电业务的发展树立了行业标杆。目前，中国的汽车换电领域不论是技术水平还是商业模式的发展都已经走在世界最前列。

2022 年 2 月，宁德时代推出自己独特的换电体系 EVOGO，宁德时代称之为"巧克力"换电（图 2-1-8）。在这套换电系统中，将动力电池构造组成分块结构，而在用户使用时，可以将 1~3 块电池进行搭配，给予用户更大的选择权和可能性，在"巧克力"换电站中，每个换电站最多可存储 48 个换电块，每块电池换电时间约为 1min。

2022 年 4 月 18 日，宁德时代旗下的"巧克力"换电服务正式在厦门启动，首批启动服务的 4 座换电站分别位于厦门思明区、湖里区和海沧区，宁德时代表示按照他们

图 2-1-7　蔚来汽车换电站

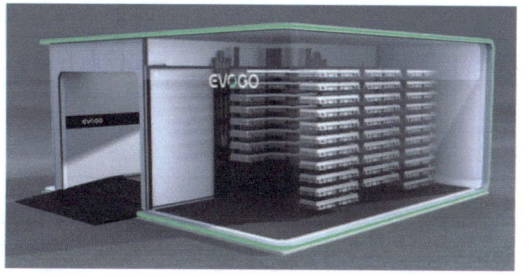
图 2-1-8　宁德时代 EVOGO 换电站

的投建计划，厦门岛上可以达到每 3km 的服务半径内均有 1 座快换站。

任务分组

学生任务分配表见表 2-1-1。

表 2-1-1　学生任务分配表

班级		组号		指导老师	
组长		学号			
组员角色分配					
信息员		学号			
操作员		学号			
记录员		学号			
安全员		学号			
任务分工					
（就组织讨论、工具准备、数据采集、数据记录、安全监督、成果展示等工作内容进行任务分工）					

工作计划

按照前面所了解的知识内容和小组内部讨论的结果，制定工作方案，落实各项工作负责人，如任务实施前的准备工作、实施中主要操作及协助支持工作、实施过程中相关要点及数据的记录工作等。工作计划表见表 2-1-2。

表 2-1-2 工作计划表

步骤	工作内容	负责人
1		
2		
3		
4		
5		
6		
7		
8		

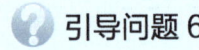 进行决策

1）各组派代表阐述资料查询结果。
2）各组就各自的查询结果进行交流，并分享技巧。
3）教师对各组的计划方案进行点评。
4）各组长对组内成员进行任务分工，教师确认分工是否合理。

任务实施

引导问题 6

扫描二维码观看视频，了解如何更换车载充电机，并简述操作要点。

_____
_____

参考操作视频，按照规范作业要求完成相应的操作步骤，完成数据采集并记录。实训准备见表 2-1-3。

表 2-1-3 实训准备

序号	设备及工具名称	数量	设备及工具是否完好
1	比亚迪秦 EV	1 辆	□是 □否
2	一体化集成工量具	1 套	□是 □否
3	车内四件套	1 套	□是 □否
4	车外三件套	1 套	□是 □否
5	万用表	1 台	□是 □否
6	三层工具车	1 辆	□是 □否
7	安全防护套装	1 套	□是 □否

（续）

序号	设备及工具名称	数量	设备及工具是否完好
8	警示牌	1套	□是　□否
9	灭火器	1套	□是　□否
10	冷却液	2瓶	□是　□否
11	冷却液回收盘	1个	□是　□否
质检意见	原因：		□是　□否

车载充电机更换见表2-1-4。

表2-1-4　车载充电机更换

序号	步骤	记录	完成情况
1	**维修准备工作** （1）检查耐磨手套有无明显破损，如有破损，需进行更换 （2）检查万用表外观有无破损 （3）检查红黑表笔外观有无破损 （4）连接万用表红黑表笔并调至电阻档，万用表校表 （5）检查绝缘手套有无破损		已完成□ 未完成□
2	**车载充电机更换前的准备工作** （1）将车辆正确停放至工位，放置车轮挡块 （2）按下钥匙解锁键进行车辆解锁 （3）打开车门 （4）规范铺设车内四件套 （5）进入车内，踩下制动踏板，按下起动开关 （6）按下驾驶位车窗按钮，降下驾驶位车窗，以防车辆意外断电造成车门误锁 （7）拉前舱盖开关，打开前舱盖 （8）规范铺设车外三件套		已完成□ 未完成□
3	**车载充电机的拆卸** （1）戴上耐磨手套，取出棘轮扳手、10号套筒 （2）使用10套筒及棘轮扳手断开低压蓄电池负极，并使用绝缘胶带缠绕负极插头 （3）规范佩戴绝缘手套与护目镜，使用绝缘一字螺钉旋具松开高压母线锁止开关并拔下 （4）使用万用表直流电压档对高压母线插头正负极进行验电。测得的电压值小于10V，正常 （5）使用绝缘胶带或专用防护袋对高压母线接插件进行防护 （6）使用10号套筒及T25防盗螺钉专用工具，组合小号棘轮扳手，将充配电三合一盖板拆开 （7）依次拆除交流充电高压母线、直流充电高压母线、压缩机高压母线、PTC高压母线、电机控制器输入高压母线		已完成□ 未完成□

（续）

序号	步骤	记录	完成情况
3	（8）使用 14 号绝缘工具拆除 DC 输出线束 （9）打开前驱动总成冷却系统储液罐盖，举升车辆，将驱动系统冷却液排出 （10）拆除充配电总成上的冷却水管及剩余附件 （11）检查充配电总成上是否还有与车身连接的线束及附件，若有则进行拆除 （12）使用 13 号套筒，组合中号棘轮扳手及加长杆将充配电总成的 4 颗固定螺钉拆除 （13）抬下充配电三合一，使用十字螺钉旋具拆除交流充电稳压模块及 DC/DC 稳压模块与下层的 2 颗连接螺栓 （14）将充配电三合一翻转一面，使用十字螺钉旋具拆卸充配电总成下盖紧固螺钉 （15）取下下盖板 （16）使用专用工具拆卸车载充电机与充配电总成连接铆点并取下车载充电机相关连接线束 （17）取下损坏的车载充电机		已完成☐ 未完成☐
4	**车载充电机的安装** （1）取出新的车载充电机，放置到充配电总成合适位置并连接相应线束，使用铆接器进行紧固 （2）涂上密封胶 （3）安装充配电总成下盖板 （4）使用十字螺钉旋具紧固盖板与充配电总成固定螺栓 （5）翻转充配电总成至正面，使用十字螺钉旋具紧固交流充电稳压模块及 DC/DC 稳压模块与下层的 2 颗连接螺栓 （6）将充配电总成放置于车辆合适位置，使用 13 号套筒安装并预紧充配电总成与车架的连接螺栓，使用 13 号套筒与扭力扳手以 22N·m 的力矩紧固 （7）使用 8 颗固定螺栓连接并预紧直流充电高压母线及电机控制器输入高压母线接线端子，使用 10 号套筒与扭力扳手以 9N·m 的力矩紧固 （8）依次安装交流充电高压母线、压缩机高压母线、PTC 高压母线、DC 输出线束、冷却水管 （9）检查线束连接有无异常，使用绝缘测试仪检测各高压线束绝缘阻值，大于 20MΩ 则为正常 （10）使用 21 颗紧固螺栓安装并预紧充配电总成盖板，使用 7 号套筒与扭力扳手以 2.8N·m 的力矩紧固 （11）添加驱动系统冷却液 （12）连接高压母线、连接低压蓄电池负极 （13）车辆上电，OK 指示灯正常点亮 （14）解码仪无故障码显示		已完成☐ 未完成☐

(续)

序号	步骤	记录	完成情况
4	（15）正确连接随车充电枪，查看车辆仪表是否正常显示充电功率及剩余时间等充电数据 （16）使用解码仪读取车载充电机数据流，查看充电电流、充电电压及 CP 占空比等数据是否正常 （17）车载充电机更换完毕		已完成□ 未完成□
5	**实训现场 6S 整理**		已完成□ 未完成□
总结提升			已完成□ 未完成□
质检意见	原因：		已完成□ 未完成□

评价反馈

1）各组代表展示汇报 PPT，介绍任务的完成过程。

2）以小组为单位，对各组的操作过程与操作结果进行自评和互评，并将结果填入综合评价表（见表 2-1-5）的小组评价部分。

3）教师对学生工作过程与工作结果进行评价，并将评价结果填入综合评价表（见表 2-1-5）的教师评价部分。

表 2-1-5 综合评价表

班级		组别		姓名		学号	
实训任务							
评价项目		评价标准				分值	得分
小组评价	计划决策	制定的工作方案合理可行，小组成员分工明确				10	
	任务实施	能够正确检查并设置实训工位				5	
		能够准备和规范使用工具设备				5	
		能够正确拆卸车载充电机				20	
		能够正确安装车载充电机				20	
		能够规范填写任务工单				10	
	任务达成	能按照工作方案操作，按计划完成工作任务				10	
	工作态度	认真严谨、积极主动，安全生产，文明施工				10	
	团队合作	小组组员积极配合、主动交流、协调工作				5	
	6S 管理	完成竣工检验、现场恢复				5	
		小计				100	

（续）

评价项目		评价标准	分值	得分
教师评价	实训纪律	不出现无故迟到、早退、旷课现象，不违反课堂纪律	10	
	方案实施	严格按照工作方案完成任务实施	20	
	团队协作	任务实施过程互相配合，协作度高	20	
	工作质量	能准确完成本节的实训任务	20	
	工作规范	操作规范，三不落地，无意外事故发生	10	
	汇报展示	能准确表达、总结到位、改进措施可行	20	
		小计	100	
综合评分		小组评价分 ×50% ＋教师评价分 ×50%		
总结与反思				

（如：学习过程中遇到什么问题→如何解决的 / 解决不了的原因→心得体会）

任务二 认知新能源汽车交流充电系统

学习目标

- 了解秦 EV 车型的交流充电系统结构。
- 了解新能源汽车交流充电系统行业术语。
- 了解新能源汽车交流充电工作原理。
- 了解新能源汽车交流充电条件。
- 具备更换慢充线束总成的能力。
- 了解不同车型的交流充电系统的异同,开拓视野。
- 通过实训过程中的 6S 管理,培养自我管理意识。

知识索引

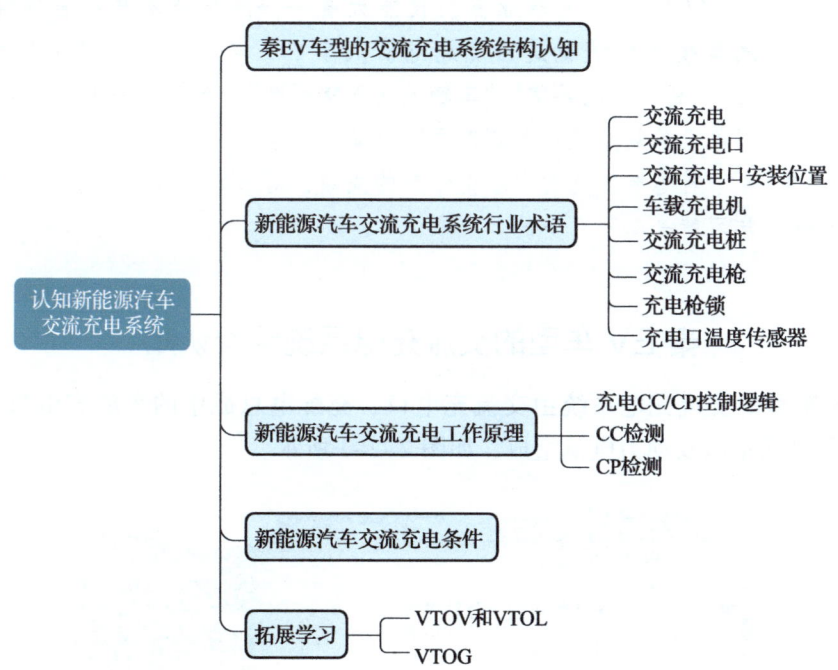

情境导入

你是一名4S店的技术支持工程师,你的主管希望你能对一批新入职的销售顾问进行培训,培训内容主要围绕新能源汽车的交流充电系统,因为店内在售车型较多,主管希望你在进行培训时能兼顾不同车型交流充电系统的异同,你能完成这个任务吗?

获取信息

引导问题 1

请查阅相关资料,简述秦EV车型的交流充电系统的结构。

_____
_____
_____

竞赛指南

2022年全国职业院校技能大赛——汽车技术赛项里的纯电动汽车技术模块就是围绕纯电动汽车"三电"系统的"低压上电异常""高压上电异常""车辆无法正常行驶""车辆无法(交流)充电"现象设置故障来对参赛选手进行综合考察的。

若想要在竞赛中取得优异的成绩,对新能源汽车充电系统的深入学习就是必不可少的。

秦 EV 车型的交流充电系统结构认知

秦EV车型的交流充电系统由交流充电口、充配电总成中的车载充电机、高压电缆、低压控制线束以及动力电池组成,如图2-2-1所示。

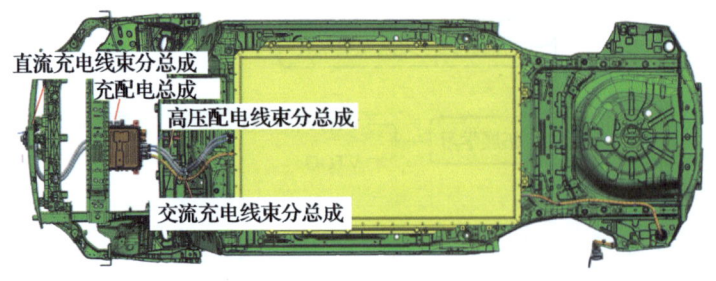

图 2-2-1 秦 EV 充电系统结构图

其中,交流充电口中的端子 L 和端子 N 之间安装有 2kΩ 热敏式温度传感器,当充电口的温度传感器的阻值变小时，充配电总成通过动力 CAN 与电池管理器（BMC）进行通信，降低车载充电机的充电电流，直到充电口温度降至正常范围内。若充电口温度持续上升，为保障车辆充电安全，车载充电机会停止给动力电池充电，避免充电过程中充电口的温度过高而导致充电口熔化，造成安全隐患。

秦 EV 车型的交流充电口安装在右后侧围板上，充电口上端安装有充电枪锁电动机及锁拴。充电口包括高压电缆及低压控制线束，如图 2-2-2 所示。

交流充电口低压线束接插件如图 2-2-3 所示，交流充电口针脚定义见表 2-2-1。

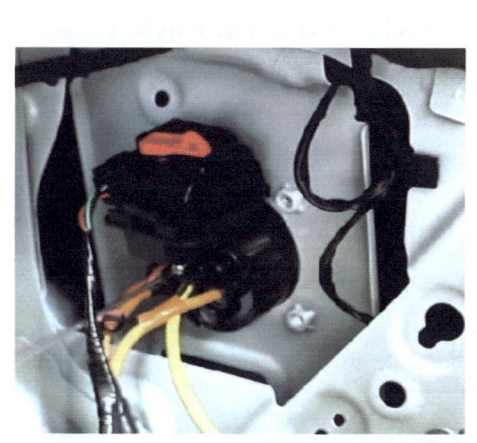 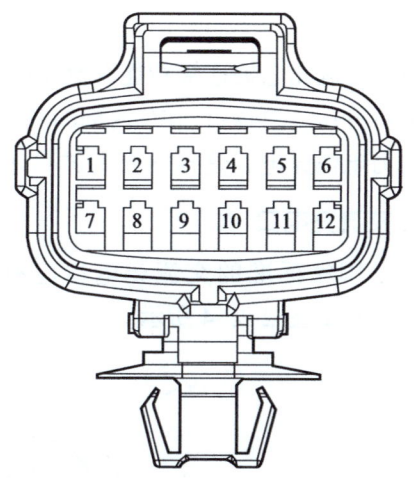

图 2-2-2　交流充电口安装在右后侧围板上　　图 2-2-3　交流充电口低压线束接插件

表 2-2-1　交流充电口针脚定义

针脚号	端口名称	端口定义	线束接法	信号类型
1	CP	充电控制导引	接充配电总成 33PIN-5	—
2	CC	充电连接确认	接充配电总成 33PIN-4/ 接电池包 33pin-25	—
3	—	闭锁电源	接集成式车身控制器 -F8	有效为 12V，无效为接地
4	—	开锁电源	接集成式车身控制器 -F7	有效为 12V，无效为接地
5	—	闭锁状态检测	接集成式车身控制器 -E9	闭锁为悬空，开锁为接地
6	—	空	—	—
7	—	温度传感器高	接充配电总成 33PIN-7	—
8	—	温度传感器低	接车身地	—

引导问题 2

请查阅相关资料，简述充电口温度传感器的作用。

_____

_____

 **竞赛指南**　在2022年全国职业院校技能大赛——汽车技术赛项里的纯电动汽车技术模块的样题中，有一道题是围绕"车辆无法（交流）充电"现象设置的，这道题目为"交流充电口至OBC之间的CP信号线路对地虚接200Ω"。

新能源汽车交流充电系统行业术语

1. 交流充电

通过交流充电桩连接新能源汽车的交流充电口，并通过车载充电机（OBC）先对交流电进行升压，再通过OBC内部的整流模块将交流电整流成该车辆所需要的直流电压，对其动力电池充电，这样的充电过程称为交流充电。

2. 交流充电口

满足国家标准的交流充电口应有7个端子，分别为CC、CP、N、L3、PE、L2、L1，其接口如图2-2-4所示。

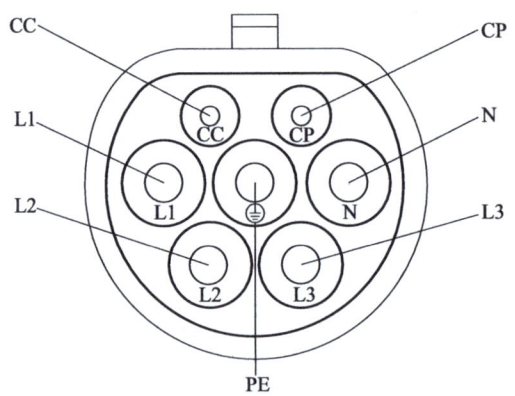

图2-2-4　秦EV车型交流充电口结构示意图

目前市面上在售的新能源汽车的交流充电口中L2和L3两个端子都是空脚（图2-2-5），只有2016/2017款比亚迪e5或2016/2017款比亚迪秦EV才具有三相交流充电功能。国标交流充电口各端子的作用见表2-2-2。

图2-2-5　两种不同类型的交流充电口

表 2-2-2 国标交流充电口端子作用

序号	端子名称	作用
1	L1	交流电源（单相）
2	L2	交流电源（三相）空
3	L3	交流电源（三相）空
4	N	中性线
5	PE	保护接地（PE），连接供电设备地线和车辆电平台
6	CC	充电连接确认
7	CP	控制导引

3. 交流充电口安装位置

不同品牌或车型的新能源汽车的交流充电口安装的位置可能有所不同，老款秦 EV 的充电口前置安装在车辆 logo 后面，全新秦 EV 车型更改为直流充电口单独前置的布局，交流充电口则移动到车身右后侧围板上，如图 2-2-6 所示。

图 2-2-6 新款秦 EV 交流充电口的安装位置

4. 车载充电机

车载充电机（On-board-Charger）是指固定安装在电动汽车上的充电机，充电机依据电池管理系统（BMS）提供的数据，能动态调节充电电流或电压参数，执行相应动作，在保护动力电池安全的同时完成充电过程。

5. 交流充电桩

交流充电桩是指采用传导方式为具有车载充电装置的电动汽车提供交流电源的专用供电装置。

按照功率划分，常见的交流充电桩的功率有 2kW、3.3kW、7kW 和 40kW。

按照安装方式划分，可以分为便携式交流充电枪、壁挂式交流充电桩、落地式交流充电桩。

6. 交流充电枪

交流充电枪（图 2-2-7）作为连接交流电源与新能源汽车充电口的专用设备，必须按照国家标准规定进行生产，所有的充电桩供应商和新能源汽车主机厂

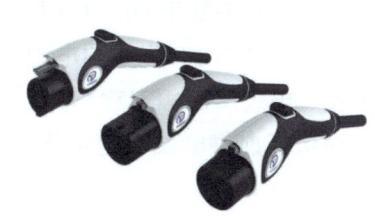

图 2-2-7 交流充电枪

都必须遵守国标相关规定，以保证充电枪的连接一致性。

7. 充电枪锁

交流充电桩和便携式充电枪都未设计有充电枪锁止机构，它是依靠安装在车辆充电口的伸缩锁栓来卡住交流充电枪，达到车锁枪的目的，如图 2-2-8 所示。当充电开始时，充电口锁栓自动伸出卡住充电枪的开关。当充电完成后，充电枪开关释放，或按下电子钥匙的解锁键后，充电口的锁栓释放，允许拔枪。

图 2-2-8 　充电口锁栓

8. 充电口温度传感器

新能源汽车的充电口都安装有温度传感器，新能源汽车在充电的过程中，当充电口的温度达到预设温度时，充电枪温控系统会自行开启，降低充电功率，限制充电口的温度上升，若充电口的温度持续攀升再次达到预设温度时，温控系统将自行切断电源，停止充电，等待温度回落后，再次开启充电。充电口的温度传感器可以有效防止充电时，因温度过高导致的自燃或插座熔化等危险状况发生。

> **引导问题 3**
>
> 请查阅相关资料，简述新能源汽车的交流充电工作原理。
> _____
> _____
> _____

新能源汽车交流充电工作原理

新能源汽车的动力电池的充电过程由 BMC 进行实时监测和保护。车载充电机工作状态及指令均由 BMC 发出的指令进行控制，包括工作模式指令、动力电池允许充电的最大电压、允许充电的最大电流、电池包加热状态的电流值等。交流充电系统原理示意图如图 2-2-9 所示。

1. 充电 CC/CP 控制逻辑

点火开关处于 OFF 档时，当车辆插入交流充电枪后，CC 检测由悬空变为接地，通过检测点 3 与 PE 之间的电阻来判断车辆插头与车辆插座连接状态，确认当前充电连接装置（电缆）的额定功率并点亮充电连接指示灯。通过测量检测点 2 的 PWM 信号占空比确认当前供电设备的最大供电电流，当车辆检测到充电枪输出占空比信号时，允许车辆充电。

当车辆处于交流充电模式下，车载充电机检测交流充电接口的 CC、CP 信号（充

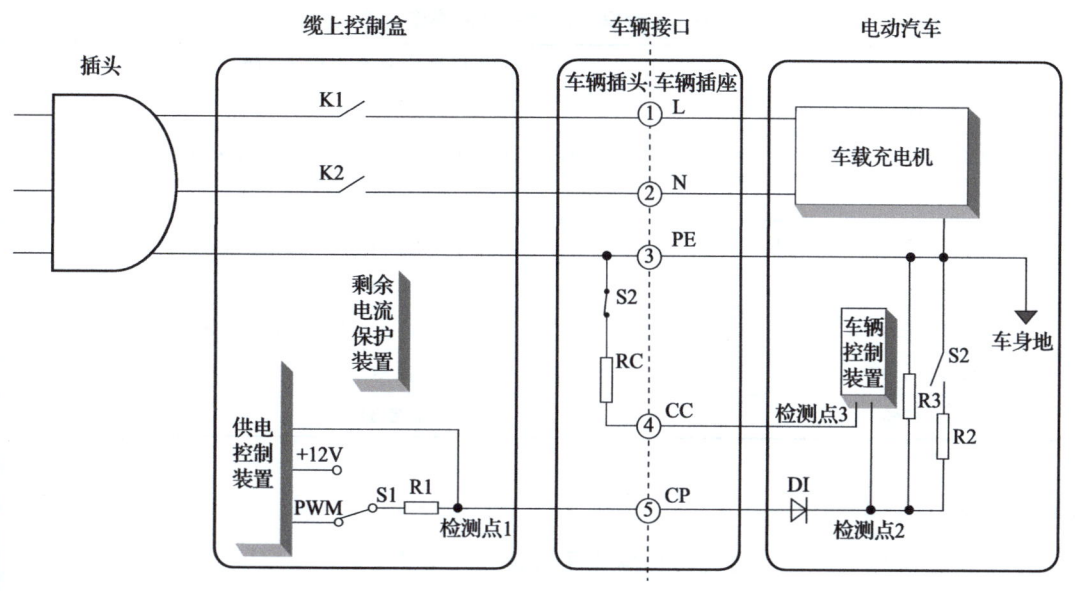

图 2-2-9　交流充电系统原理示意图
①~⑤—检测点

电枪插入、导通信号）并唤醒 BMC，BMC 唤醒车载充电机并发送指令充电，同时 BMC 控制电池包内部正负极接触器闭合，动力电池开始充电。

2. CC 检测

通过对接入电路（接地）的检测来判断 CC 是否连接，如检测到压降则认为 CC 已经连接。当交流充电枪端的 CC 与 PE 的电阻与充电口处的 12V 电源相连接，OBC 会根据电流的大小变化推算电阻，进而判断充电枪的充电功率和充电电流，见表 2-2-3。

表 2-2-3　根据 CC 与 PE 的阻值判断充电功率及最大充电电流

电阻	交流充电的最大电流	充电功率	备注
1.5kΩ	10A	随车充电机	—
680Ω	16A	3.3kW 充电桩	
220Ω	32A	7kW 充电桩	
100Ω	63A	三相交流充电桩	
2kΩ	放电功能（VTOL）	放电功率 3.3kW	秦 EV 车型不具备此功能
220Ω	放电功能 32A（VTOV）	放电功率 7kW	
100Ω	放电功能 63A（VTOG）	放电功率 40kW	

3. CP 检测

当充电枪成功连接后，CP 信号为占空比信号，通过 CP 检测线输入的信号，可以得出该充电机允许的最大交流充电电流，进而判断充电枪最大输出电流。根据 CP 信号判断充电功率大小见表 2-2-4。

表 2-2-4　根据 CP 信号判断充电功率大小

PWM	占空比 D 最大允许电流 I_{max}/A
$D<3\%$	不允许充电
$3\% \leqslant D \leqslant 7\%$	5% 的占空比表示需要数字通信，且需要充电
$7\% < D < 8\%$	不允许充电
$8\% \leqslant D < 10\%$	$I_{max}=6$
$10\% \leqslant D < 85\%$	$I_{max}=(D \times 100) \times 0.6$
$85\% \leqslant D < 90\%$	$I_{max}=(D \times 100-64) \times 2.5$ 且 $I_{max} \leqslant 63$
$90\% \leqslant D < 97\%$	预留
$D \geqslant 97\%$	不需要充电

引导问题 4

请查阅相关资料，简述新能源汽车交流充电条件。

_____

_____

_____

新能源汽车交流充电条件

1）交流充电枪与交流充电口连接确认信号正常。

2）车载充电机供电电源正常（含 AC 220V 和充电枪端的 DC 12V），车载充电机的低压控制线束及本体正常。

3）充电唤醒信号输出正常（DC 12V）。

4）车载充电机、整车控制器、BMS 之间通信正常，电池包正、负极接触器闭合、BMC 向车载充电机发送电流强度需求的指令。

5）动力电池单体之间的最高温度与最低温度的差值不超过 5℃，且单体电池的温度高于 5℃。

6）单体电池最高电压与最低电压的差值小于 0.03V（30mV）。

7）电池组的绝缘阻值大于 500Ω/V。

8）高、低压电路连接正常（远程控制开关关闭状态）。

注意：交流充电设备用电功率不能超过家庭电网的负载上限，避免引起电网损坏或烧毁。

引导问题 5

请查阅相关资料，简述 VTOV 和 VTOL 的作用。

_____

_____

_____

拓展学习

1. VTOV 和 VTOL

VTOV，即 Vehicle To Vehicle，用于车辆对车辆进行充电，可用于纯电动车辆动力电池包亏电救援。该设备两头都是连接车辆交流充电口的充电枪，两头的充电枪完全相同，充电枪两头的 CC 与 PE 阻值为 220Ω。

VTOL，即 Vehicle To Load，车辆对负载放电，学名为"车辆对插排放电连接装置"，可直接为功率小于或等于 3kW 的家用电器供电。如图 2-2-10 所示，该设备一头是交流放电枪，另一头为家用插排，其中交流放电枪上的 CC 与 PE 阻值为 2000Ω。

VTOV 和 VTOL 的操作方法如下（以比亚迪 e5 车型为例）。

图 2-2-10 车辆对插排放电连接装置

1）车辆点火开关处于 OFF 档，按下驾驶室内的"放电"开关，进入放电模式，此时组合仪表上显示提示信息，如图 2-2-11 所示。选择车辆对外放电的方式，如：VTOV。

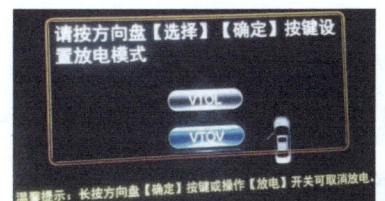 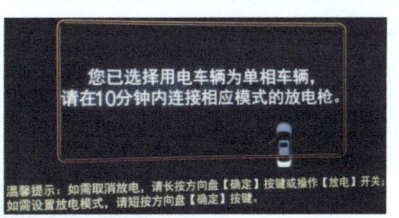

图 2-2-11 车辆对外放电的方式

2）在 10min 内用 VTOV 设备将两台车辆连接起来，即可实现设置车辆对另一台车辆充电，如图 2-2-12 所示。放电过程中，如需结束，再次按下"放电"开关即可。

注意：车辆启动对外放电功能时，当放电车辆的电池组 SOC 小于 10% 时，放电车辆会停止对外放电，防止电池因过放电导致损坏。

图 2-2-12 VTOV 设备连接两台车辆

2. VTOG

VTOG，全称 Vehicle To Grid，指车辆对电网放电。e5 车型可通过比亚迪 40kW 壁挂式交流充电桩实现对电网放电，如图 2-2-13 所示。交流充电枪上的 CC 与 PE 阻值为 100Ω。车辆对电网放电需要借助三相的交流充电桩以及 VDS2000 或 VDS2100 操作系统。

VTOG 具体操作如下。

1）整车正常上电，接上 VDS 计算机进入车型诊断，选择所在车型进入，对模块进行扫描。扫描结束后进入 DSP2 模块，点击主动控制，选择 VTOG 对电网放电，保持此界面。

图 2-2-13　壁挂式交流充电桩

2）关闭点火开关，车辆下电。插上充电枪（40kW），车辆进入正常充电后，在 VDS 计算机当前界面双击对外放电，右下角会显示操作成功 / 失败，如图 2-2-14 所示。如果操作成功，车辆的仪表上功率会显示负值。

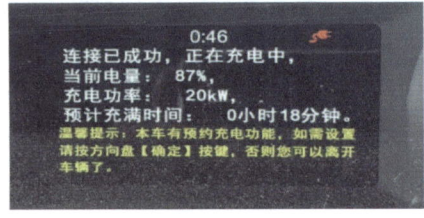

a）整车正常上电　　　　　　　　　　　b）关闭点火开关

图 2-2-14　VTOG 操作

操作成功后，车辆的仪表的充电功率从正功率转换成负功率，如图 2-2-15 所示。

图 2-2-15　仪表的充电功率从正功率转换成负功率

3）当车辆不再对电网放电时，在 VDS2000/VDS2100 的界面中点击退出放电或返回所有控制权，车辆的仪表功率会变为正值，进行正常充电；或者拔枪再重新插枪，也可以退出放电进入充电，如图 2-2-16 所示。

图 2-2-16　车辆不再对电网放电

注意： 车辆启动对电网放电功能时，当放电车辆的电池组 SOC 小于 10% 时，放电车辆会停止对外放电，防止电池因过放电导致损坏。

任务分组

学生任务分配表见表 2-2-5。

表 2-2-5　学生任务分配表

班级		组号		指导老师	
组长		学号			
组员角色分配					
信息员		学号			
操作员		学号			
记录员		学号			
安全员		学号			
任务分工					
（就组织讨论、工具准备、数据采集、数据记录、安全监督、成果展示等工作内容进行任务分工）					

工作计划

按照前面所了解的知识内容和小组内部讨论的结果，制定工作方案，落实各项工作负责人，如任务实施前的准备工作、实施中主要操作及协助支持工作、实施过程中相关要点及数据的记录工作等。工作计划表见表 2-2-6。

表 2-2-6　工作计划表

步骤	工作内容	负责人
1		
2		
3		
4		
5		
6		
7		
8		

 进行决策

1）各组派代表阐述资料查询结果。
2）各组就各自的查询结果进行交流，并分享技巧。
3）教师对各组的计划方案进行点评。
4）各组长对组内成员进行任务分工，教师确认分工是否合理。

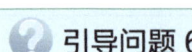 任务实施

> **引导问题 6**
>
> 扫描二维码观看视频，了解如何更换交流线束总成，并简述操作要点。
>
> _____
>
> _____

参考操作视频，按照规范作业要求完成相应的操作步骤，完成数据采集并记录。实训准备见表 2-2-7。

表 2-2-7　实训准备

序号	设备及工具名称	数量	设备及工具是否完好
1	比亚迪秦 EV	1 辆	□是　□否
2	一体化集成工量具	1 套	□是　□否
3	车内四件套	1 套	□是　□否
4	车外三件套	1 套	□是　□否
5	万用表	1 台	□是　□否
6	三层工具车	1 辆	□是　□否
7	安全防护套装	1 套	□是　□否
8	警示牌	1 套	□是　□否
9	灭火器	1 套	□是　□否
质检意见	原因：		□是　□否

交流线束总成更换见表 2-2-8。

表 2-2-8　交流线束总成更换

序号	步骤	记录	完成情况
1	维修准备工作 （1）检查耐磨手套有无明显破损，如有破损，需进行更换 （2）检查万用表外观有无破损 （3）检查红黑表笔外观有无破损		已完成□ 未完成□

（续）

序号	步骤	记录	完成情况
1	（4）连接万用表红黑表笔并调至电阻档，万用表校表 （5）检查绝缘手套有无破损		已完成□ 未完成□
2	**交流线束总成更换前的准备工作** （1）将车辆正确停放至工位，放置举升机支撑臂至车辆支撑点，举升车辆至车轮离地 （2）按下钥匙解锁键进行车辆解锁 （3）打开车门 （4）规范铺设车内四件套 （5）进入车内，踩下制动踏板，按下起动开关 （6）按下驾驶位车窗按钮，降下驾驶位车窗，以防车辆意外断电造成车门误锁 （7）拉前舱盖开关，打开前舱盖 （8）规范铺设车外三件套		已完成□ 未完成□
3	**交流线束总成拆卸** （1）戴上耐磨手套，取出棘轮扳手、10号套筒 （2）断开低压蓄电池负极，并使用绝缘胶带缠绕负极插头 （3）断开充配电总成低压接插件 （4）规范佩戴绝缘手套与护目镜，使用绝缘一字螺钉旋具松开高压母线互锁开关并拔下 （5）使用万用表电压档对高压母线插头进行验电。测得的电压值接近0V，正常 （6）使用绝缘胶带缠绕高压母线接插件 （7）拔出充配电总成交流充电高压插头，使用绝缘胶带缠绕高压接插件 （8）使用卡扣起子分别拆卸交流充电高压线束的扎带、护板、单孔管夹 （9）使用十字螺钉旋具将电子锁尾部螺钉拆下，将电子锁朝充电座后部滑出 （10）用10号套筒配合棘轮扳手拆卸搭铁线固定螺母，用一字螺钉旋具拆卸扎带及低压接插件花口并拔出低压接插件 （11）用8号套筒拆卸充电插座前端面的4颗螺钉，将充电口、搭铁线、低压接插件及高压线束总成从车身开孔处一起拉出		已完成□ 未完成□
4	**交流线束总成安装** （1）取出新的交流线束总成，从交流充电插座车身开孔处依次放入高压充电接插件、搭铁线、低压接插件 （2）使用8号套筒固定充电插座前端面的4颗固定螺钉 （3）使用10号套筒安装搭铁线固定螺钉，连接低压接插件及固定扎带		已完成□ 未完成□

（续）

序号	步骤	记录	完成情况
4	（4）将高压接插件按原先布局进行放置，用扎带及单孔夹按原先位置进行固定 （5）使用10号套筒安装护板 （6）连接交流充电高压接插件 （7）检查所有拆卸的固定件及交流充电总成线束是否安装到位 （8）取下高压母线接插件的绝缘胶带，连接高压母线 （9）取下低压蓄电池负极绝缘胶带，使用棘轮扳手、10号套筒安装低压蓄电池负极并紧固 （10）进入车内，按下起动开关，查看车辆起动状态并查看解码仪故障码 （11）连接随车充电枪进行交流充电，查看充电状态是否正常 （12）交流线束总成更换维修完成		已完成□ 未完成□
5	实训现场6S整理		已完成□ 未完成□
总结提升			已完成□ 未完成□
质检意见	原因：		已完成□ 未完成□

评价反馈

1）各组代表展示汇报PPT，介绍任务的完成过程。

2）以小组为单位，对各组的操作过程与操作结果进行自评和互评，并将结果填入综合评价表（见表2-2-9）的小组评价部分。

3）教师对学生工作过程与工作结果进行评价，并将评价结果填入综合评价表（见表2-2-9）的教师评价部分。

表2-2-9 综合评价表

班级		组别		姓名		学号	
实训任务							
评价项目		评价标准				分值	得分
小组评价	计划决策	制定的工作方案合理可行，小组成员分工明确				10	
	任务实施	能够正确检查并设置实训工位				5	
		能够准备和规范使用工具设备				5	
		能够正确拆卸交流线束总成				20	
		能够正确安装交流线束总成				20	
		能够规范填写任务工单				10	

(续)

评价项目		评价标准	分值	得分
小组评价	任务达成	能按照工作方案操作，按计划完成工作任务	10	
	工作态度	认真严谨、积极主动，安全生产，文明施工	10	
	团队合作	小组组员积极配合、主动交流、协调工作	5	
	6S 管理	完成竣工检验、现场恢复	5	
		小计	100	
教师评价	实训纪律	不出现无故迟到、早退、旷课现象，不违反课堂纪律	10	
	方案实施	严格按照工作方案完成任务实施	20	
	团队协作	任务实施过程互相配合，协作度高	20	
	工作质量	能准确完成本节的实训任务	20	
	工作规范	操作规范，三不落地，无意外事故发生	10	
	汇报展示	能准确表达、总结到位、改进措施可行	20	
		小计	100	
综合评分		小组评价分 ×50% ＋教师评价分 ×50%		
总结与反思				

（如：学习过程中遇到什么问题→如何解决的 / 解决不了的原因→心得体会）

任务三　认知新能源汽车直流充电系统

学习目标

- 了解秦 EV 车型的直流充电系统结构。
- 了解新能源汽车直流充电系统行业术语。
- 了解新能源汽车直流充电工作原理。
- 能够正确阐述新能源汽车直流充电工作原理。
- 具备更换快充线束总成的能力。
- 通过实训过程中的 6S 管理，培养自我管理意识。

知识索引

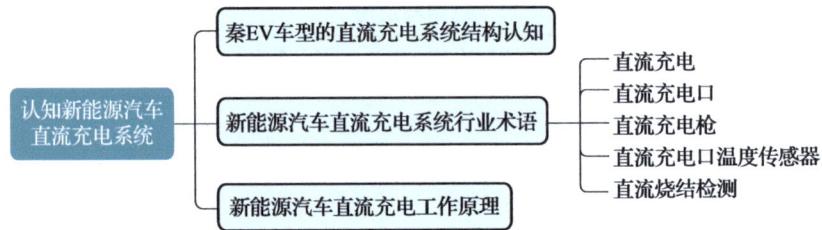

情境导入

吴女士在试图用直流充电枪给自己的秦 EV 汽车充电时发现无法正常充电，她将车开到你所在的 4S 店进行维修，维修主管检查后发现该车无法直流充电，但仍可进行交流充电，进一步排查故障原因后维修主管判断更换快充线束总成即可排除该故障，他将这个任务交给了你，你能否完成该任务？

获取信息

引导问题 1

请查阅相关资料，简述秦 EV 车型的直流充电系统的结构。

秦 EV 车型的直流充电系统结构认知

秦 EV 车型的直流充电系统由直流充电口、充配电总成中的直流烧结检测模块、直流充电正负极接触器、高压电缆、低压控制线束以及动力电池组成，如图 2-3-1 所示。

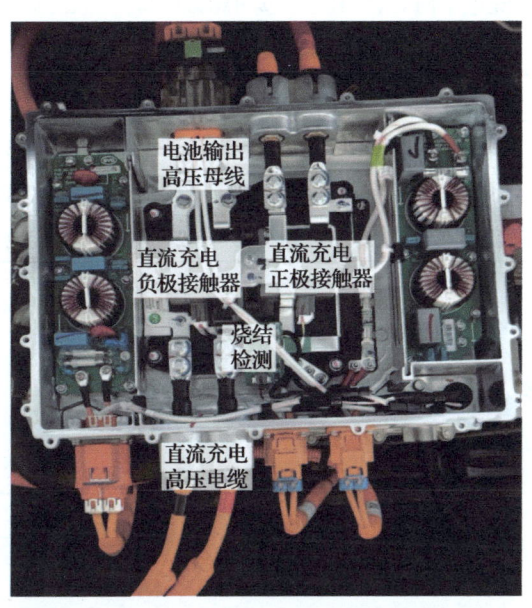

图 2-3-1　秦 EV 车型直流充电系统（局部）

秦 EV 车型的直流充电口安装在车辆 logo 后面，按压 logo 即可打开直流充电口，如图 2-3-2 所示。充电口包括高压电缆及低压控制线束。

直流充电口低压线束接插件如图 2-3-3 所示，其中各个端口对应的定义见表 2-3-1。

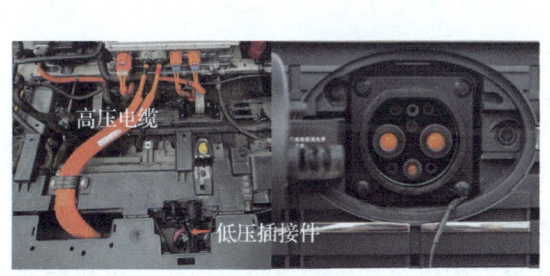

图 2-3-2　秦 EV 车型直流充电口

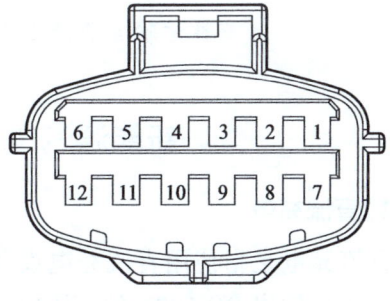

图 2-3-3　秦 EV 车型直流充电口低压线束接插件

表 2-3-1　直流充电口低压线束接插件端口定义

引脚号	端口名称	端口定义	线束接法	信号类型	稳态工作电流
1	A-	低压辅助电源负	车身地	—	—
2	A+	低压辅助电源正	接 BMC01-6	电平信号	<1A
3	CC2	直流充电感应信号	接 BMC02-15	模拟信号	<1A

（续）

引脚号	端口名称	端口定义	线束接法	信号类型	稳态工作电流
4	CAN-L	充电子网 CAN-L	接 BMC02-25	CAN 信号	<1A
5	CAN-H	充电子网 CAN-H	接 BMC02-24	CAN 信号	<1A
6	CAN 屏蔽	CAN 通信屏蔽	接 BMC02-18	接地	<1A
7	—	温度传感器高 1	接 BMC02-19	模拟信号	<1A
8	—	温度传感器低 1	接 BMC02-12	接地	<1A
9	—	温度传感器高 2	接 BMC02-13	模拟信号	<1A
10	—	温度传感器低 2	接 BMC02-06	接地	<1A

 引导问题 2

请查阅相关资料，简述直流充电口温度传感器的作用。

_____
_____
_____

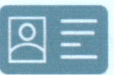
职业认证

在交通运输部职业资格中心 2022 年 7 月发布的《新能源汽车检测维修专业能力评价标准》中，就涉及对专业术语的考量，对专业术语有兴趣的同学可以去了解 GB/T 5624—2019《汽车维修术语》和 GB/T 19596—2017《电动汽车术语》等国家标准，通过新能源汽车检测维修专业能力评价考试可获得由交通运输部职业资格中心颁发的《交通运输专业能力评价合格证书》。

新能源汽车直流充电系统行业术语

1. 直流充电

直流充电是指使用直流充电设备直接给新能源汽车的动力电池补充能量的方式。直流充电桩输出 DC 500V 的直流电，通过充配电总成中的直流充电正负极接触器后给动力电池充电。

2. 直流充电口

国标直流充电口有 9 个端子，分别为 A+、A-、CC1、CC2、S+、S-、PE、DC+、DC-，如图 2-3-4 所示。

CC1：充电连接确认，充电桩对车辆，车辆充电插座 CC1 端口与 PE 之间连接有 1kΩ 的电阻。

CC2：充电连接确认，车辆对充电桩，充电枪 CC1 端口与 PE 之间连接有 1kΩ 的电阻。

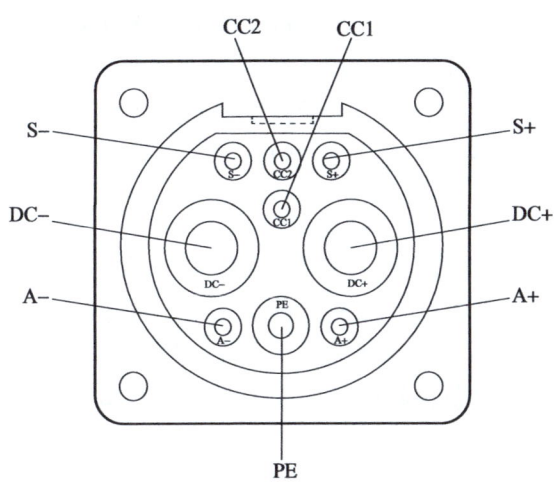

图 2-3-4　秦 EV 车型直流充电口端子

S+：充电通信 CAN-H，连接非车载充电机与电动汽车的通信线。
S-：充电通信 CAN-L，连接非车载充电机与电动汽车的通信线。
DC+：直流电源正，连接直流电源正极与高压动力电池正极。
DC-：直流电源负，连接直流电源负极与高压动力电池负极。
A+：低压辅助电源正，连接非车载充电机为电动汽车提供的低压辅助电源。
A-：低压辅助电源负，连接非车载充电机为电动汽车提供的低压辅助电源。
PE：保护接地，连接供电设备地线和车辆电平台。

3. 直流充电枪

直流充电枪适用于充电模式 4 方式 C 的车辆接口；根据 GB/T 20234.3—2023 设计，充电枪带有电子锁止装置，如图 2-3-5 所示。

4. 直流充电口温度传感器

直流充电口安装有温度传感器（图 2-3-6），新能源汽车在充电的过程中，当充电口的温度达到预设温度时，充电枪温控系统会自行开启，降低充电功率，

图 2-3-5　国标直流充电枪

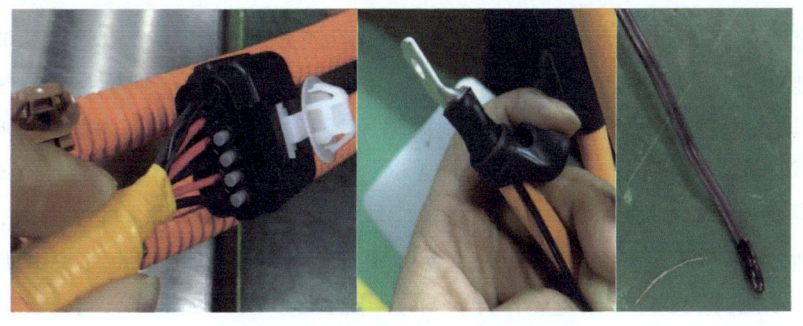

图 2-3-6　直流充电口温度传感器

限制充电口的温度上升，若充电口的温度持续攀升再次达到预设温度时，温控系统将自行切断电源，停止充电，等待温度回落后，再次开启充电。充电口的温度传感器可以有效防止充电时因温度过高导致的自燃或插座熔化等危险发生。直流充电口的温度传感器安装在 DC+ 与 DC− 之间，阻值为 $2k\Omega$。

5. 直流烧结检测

秦 EV 车型的直流充电系统安装有充电接触器烧结检测功能。如图 2-3-7 所示，其工作原理为直流充电系统在进行直流充电确认之前，通过烧结检测模块分别对直流充电正极接触器、直流充电负极接触器进行烧结检测。当检测直流充电正极接触器时，烧结检测模块控制直流充电负极接触器吸合，检测光耦电子元件是否导通，若导通则说明正极接触器烧结。

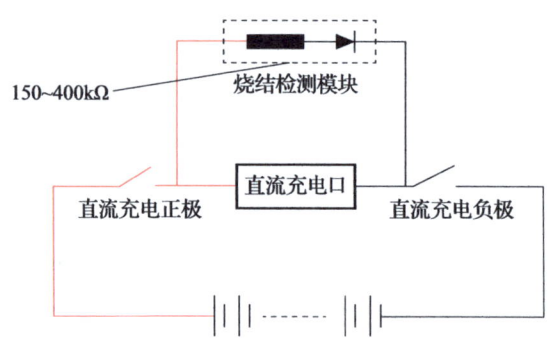

图 2-3-7　直流充电接触器烧结检测原理

> **引导问题 3**
> 请查阅相关资料，简述直流充电的基本过程。
> _____
> _____
> _____

新能源汽车直流充电工作原理

直流充电的基本过程是：在动力电池的两端加载直流电压，以恒定大电流对电池充电，电池的电压缓慢地上升，上升到一定程度，电池电压达到标称值，SOC 在 88%（针对不同动力电池，不同主机厂的控制策略不一样）以上时，转为恒压充电，降低充电电流。当直流充电桩输出的电流小于 5A 时，直流充电桩停止给新能源汽车充电。

非车载充电机（即直流充电桩）和新能源汽车二者通过车辆直流充电口相连。如图 2-3-8 所示，S 开关是一个常闭开关，与直流充电枪头上的按键（即机械锁）相关联，当我们按下充电枪头上的按键，S 开关即打开。而 $U1$、$U2$ 是 12V 上拉电压，$R1$~$R5$ 是阻值约 1000Ω 的电阻，$R1$、$R2$、$R3$ 在充电枪上，$R4$、$R5$ 在车辆插座上。

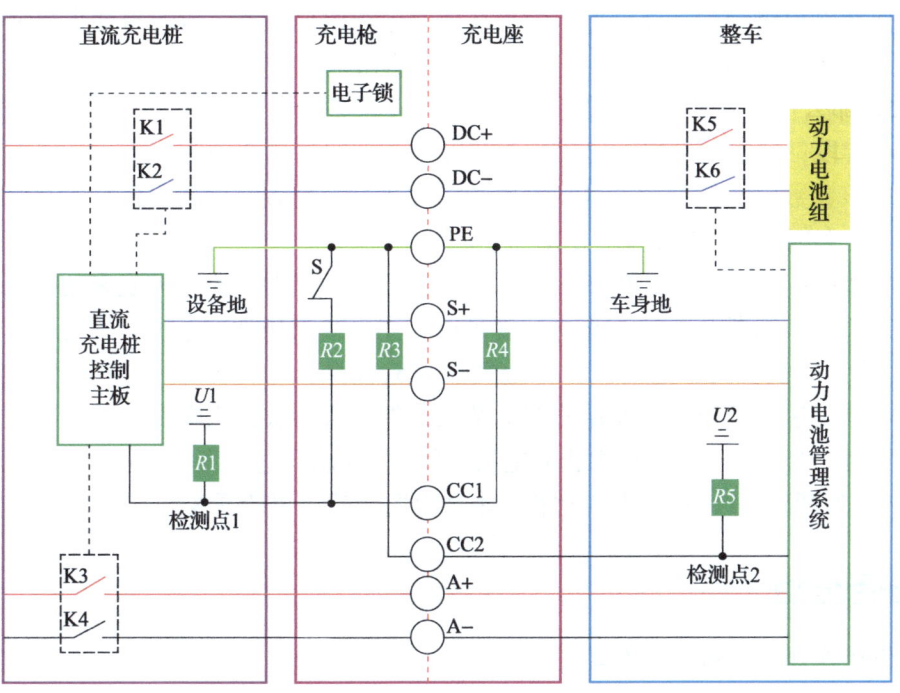

图 2-3-8　直流充电工作原理图

车辆充电口连接确认阶段：当按下枪头按键，将直流充电枪插入直流充电口内，再放开枪头按键时，充电桩的检测点 1 将检测到 12V → 6V → 4V 的电平变化。一旦检测到 4V 电平、充电桩将判断充电枪插入成功，车辆接口完全连接，并将充电枪中的电子锁进行锁定，防止枪头脱落，如图 2-3-9 所示。

图 2-3-9　直流充电连接成功

直流充电桩自检阶段：在车辆接口完全连接后，充电桩将闭合 K3、K4，使低压辅助供电回路导通，为新能源汽车控制装置供电（有的车辆不需要供电）；车辆得到供电后，将根据监测点 2 的电压判断车辆接口是否连接，若电压值为 6V，则车辆装置开始周期性发送通信握手报文；接着闭合 K1、K2，进行绝缘检测，所谓绝缘检测，即检测 DC 线路的绝缘性能，保证后续充电过程的安全性；绝缘检测结束后，将投入泄放回路泄放能量，并断开 K1、K2，同时开始周期性发送通信握手报文。

充电准备就绪阶段：新能源汽车与直流充电桩相互配置的阶段，车辆控制 K5、K6

闭合，使充电回路导通，充电桩检测到车辆端电池电压正常（电压与通信报文描述的电池电压误差小于或等于 ±5%，且在充电桩输出最大、最小电压的范围内）后闭合 K1、K2，那么直流充电线路导通，新能源汽车就准备开始充电。

充电阶段：在充电阶段，车辆向直流充电桩实时发送电池充电需求的参数，充电桩会根据该参数实时调整充电电压和电流，并相互发送各自的状态信息（充电桩输出电压电流、车辆电池电压电流、SOC 等）。

充电结束：车辆会根据 BMS 是否达到充满状态或是收到充电桩发来的"充电桩中止充电报文"来判断是否结束充电。满足以上充电结束条件，车辆会发送"车辆中止充电报文"，在确认充电电流小于 5A 后断开 K5、K6。

充电桩在达到操作人员设定的充电结束条件，或者收到汽车发来的"车辆中止充电报文"时，会发送"充电桩中止充电报文"，并控制充电桩停止充电，在确认充电电流小于 5A 后断开 K1、K2，并再次投入泄放电路，然后再断开 K3、K4。

任务分组

学生任务分配表见表 2-3-2。

表 2-3-2　学生任务分配表

班级		组号		指导老师	
组长		学号			
组员角色分配					
信息员		学号			
操作员		学号			
记录员		学号			
安全员		学号			
任务分工					
（就组织讨论、工具准备、数据采集、数据记录、安全监督、成果展示等工作内容进行任务分工）					

工作计划

按照前面所了解的知识内容和小组内部讨论的结果，制定工作方案，落实各项工作负责人，如任务实施前的准备工作、实施中主要操作及协助支持工作、实施过程中相关要点及数据的记录工作等。工作计划表见表 2-3-3。

| 姓名 | 班级 | 日期 | 能力模块二　掌握新能源汽车充电系统知识与结构识别方法 |

表 2-3-3　工作计划表

步骤	工作内容	负责人
1		
2		
3		
4		
5		
6		
7		
8		

 进行决策

1）各组派代表阐述资料查询结果。
2）各组就各自的查询结果进行交流，并分享技巧。
3）教师对各组的计划方案进行点评。
4）各组长对组内成员进行任务分工，教师确认分工是否合理。

 任务实施

引导问题 4

扫描二维码观看视频，了解如何进行直流线束总成安装前检查，并完成以下实训任务。

_____

参考操作视频，按照规范作业要求完成相应的操作步骤，完成数据采集并记录。实训准备见表 2-3-4。

表 2-3-4　实训准备

序号	设备及工具名称	数量	设备及工具是否完好
1	比亚迪秦 EV	1辆	□是　□否
2	一体化集成工量具	1套	□是　□否
3	车内四件套	1套	□是　□否
4	车外三件套	1套	□是　□否
5	万用表	1台	□是　□否
6	三层工具车	1辆	□是　□否
7	安全防护套装	1套	□是　□否

(续)

序号	设备及工具名称	数量	设备及工具是否完好
8	警示牌	1套	□是　□否
9	灭火器	1套	□是　□否
质检意见	原因:		□是　□否

直流线束总成更换见表2-3-5。

表2-3-5　直流线束总成更换

序号	步骤	记录	完成情况
1	维修准备工作 （1）检查耐磨手套有无明显破损，如有破损，需进行更换 （2）检查万用表外观有无破损 （3）检查红黑表笔外观有无破损 （4）连接万用表红黑表笔并调至电阻档，万用表校表 （5）检查绝缘手套有无破损		已完成□ 未完成□
2	直流线束总成更换前的准备工作 （1）将车辆正确停放至工位，放置车轮挡块 （2）按下钥匙解锁键进行车辆解锁 （3）打开车门 （4）规范铺设车内四件套 （5）进入车内，踩下制动踏板，按下起动开关 （6）按下驾驶位车窗按钮，降下驾驶位车窗，以防车辆意外断电造成车门误锁 （7）拉前舱盖开关，打开前舱盖 （8）规范铺设车外三件套		已完成□ 未完成□
3	直流线束总成的拆卸 （1）断开低压蓄电池负极，并使用绝缘胶带缠绕负极插头 （2）等待5min被动泄放 （3）断开充配电总成低压接插件 （4）规范佩戴绝缘手套与护目镜，使用绝缘一字螺钉旋具松开高压母线互锁开关并拔下 （5）使用万用表电压档对高压母线插头进行验电。测得的电压值接近0V，正常 （6）使用绝缘胶带缠绕高压母线接插件 （7）拆卸充配电总成上盖，用7号套筒与棘轮扳手拆卸充配电总成大盖上的19个十字槽盘头螺钉组合件M5×12加1个M5×10的内五角螺栓 （8）取下充配电总成上盖，妥善保管 （9）规范佩戴绝缘手套与护目镜，拆卸充配电总成内部接线端子，用8号套筒与棘轮扳手拆卸直流充电线束4个固定螺栓		已完成□ 未完成□

（续）

序号	步骤	记录	完成情况
3	（10）拔下直流充电线束并使用绝缘胶带包扎 （11）装配充配电总成上盖，用 7 号套筒与棘轮扳手装上充配电总成大盖上的 19 个十字槽盘头螺钉组合件 M5×12 加 1 个 M5×10 的内五角螺栓。注意防止异物进入损坏内部元件 （12）拆下直流充电线固定卡箍 （13）拆卸直流充电口总成 2 个搭铁螺栓 （14）拆卸与车身钣金件连接的快充充电口的 4 颗固定螺栓 （15）取下直流充电口总成		已完成☐ 未完成☐
4	直流充电线束的安装 （1）安装直流充电口总成 （2）安装直流充电口的 4 颗固定螺栓 （3）拆卸充配电总成上盖 （4）取下直流充电正负极绝缘胶带，连接充配电总成 （5）安装 4 颗固定螺栓并预紧 （6）使用扭力扳手紧固螺栓 （7）装配充配电总成上盖 （8）安装直流充电口总成 2 个搭铁线螺栓 （9）安装直流充电线固定卡箍 （10）取下高压母线接插件的绝缘胶带，连接高压母线 （11）安装充配电总成低压接插件 （12）取下低压蓄电池负极绝缘胶带，使用棘轮扳手、10 号套筒安装低压蓄电池负极并紧固 （13）车辆上电，OK 指示灯正常点亮 （14）车辆下电 （15）连接直流充电枪 （16）车辆正常充电		已完成☐ 未完成☐
5	实训现场 6S 整理		已完成☐ 未完成☐
总结 提升			已完成☐ 未完成☐
质检 意见	原因：		已完成☐ 未完成☐

评价反馈

1）各组代表展示汇报 PPT，介绍任务的完成过程。

2）以小组为单位，对各组的操作过程与操作结果进行自评和互评，并将结果填入综合评价表（见表 2-3-6）的小组评价部分。

3）教师对学生工作过程与工作结果进行评价，并将评价结果填入综合评价表（见表 2-3-6）的教师评价部分。

表 2-3-6　综合评价表

班级		组别		姓名		学号	
实训任务							
评价项目			评价标准			分值	得分
小组评价	计划决策		制定的工作方案合理可行，小组成员分工明确			10	
	任务实施		能够正确检查并设置实训工位			5	
			能够准备和规范使用工具设备			5	
			能够正确拆卸快充线束总成			20	
			能够正确安装快充线束总成			20	
			能够规范填写任务工单			10	
	任务达成		能按照工作方案操作，按计划完成工作任务			10	
	工作态度		认真严谨、积极主动，安全生产，文明施工			10	
	团队合作		小组组员积极配合、主动交流、协调工作			5	
	6S 管理		完成竣工检验、现场恢复			5	
			小计			100	
教师评价	实训纪律		不出现无故迟到、早退、旷课现象，不违反课堂纪律			10	
	方案实施		严格按照工作方案完成任务实施			20	
	团队协作		任务实施过程互相配合，协作度高			20	
	工作质量		能准确完成本节的实训任务			20	
	工作规范		操作规范，三不落地，无意外事故发生			10	
	汇报展示		能准确表达、总结到位、改进措施可行			20	
			小计			100	
综合评分			小组评价分 ×50% ＋教师评价分 ×50%				
总结与反思							

（如：学习过程中遇到什么问题→如何解决的 / 解决不了的原因→心得体会）

任务四　了解新能源汽车换电技术及无线充电技术

学习目标

- 了解新能源汽车换电模式、无线充电技术的概念。
- 了解新能源汽车换电的优势和劣势。
- 了解新能源汽车无线充电技术的优势与推广难点。
- 能够正确阐述新能源汽车换电模式和无线充电技术的概念与优缺点。
- 了解新能源汽车补能产业发展趋势，树立职业目标。
- 通过收集资料了解补能产业发展趋势的过程，锻炼收集信息与处理信息的能力。

知识索引

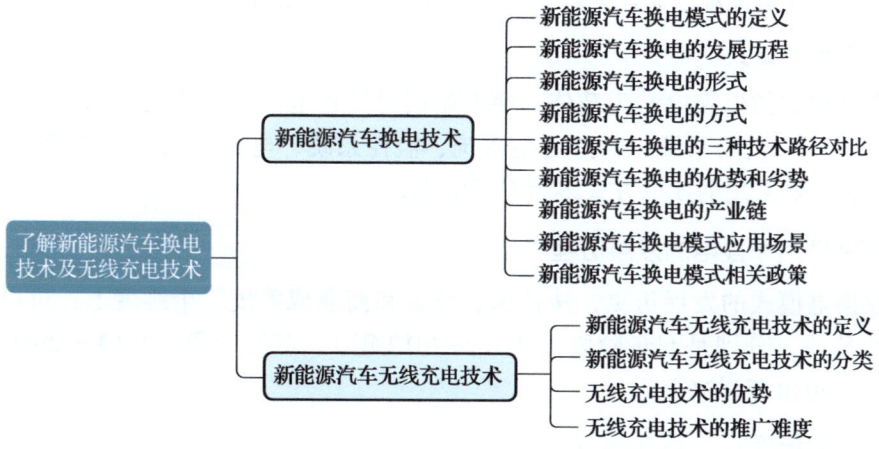

情境导入

你是一名充电站运维工程师，你就职的公司正在考虑建设换电站，公司主管希望了解一线工程师的意见，你能分析目前常见的换电模式的技术路径的优缺点并提出自己的建议吗？

 新能源汽车充电技术　　姓名　　班级　　日期

获取信息

引导问题 1

请查阅相关资料，简述什么是新能源汽车换电模式。

_____
_____
_____

新能源汽车换电技术

1. 新能源汽车换电模式的定义

新能源汽车换电模式是指运用集中型充电站集中存储、集中充电、统一配送大量电池，并且在电池配送站中对新能源汽车进行动力电池的更换服务或者集电池的充电、物流调配、以及换电服务于一体的模式。换电模式一般有集中充电模式与充换电模式。

（1）集中充电模式

集中充电模式指通过集中型充电站对大量的动力电池进行集中存储、集中充电、统一配送，并在电池配送站内对电动汽车提供电池更换服务。

（2）充换电模式

充换电模式指以换电站为载体，换电站同时具备电池更换和电池充电功能，站内包括供电系统、充电系统、电池更换系统、监控系统、电池检测与维护管理部分等。目前而言，市场采用的换电方式多为充换电模式。

2. 新能源汽车换电的发展历程

回顾换电模式的发展历史，从技术、政策和商业成熟度三个维度上，可以将其划分为三个阶段，分别是起步阶段（2007—2012 年）、沉淀阶段（2013—2019 年）和发力阶段（2020 年以来）。

（1）起步阶段

2007—2012 年：初步形成技术思路，包括底盘换电技术和以此为基础的标准箱换电技术，但国家政策不明晰，支持力度小；对商业成熟度来说，未找到现实可行的商业模式。Better place 首次采用换电模式，国家电网开发标准箱换电，确定"换电为主，插充为辅"的运营思路。

（2）沉淀阶段

2013—2019 年：在技术上，通过各方持续探索，特斯拉发布 90s 快换技术，伯坦科技开创分箱换电模式；政策上，以充电模式为主流路线；商业成熟度上，特斯拉放弃，北汽、奥动、伯坦等实现落地运营。特斯拉 90s 快换技术，由于商业模式缺陷最终放弃换电模式；北汽从 B 端市场切入，伯坦、奥动等纷纷落地运营。

（3）发力阶段

2020 年以来：技术上，走向成熟、持续进步；政策上，支持换电模式，启动试点工作，发布相关标准；商业成熟度上，北汽由 B 端进入 C 端，打造换电联盟；蔚来联合宁德时代推出 BaaS 方案，服务私家车主。车企、换电站运营商、电池厂及相关各方纷纷入局，大量资本涌入，开展换电站建设，预计在 2025 年建成换电站 3 万座以上。2022 年 1 月 18 日，宁德时代电服在线上举行发布会，发布换电服务品牌 EVOGO 及组合换电整体解决方案。其中提到了专门为实现共享换电开发的"巧克力换电块"，小而高能，自由组合，极简设计。宁德时代的 EVOGO 在厦门打造 3km 换电圈。

3. 新能源汽车换电的形式

（1）垂直对插式换电

垂直对插式换电，即换电流程中车身运行方向和电池的行进方向相互垂直。该换电形式的实现过程为：首先汽车按水平方向行进至指定位置，然后换电装置沿竖直方向由下而上运行至车辆下方电池安装位置，将原车辆底盘上的电池取下，并换上新充好的电池。

换电流程中由插件的导向孔和导向轴进行定位可有效地保证安装精度，换电完成后通过螺钉固定电池。也有的新能源汽车生产厂商将电池安装位置设计在前舱或行李舱，车辆运行到对应位置后，电池由上而下进行对插。

垂直对插式换电电池通常安装在车辆底盘，电池隐蔽性好，具有很高的安全性，不易被盗，并可在插件周围增加端面和径向密封，在换电导正后密封非常可靠。但垂直对插式换电由于需要导正，换电机构需要 3 个方向的自由度，换电机构相对复杂，成本较高。使用该种方式的主机厂主要有国内的蔚来汽车和美国的特斯拉汽车等。

（2）平行对插式换电

平行对插式换电，即换电流程中车身运行方向和电池的行进方向相互平行。换电形式的实现过程为：车辆行进至指定位置后，换电机构从车辆后方向车辆方向行进，一般采用手动方式将原车辆电池取下，再由换电机构将已充好的电池安装上。

换电流程中，电池由后方插入且以框架形式固定，有电池安装稳固、电气连接可靠的优势。但此种换电方式的电池通常安装在车辆的行李舱，电池的安全性低，容易被盗。电池的防护性依赖整车底盘的防护，密封性不易保证。由于需手动进行对正，操作工艺流程难以形成规范，换电时间较长。

若采用此换电形式，在换电完成后，如果车辆在行驶过程中突然加速，电池因惯性会对车身插件接合面产生一个与车辆行驶方向相反的作用力，由于电池本身的重量较大，此反作用力相应较大，对插针有拉力，插针有脱出的风险；如果车辆突然急停，电池由于惯性会对车身产生冲击力，对插件和车身均有危害。而垂直式换电由于插件接合面与车辆行驶方向垂直，车辆的加速和急停所产生的作用力不会对插件接合面有影响，不会使插针有脱出的隐患。采用平行对插式换电的主机厂主要为众泰汽车和力帆汽车等。

（3）端面式换电

端面式换电的实现过程与对插式换电基本类似，电池仍安装在底盘，但换电时由插件接触面定位，而非通过导向的轴孔定位。

端面换电方式主要靠电池和车身上插件的接合面接合进行对正，对插件本身的制造精度要求较高，插件较复杂，成本较高，接合面需要完全密封，接触和密封的可靠性难以保证，但是对换电机构的要求较对插式换电要低一些。

与对插式换电相比，端面换电方式由于没有导向的轴孔，换电时行程较短，接合区域紧密，相应地车辆预留的换电位置和电池安装空间更小。采用该种换电方式的汽车生产厂家主要为北汽新能源。

（4）总结

垂直对插式换电和端面式换电由于自动化程度高、操作方便、易于形成系列化等优点被广泛使用，以当前趋势判断，垂直对插式换电和端面换电将是换电模式的主要发展方向。

4. 新能源汽车换电的方式

（1）底盘换电

该换电方式不改变车体前后轴重量，有利于保障汽车的安全性及运行特性，换电全自动、时长短，较多箱非底盘换电更具便利性与安全性，目前约 80% 的车型采取底盘换电。但需注意，底盘换电虽是主流换电方式，但仍存在需改变底盘结构、封装工艺复杂等痛点。底盘换电代表车企：北汽新能源、蔚来。蔚来拥有全自动底盘整包换电技术，换电站主要针对蔚来私人乘用车用户，北汽新能源则主要针对商业出租车。

（2）分箱换电

通用性较好、标准化易实现，成本较低（可以只更换某一块性能降低的电池），但每个箱体都需保护壳，重量增加；电池分散装于整车，存在安全隐患；对车身底盘改动和设计周期要求更高，代表企业有伯坦科技、力帆盼达。伯坦科技全自动撬装式分箱换电系统，能够将大电池分箱标准化，具有自动、半自动、人工辅助三种换电操作模式。

（3）侧方换电

从汽车侧方电池舱位取出电池，再由机械臂将满电电池插入汽车，安全性较高，但换电设备成本高，标准化不易实现，代表企业有时空电动。时空电动主打产品为结合停车、充电、换电三位一体化的立体车库运营模式。

5. 新能源汽车换电的三种技术路径对比

新能源汽车换电有三种技术路径，分别是底盘换电、分箱换电和侧方换电，三种技术路径的对比见表 2-4-1。

表 2-4-1 三种技术路径的对比

换电模式	底盘换电	分箱换电	侧方换电
设备成本	高	低	较高
自动化程度	全自动	半自动	半自动
工艺标准化	易	难	难
安全风险	低	高	较低
换电时长	3~5min 宁德时代单块电池 1min	5~10min	5~10min
应用厂商	宁德时代、蔚来、北汽新能源	力帆盼达、伯坦科技	时空电动
应用图例			

6. 新能源汽车换电的优势和劣势

（1）优势

1）快速补能。采用换电模式，只需耗时 3~5min 就能将能源补给完毕，电动汽车充电现在主要有两种充电方式，快充一般为大功率直流充电，半小时可以充满电池 80% 容量，超过 80% 后，为保护电池安全，充电电流变小，从 80% 充到 100% 的时间将较长；慢充指交流充电，充电过程需 6~8h。而普通换电站仅需 3min，甚至还可以更短，奥动新能源最新的广州 4.0 换电站，整个换电过程只要 40s，再加上车辆进出时间，整个流程大概仅需 1.5min。

2）降低购车成本。动力电池占新能源车造价的比例较高，以裸车价格出售，电池以租赁方式提供，消费者的购车成本将明显下降。

3）延长动力电池使用寿命。由电池运营公司对电池集中进行监测、养护与管理，有利于延长动力电池的寿命，提升电池的安全性。

4）降低充电成本。利用峰谷电价的差别来降低充电成本。

5）降低电网负荷。采用换电模式，可以利用用电低谷阶段均衡地给动力电池补能，缓解城市用电压力。

6）解决充电桩不足的问题。相较于快速增长的新能源车市场，充电桩数量仍然远远不够。对于新能源汽车充电来说，采用充电模式，一辆车快充也得 40min 才能充满，而换电模式仅需要 2~3min，大大地提高了便利性，同时也降低了充电桩的建设压力。

7）规避了充电时可能发生的自燃。为车主规避了可能存在危险的充电环节，2018 年新能源汽车事故统计分析发现，充电时发生的事故占比最多，达到了 29%。

8）换电模式利于整车厂。换电模式使可选的销售方案变多，有利于促进销售、方便车企对电池进行监控，减少因电池故障产生的召回等问题。

（2）劣势

1）换电站前期投入成本高。换电站的建设除了用地、人力、换电设备购置等的成本外，还需要巨额的电池储备成本和电池充电、用电成本。

2）换电站后期运营成本高。换电站中换电设备的操作及维护保养、动力电池的统一充电、存储和调配都需要一定数量的工作人员。

3）换电标准还未实现统一。各汽车生产商和电池生产商对于换电车型的整体设计、电池的更换形式、电池的尺寸、接口等的标准各不相同。

7. 新能源汽车换电的产业链

（1）中游

如图2-4-1所示，新能源汽车换电的产业链中游主要为换电站建设和运营商，负责换电站的搭建和运营，面向市场提供换电服务，对口B端相对C端更多；换电站的建设运营对资金需求量较大，对电池的投资、车位选址、布线改造和运营管理都有很高的要求，电池资产公司将由此成立，并与动力电池企业、融资租赁公司等形成合作，减轻资金压力。

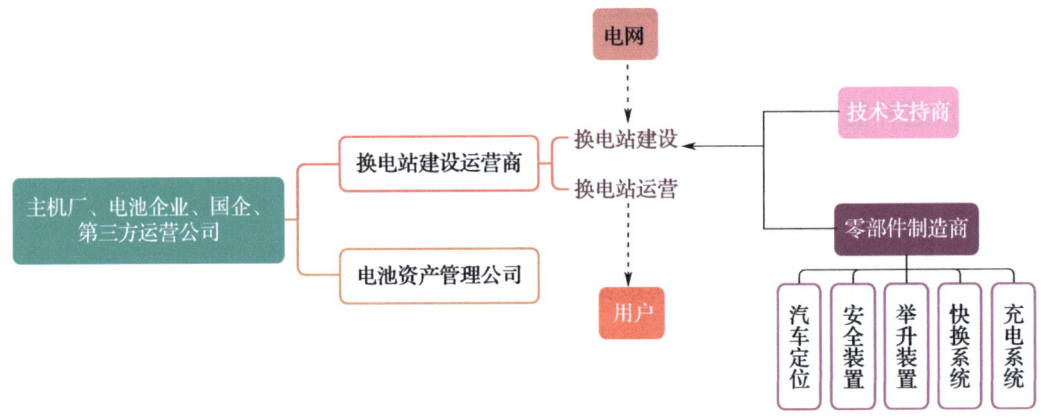

图2-4-1　换电产业链各环节拆解

（2）下游

如图2-4-1所示，新能源汽车换电的产业链下游主要由换电服务用户和动力电池回收方组成，目前我国换电模式仍处于行业发展初期，我国大多数换电站中游运营商主要发展2B业务，如公交车、出租车、网约车、重型货车等，部分换电运营商也逐渐将业务拓展到C端用户。

8. 新能源汽车换电模式应用场景

（1）出租车、网约车市场

出租车和网约车市场未来可能是换电模式的主力军，因为出租车与网约车需要高频、快速补电，而换电模式能够实现极速换电，仅需3~5min，提升车辆营运效率，目前国内如北汽新能源、浙江时空电动等均有换电模式的出租车投入市场。

（2）换电重型货车

据汽车总站网统计，2021 年上半年新能源重型货车实际销售 1732 辆，其中换电重型货车实际销售 381 辆，占据新能源重型货车 22% 的比重，而从订单角度，2021 上半年换电重型货车签约订单过万辆。

（3）私家车

私家车的换电模式还处在缓慢发展中，当前采用换电模式的车厂仅有蔚来面向私家乘用车，根据中国汽车报 2021 年 5 月份的报道，自蔚来汽车推出换电式纯电动车产品后，目前其可换电车辆总数就超过 10 万辆，参与换电的用户车辆超过 6 万辆。

9. 新能源汽车换电模式相关政策

2021 年国家能源局发布《2021 年能源工作指导意见》，积极推广综合能源服务，加快充换电基础设施建设。推动电动汽车充换电基础设施往高质量、智能化方向发展，加强供需互动用电系统的推广，做好高比例可再生能源、电动汽车等多元化接入的准备。

2021 年国家发改委发布《关于进一步提升充换电基础设施服务保障能力的实施意见（征求意见稿）》，提高城乡地区充换电保障能力，并且深入相关新技术的研发与应用，对充换电设施本身要加强运维和网络服务，配套供电方面做好电网建设，在高质量监管下提高服务质量。提高对高速公路、乡镇等保障型充换电设施的补贴支持和税收优惠力度。

2021 年工信部发布《关于启动新能源汽车换电模式应用试点工作的通知》，将 11 个城市纳入换电试点范围。其中综合应用类城市 8 个，重型货车特色类 3 个。意见提出要加强工作统筹、建立安全管理制度、强化政策落实并形成可推广经验。

2021 年国家市场监管总局发布《电动汽车换电安全要求》，这是中国汽车行业在换电领域的首个基础通用国家标准。标准文件结合众多数据和实验，分别规定了 5000 次（卡扣式）和 1500 次（螺栓式）的最低换电次数要求以保障换电安全。

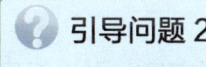 引导问题 2

请查阅相关资料，简述什么是新能源汽车无线充电技术。

_____
_____

新能源汽车无线充电技术

1. 新能源汽车无线充电技术的定义

无线充电一般指无线充电技术（Wireless Charging Technology，简称 WCT），它源于无线电力输送技术。无线充电，又称作感应充电、非接触式感应充电，是利用近场感应，也就是电感耦合，由供电设备（充电器）将能量传送至用电的装置，该装置使用接收到的能量对电池充电，并同时供其本身运作之用。充电器与用电装置之间以电感耦合传送能量，两者之间不用电线连接，因此充电器及用电的装置都可以做到无导电接点外露。

无线充电技术通常在发送端和接收端各有一个线圈，发送端线圈连接有线电源产生电磁信号，接收端线圈感应发送端的电磁信号从而产生电流给电池充电。目前无线充电单模块功率为 30kW，可根据需要增加模块，功率也随之成倍增加。

2. 新能源汽车无线充电技术的分类

无线充电分为电磁感应式充电、磁场共振式充电和无线电波式充电三种类型。

（1）电磁感应式充电

初级线圈接入一定频率的交流电，通过电磁感应在次级线圈中产生一定的电流，从而将能量从传输端转移到接收端。目前最为常见的充电垫解决方案就采用了电磁感应技术。事实上，电磁感应解决方案在技术实现上并无太多神秘感，比亚迪在 2005 年 12 月申请的非接触感应式充电器专利就使用了电磁感应技术。

（2）磁场共振式充电

磁场共振式充电需要能量发送装置和能量接收装置，当两个装置调整到相同频率，或者说在一个特定的频率上共振，它们就可以交换彼此的能量，这是目前正在研究的一种技术，由麻省理工学院（MIT）物理教授 Marin Soljacic 带领的研究团队利用该技术点亮了 2m 外的一盏 60W 灯泡，并将其取名为 WiTricity。该实验中使用的线圈直径达到 50cm，还无法实现商用化，如果要缩小线圈尺寸，接收功率自然也会下降。

（3）无线电波式充电

无线电波式充电是发展较为成熟的技术，类似于早期使用的矿石收音机，主要由微波发射装置和微波接收装置组成，可以捕捉到从墙壁弹回的无线电波能量，在随负载进行调整的同时保持稳定的直流电压。

3. 无线充电技术的优势

1）无线充电技术是新能源汽车产业的前沿技术之一，具有建设周期短、占地面积小（充电线圈全部地埋，可以依托现有停车路面进行改造）等优点。

2）无线充电位充电过程无须人工值守，运营成本更低、安全性更高。

3）无线充电可以在暴雨、泥泞等恶劣天气进行，可以有效减少车辆对于电池的依赖，提升车辆充电及运营效率。

4. 无线充电技术的推广难度

1）投入成本高，若以相同功率的充电设备进行比较，无线充电设备的建设成本大概是有线充电桩的 2~3 倍，且维修费用更高。

2）无线充电技术的充电效率较低，据专家介绍，无线充电装置的功率如果超过 20kW，充电的效率会很低，充电时长也不能保障，会造成一定损耗和浪费，达不到节能效果。

3）无线充电技术需要改变现有车辆的成本与结构，这会导致新能源汽车上下游产业链的利益结构变动。

4）量化评价无线输电系统的指标技术存在一定难度。

奇瑞、特斯拉、沃尔沃很早就开始了无线充电技术的研发立项，但受制于上述因素，均未在汽车领域进行商用推广。

📖 拓展阅读

补能问题一直以来都是新能源汽车车主的痛点，随着动力技术的发展，新能源汽车的续驶里程逐渐增长，可由于寻找充电桩花费时间和充电排队时间等因素的不确定性，部分新能源车主仍然被新能源汽车的补能问题所困扰。

新能源汽车补能问题的根本在于如何缩短补能时间。而当前缩短新能源汽车补能时间的方式主要有两种：快充和换电。

特斯拉的V3超级快充号称充电5min，续驶里程增加120km；蔚来超快充桩将容量为100kW·h的电池包从10%电量充至80%仅需要20min；联动天翼发布高性能快充动力电池SPEED系列，充电8min续驶里程可以达到400km。

蔚来在2023年3月发布的第三代换电站采用全新的三工位协同作业机制，换电仅需4分半钟左右。奥动新能源2020年发布的4.0换电站换电仅需20s，服务全程1min，一个换电站每天可以服务1000次。

相较于过去的"快充两小时，慢充一整晚"，快充技术和换电技术可以在很大程度上缓解车主的里程焦虑，当然，这两种技术目前也各自存在其局限性：覆盖范围不广。特斯拉在2022年年底时已在国内建设开放超过1500座超级充电站和1万个超级充电桩，蔚来和奥动新能源在2022年6月时分别运营着1024座和450座换电站。

即使如此，我们仍然看到了解决新能源汽车补能痛点的曙光。相信随着时间的推移和相应技术的推广，新能源汽车的补能问题将不再是车主们的痛点，而补能市场的发展对各位有志投身新能源汽车产业的同学来说也是难得的机遇，充换电站的建设、调测与运营维护均需要大量的从业者投身于此，希望从事相关工作的同学可以尽早了解相关工作岗位所需的职业能力，尽早进行职业规划，为实现自身价值而努力。

👥 任务分组

学生任务分配表见表2-4-2。

| 新能源汽车充电技术 | 姓名 | 班级 | 日期 |

表 2-4-2　学生任务分配表

班级		组号		指导老师	
组长		学号			
组员角色分配					
信息员		学号			
操作员		学号			
记录员		学号			
安全员		学号			
任务分工					
（就组织讨论、工具准备、数据采集、数据记录、安全监督、成果展示等工作内容进行任务分工）					

📝 工作计划

按照前面所了解的知识内容和小组内部讨论的结果，制定工作方案，落实各项工作负责人，如任务实施前的准备工作、实施中主要操作及协助支持工作、实施过程中相关要点及数据的记录工作等。工作计划表见表 2-4-3。

表 2-4-3　工作计划表

步骤	工作内容	负责人
1		
2		
3		
4		
5		
6		
7		
8		

进行决策

1）各组派代表阐述资料查询结果。
2）各组就各自的查询结果进行交流,并分享技巧。
3）教师对各组的计划方案进行点评。
4）各组长对组内成员进行任务分工,教师确认分工是否合理。

任务实施

引导问题 3

了解我国新能源汽车补能技术的发展,并制作 PPT 进行汇报。

_____
_____
_____

评价反馈

1）各组代表展示汇报 PPT,介绍任务的完成过程。
2）以小组为单位,对各组的操作过程与操作结果进行自评和互评,并将结果填入综合评价表(见表 2-4-4)的小组评价部分。
3）教师对学生工作过程与工作结果进行评价,并将评价结果填入综合评价表(见表 2-4-4)的教师评价部分。

表 2-4-4 综合评价表

班级		组别		姓名		学号	
实训任务							
	评价项目	评价标准				分值	得分
小组评价	计划决策	制定的工作方案合理可行,小组成员分工明确				10	
	任务实施	能够正确检查并设置实训工位				5	
		能够准备和规范使用工具设备				5	
		能正确收集我国新能源汽车补能技术发展的相关资料				20	
		能正确阐述我国新能源汽车补能技术的发展趋势				20	
		能够规范填写任务工单				10	
	任务达成	能按照工作方案操作,按计划完成工作任务				10	
	工作态度	认真严谨、积极主动,安全生产,文明施工				10	
	团队合作	小组组员积极配合、主动交流、协调工作				5	
	6S 管理	完成竣工检验、现场恢复				5	
		小计				100	

（续）

评价项目		评价标准	分值	得分
教师评价	实训纪律	不出现无故迟到、早退、旷课现象，不违反课堂纪律	10	
	方案实施	严格按照工作方案完成任务实施	20	
	团队协作	任务实施过程互相配合，协作度高	20	
	工作质量	能准确完成本节的实训任务	20	
	工作规范	操作规范，三不落地，无意外事故发生	10	
	汇报展示	能准确表达、总结到位、改进措施可行	20	
		小计	100	
综合评分		小组评价分 ×50% ＋教师评价分 ×50%		
总结与反思				

（如：学习过程中遇到什么问题→如何解决的 / 解决不了的原因→心得体会）

新能源汽车充电技术

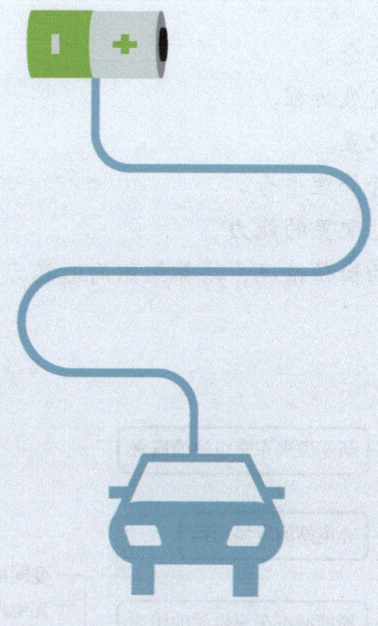

能力模块三
掌握新能源汽车充电设施的检测与维修方法

任务一　了解新能源汽车充电站

学习目标

- 了解电动汽车充电站的概念。
- 了解电动汽车充电站的发展历程。
- 了解电动汽车充电站的配置。
- 了解电动汽车充电站运营管理平台。
- 具备阐述电动汽车充电站配置的能力。
- 调研新能源汽车充电站的岗位情况，培养组织沟通能力。

知识索引

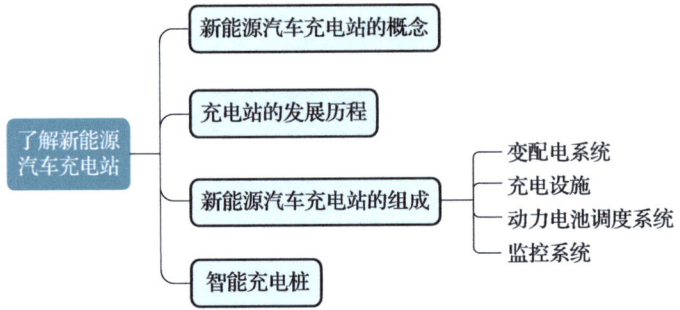

情境导入

截至2022年底，我国新能源汽车保有量达1310万辆，充电桩保有量达521万台，车桩比为2.5∶1，充电桩供给总体相对充分。但是，在广东这样的新能源汽车大省，截至2022年底广东省新能源汽车保有量为199.8万辆，位居全国第一，充电桩保有量为38.3万台，车桩比为5.22∶1，可以说新能源汽车充电行业仍有较大的发展空间。无论我们未来是否投身于新能源汽车充电行业，对新能源汽车充电站相关知识的了解都是必须的。

| 姓名 | 班级 | 日期 | 能力模块三　掌握新能源汽车充电设施的检测与维修方法 |

 ## 获取信息

引导问题 1

请查阅相关资料，简述新能源汽车充电站的概念。

_____
_____
_____

新能源汽车充电站的概念

新能源汽车充电站是指为新能源汽车充电的站点，与传统燃油车的加油站相似，如图 3-1-1 所示。

充电站为新能源汽车的动力电池提供了安全的充电场所，在充电过程中监控充电设备及被充电的动力电池，可以保证电能安全传输给动力电池。

充电站的基本功能包括充电、监控和计量等。充电站内应包括行车道、停车位、充电设备、监控室、供电设施及休息室、卫生间等必要的辅助服务设施。充电站的布置和设计应便于被充电车辆的驶入、驶出以及停放。

图 3-1-1　新能源汽车充电站

引导问题 2

请查阅相关资料，简述我国新能源汽车行业车桩比的发展趋势。

_____
_____
_____

充电站的发展历程

2006 年，比亚迪在深圳总部建成深圳首个电动汽车充电站。

2008 年，北京市奥运会期间建设了国内第一个集中式充电站，可满足 50 辆纯电动大客车的动力电池充电需求。

2009 年 10 月，上海市电力公司投资建成上海漕溪电动汽车充电站，这是国内第一座具有商业运营功能的电动汽车充电站。

2009 年 12 月 31 日，南方电网投产的首批电动汽车充电站在深圳建成投运，建设规模为 2 个充电站、134 个充电桩，其充电容量总计达 2480kV·A。

从试点情况看，电动汽车能源消耗价格确实较低。在深圳试点，以比亚迪 e6 纯电动汽车为例，快充 2h 可充电 57kW·h，可行驶 300km。按照目前普通商业电价计算，峰期电价 1.0064 元 / 度，行驶 300km 只需 57.3648 元；若利用谷期进行充电的话，电价只有 0.2495 元 / 度，充满一次花费更少，仅需 14.2215 元。而传统的燃油汽车，以每升汽油（深国Ⅲ）6.54 元、每 100km 油耗 8L 计算，行驶 300km 就需要 156.96 元。约相当于峰期充电费用的 3 倍，谷期充电费用的 11 倍。

如图 3-1-2 所示，据相关数据显示，截至 2021 年 9 月，我国新能源汽车行业车桩比为 3.05∶1，相比 2020 年反升高 0.13。实际上充电基础设施的整体增速并没有远远落后于新能源汽车的增速，但 2021 年新能源汽车的数量出现超预期的爆发式增长，二者产生的时间差导致车桩比在 2021 年不降反升。若不继续加大充电基础设施建设速度，为增长迅速的新能源汽车提供保障，则车桩比的矛盾势必引发充电难问题，大大打击消费者选购新能源汽车的信心。

图 3-1-2　我国新能源汽车保有量与充电桩数量之比

为解决新能源汽车配套充电设施建设问题，2012 年至今，国务院办公厅、国家发改委、能源局、工信部、住建部、市场监督管理局以及各级省、市政府和国家电网发布了 20 多条涉及充换电设施的政策。2020 年 3 月，充电桩建设正式成为"新基建"规划中的七大重点领域之一，多省设立了十四五规划期间充电桩建设规划，要求进一步提升充电基础设施服务保障能力，为新能源汽车产业发展提供有力支撑，助力我国实现"双碳"目标。

近年来，国内充电桩增速较快。2022 年 1~12 月，充电基础设施增量为 259.3 万台，其中公共充电桩增量同比增加 91.6%，随车配建私人充电桩增量同比增加 225.5%。截至 2022 年 12 月，全国充电基础设施累计数量为 521.0 万台，同比增加 99.1%。

截至 2022 年底，国内车桩比为 2.5∶1。我国工信部计划 2025 年实现车桩比 2∶1，2030 年实现车桩比 1∶1。近年来，车桩比逐渐降低，从 2018 年的 3.2∶1 降至 2022 年的 2.5∶1，新能源汽车与充电桩保有量均在不断增加。

引导问题 3

请查阅相关资料，简述新能源汽车充电站的组成。

_____

_____

_____

新能源汽车充电站的组成

新能源汽车充电站主要由变配电系统、充电设施、动力电池调度系统以及监控系统组成，如图3-1-3所示。其中，变配电系统包含高压配电部分、低压配电部分及配电变压器；充电设施主要为充电机及充电桩；动力电池调度系统包含动力电池调度网络与更换动力电池区；监控系统主要为安防监控系统与充电监控系统。

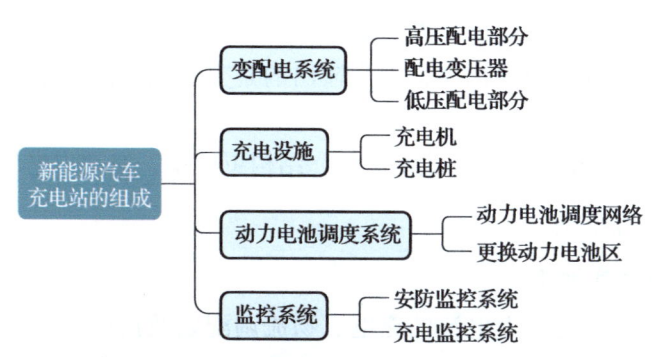

图3-1-3　新能源汽车充电站的组成

1. 变配电系统

变配电系统为新能源汽车充电站的充电设备、监控系统和办公场所等提供交流电源。变配电系统不仅提供充电所需的电能，也是整个充电站正常运行的基础。充电站的变配电系统包括高压配电部分、配电变压器和低压配电部分。

（1）高压配电部分

高压配电部分包括高压供电线路和高压供电设备等，根据电动汽车的动力电池容量、充电时的电压和电流、车辆数量等数据的不同，充电设施总容量可能达到MVA等级以上，所以需要采用高压供电方式为充电设施供电。高压配电的主要设备有进线隔离柜、高压进线柜、压变柜、计量柜、馈电柜、联络柜、直流屏等。

（2）配电变压器

配电变压器是一种根据电磁感应定律变换交流电压和电流，从而传输交流电能的静止电器。

（3）低压配电部分

低压配电部分包括低压配电线路和低压配电设备等。充电站通过低压配电设备将380V低压动力电源分配给充电机及其他辅助用电设备。低压配电设备主要有进线柜、馈线柜、联络柜和电容补偿柜等。

2. 充电设施

充电设施是整个充电站的核心部分，充电设施应满足多种形式的充电需求，提供安全、快捷的能量补给服务。

充电站的充电设施由充电机和充电桩组成，充电机为充电桩提供稳定可靠、可调节的直流电源。充电站配置的充电桩有交流充电口和直流充电口，以完成对电动汽车的充电控制和充电操作。充电站计费装置集成在充电站内部作为充电运营管理收费系统的硬件设备，充电站运营收费一般可采用刷卡收费、扫描二维码或手机 APP 在线支付等方式计量收费。

直流充电桩集充电控制模块、功率转换模块、人机交互模块、智能通信模块、计量模块、财务管理模块于一体，采用三相四线制供电，可以提供足够大的功率，输出的电压和电流调整范围大（适用于乘用车和大客车的电压需求），可以实现快充。

交流充电桩集交流充电接口、人机交互接口、高低压配电控制、保护于一体，其本质上就是一个带控制的交流插座，因为输出的是交流电，需要车载充电机进行变压整流相。

相较直流充电桩，交流充电桩成本更低，结构更简单，对动力电池更友好。

3. 动力电池调度系统

（1）动力电池调度网络

动力电池调度网络集动力电池的充电、物流调配以及换电服务于一体，这种一体化的运营结构不仅有利于动力电池企业的标准化生产，而且有利于能源供给企业的集约化管理，还能降低配送过程中的人力、物力成本，进而显著降低运营成本。

以国家电网公司颁布的《基于物联网的电动汽车智能充换电服务网络运行管理系统技术规范》为例，在动力电池调度网络中包含集中型充电站、换电站、配送站等三类，其中集中型充电站承担大规模的动力电池充电功能，充满电的动力电池将被配送至具有小规模充电能力和更换动力电池功能的换电站，以及仅具备更换动力电池功能的配送站，从而实现为用户的动力电池供应能量。

在换电模式下，通过对集中型充电站或换电站进行充电管理，可实现动力电池的统一调度和监控。规模化的动力电池可作为巨大的储能单元，有效地参与电网负荷管理和系统调峰，提高电网负荷率，最大限度地减少谐波污染等对电网的不利影响，从而提高系统整体运行的效率。

（2）更换动力电池区

更换动力电池区是车辆更换动力电池的场所，需要配备动力电池更换设备，同时应建设用于存放和维护备用动力电池的动力电池维护间。

4. 监控系统

（1）安防监控系统

安防监控系统与报警系统相联动，在警报出现时自动触发录像功能。安防监控系统在充电站的供电区、充电区、电池更换区、营业窗口等位置均设有摄像机，在供电区、监控室、电池维护区、电池存储区等位置均设有入侵探测器。

安防监控系统具有火灾报警、视频监控、温湿度监测、分布式充电桩异常信息监测、红外感应监测等功能。

（2）充电监控系统

充电监控系统的主要功能包括：充电设施数据采集与处理、报警处理、充放电事件记录、事件顺序记录和事故追忆、控制和操作、管理、在线统计计算、画面显示、制表打印、人机接口、远动、通信接口、系统的自诊断和自恢复、维护及权限管理功能等。

 引导问题 4

请查阅相关资料，简述智能充电桩满足了新能源汽车车主的哪些需求。

_____

_____

_____

智能充电桩

充电站一般建设在城市商圈或高速公路服务区等区域，建设在居民小区内的相对较少，但是很多新能源汽车车主更希望在小区停车场或者其他场所的停车场进行充电，而不是驾车去充电站，为了满足这类用户的需求，我们可以考虑设置智能充电桩，在为用户提供更加便捷的充电服务的同时，也节省了充电站的建设和运行维护费用。

智能充电桩普遍使用大界面彩色触摸屏，通常设有定电量、定时间、定金额和自动四种不同的充电模式，与充电站相比，智能充电桩有着占地面积小、分布广泛、建设投资额度小、数量较多、可以随时进行充电等多种优势。

 ## 任务分组

学生任务分配表见表 3-1-1。

表 3-1-1　学生任务分配表

班级		组号		指导老师	
组长		学号			
组员角色分配					
信息员		学号			
操作员		学号			
记录员		学号			
安全员		学号			
任务分工					
（就组织讨论、工具准备、数据采集、数据记录、安全监督、成果展示等工作内容进行任务分工）					

 新能源汽车充电技术　　姓名　　班级　　日期

工作计划

按照前面所了解的知识内容和小组内部讨论的结果，制定工作方案，落实各项工作负责人，如任务实施前的准备工作、实施中主要操作及协助支持工作、实施过程中相关要点及数据的记录工作等。工作计划表见表 3-1-2。

表 3-1-2　工作计划表

步骤	工作内容	负责人
1		
2		
3		
4		
5		
6		
7		
8		

进行决策

1）各组派代表阐述资料查询结果。
2）各组就各自的查询结果进行交流，并分享技巧。
3）教师对各组的计划方案进行点评。
4）各组长对组内成员进行任务分工，教师确认分工是否合理。

任务实施

 引导问题 5

了解新能源汽车充电站的岗位情况，并制作 PPT 进行汇报。

_____
_____
_____

评价反馈

1）各组代表展示汇报 PPT，介绍任务的完成过程。
2）以小组为单位，对各组的操作过程与操作结果进行自评和互评，并将结果填入综合评价表（见表 3-1-3）的小组评价部分。
3）教师对学生工作过程与工作结果进行评价，并将评价结果填入综合评价表（见表 3-1-3）的教师评价部分。

表 3-1-3 综合评价表

班级		组别		姓名		学号	
实训任务							
评价项目		评价标准				分值	得分
小组评价	计划决策	制定的工作方案合理可行，小组成员分工明确				10	
	任务实施	能够正确检查并设置实训工位				5	
		能够准备和规范使用工具设备				5	
		能够正确阐述新能源汽车充电站的概念与发展历程				20	
		能够正确阐述新能源汽车充电站的组成				20	
		能够规范填写任务工单				10	
	任务达成	能按照工作方案操作，按计划完成工作任务				10	
	工作态度	认真严谨、积极主动，安全生产，文明施工				10	
	团队合作	小组组员积极配合、主动交流、协调工作				5	
	6S 管理	完成竣工检验、现场恢复				5	
		小计				100	
教师评价	实训纪律	不出现无故迟到、早退、旷课现象，不违反课堂纪律				10	
	方案实施	严格按照工作方案完成任务实施				20	
	团队协作	任务实施过程互相配合，协作度高				20	
	工作质量	能准确完成本节的实训任务				20	
	工作规范	操作规范，三不落地，无意外事故发生				10	
	汇报展示	能准确表达、总结到位、改进措施可行				20	
		小计				100	
综合评分		小组评价分 ×50% ＋教师评价分 ×50%					
总结与反思							

（如：学习过程中遇到什么问题→如何解决的/解决不了的原因→心得体会）

任务二　检修直流充电桩故障

学习目标

- 了解非车载充电机部分引起的充电异常中止情况的故障分析方法。
- 了解直流充电枪、直流充电口引起的充电异常中止情况的故障分析方法。
- 了解电动汽车引起的充电异常中止情况的故障分析方法。
- 能准确地找到直流充电桩的故障原因。
- 能分组合作完成直流充电桩的故障排除。
- 通过对直流充电桩故障原因的分析，培养学生善于总结的习惯。
- 通过实训过程中的 6S 管理，培养学生的自我管理意识。

知识索引

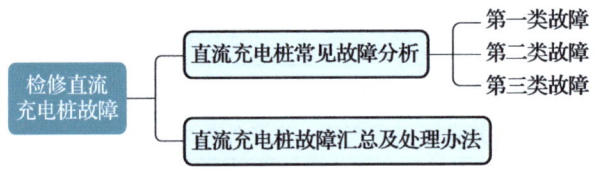

情境导入

杨先生使用一台交直流一体式的充电桩给自己的爱车充电，直流充电桩一开始显示正在启动充电，一段时间后显示连接失败，检查辅助电源设置，车辆仪表显示充电枪连接指示灯点亮。杨先生拨打运营电话进行报修，你作为充电站的技术支持工程师前来维修该充电桩，你能发现故障原因并排除该故障吗？

获取信息

引导问题 1

请查阅相关资料，简述直流充电桩常见的故障原因有哪些。

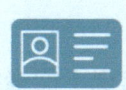

职业认证

电动汽车高电压系统评测与维修职业技能等级要求中的充电装置简单故障诊断与维修任务，就要求报考人员能正确诊断并维修因充电装置的电缆、插接器、端子损坏或断开引起的故障。通过电动汽车高电压系统评测与维修职业技能等级考核，可获得教育部 1+X 证书中的《电动汽车高电压系统评测与维修职业技能等级证书》。

直流充电桩常见故障分析

直流充电桩内部一般由计费控制单元、读卡器、LCD、无线模块、电源模块、电表和非车载充电机组成。非车载充电机提供交直流变换功能，其他设备提供计费、通信、人机交互等功能。直流充电模型和直流充电过程如图 3-2-1、图 3-2-2 所示。

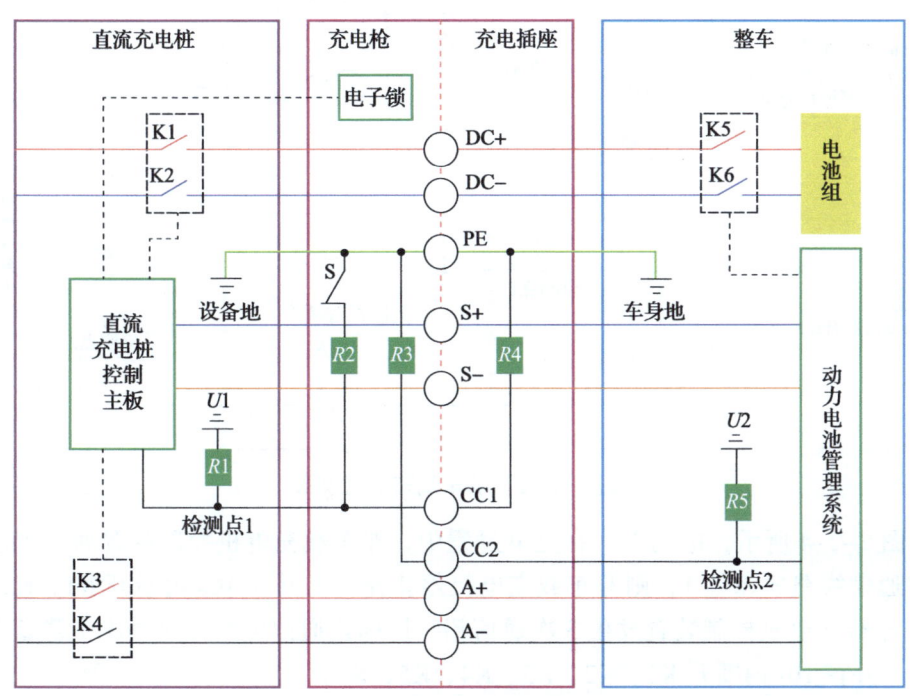

图 3-2-1 直流充电模型

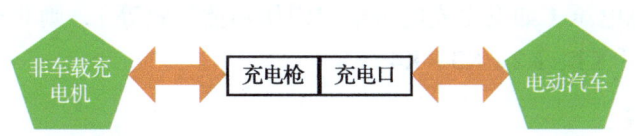

图 3-2-2 直流充电过程

如图 3-2-2 所示，充电模型主要由"非车载充电机""充电枪、充电口""电动汽车"这三部分构成，左边是非车载充电机（即直流充电桩），右边是电动汽车，二者通过直流充电枪、直流充电口相连。充电异常中止基本也由这三部分引发，本节中将对这三部分可能出现的故障进行检测分析。

1. 第一类故障

非车载充电机部分引起的充电异常中止情况。

如图 3-2-3 所示，电动汽车在直流充电过程中，如果非车载充电机出现不能继续充电的故障（如充电桩意外进水导致绝缘不良或异物进入、环境温度骤变、充电枪过温等），直流充电桩则通过充电枪上的 S+、S- 向车辆周期性发送"充电机中止充电报文"并控制充电机停止充电，在 100ms 内断开 K1、K2、K3 和 K4。

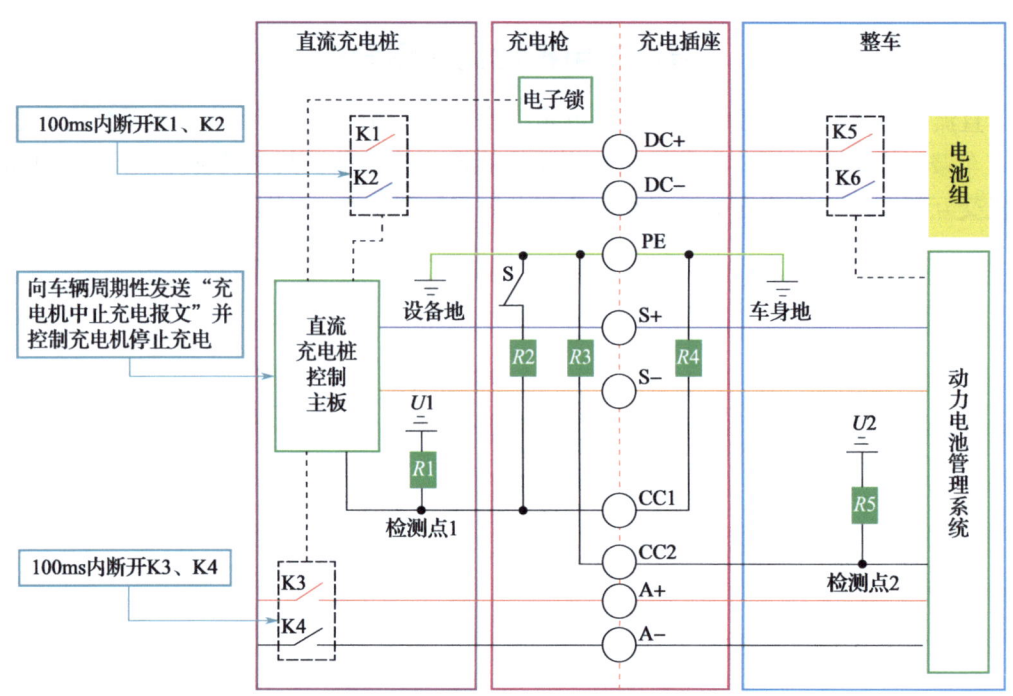

图 3-2-3　非车载充电机故障

如图 3-2-4 所示，电动汽车在充电过程中，非车载充电机控制装置如发生通信超时（如通信线路故障等），则非车载充电机停止充电，并在 10s 内断开 K1、K2、K5、K6，非车载充电机控制装置发生 3 次通信超时即确认通信中断，此时非车载充电机停止充电，并在 10s 内断开 K1、K2、K3、K4、K5、K6。

如图 3-2-5 所示，电动汽车在直流充电过程中，非车载充电机输出电压若大于车辆最高允许充电总电压（如发生充电桩输出限压功能失效等），则非车载充电机停止充电，并在 1s 内断开 K1、K2、K3、K4。

2. 第二类故障

直流充电枪、直流充电口引起的充电异常中止情况。

如图 3-2-6 所示，电动汽车在充电过程中，非车载充电机控制装置通过对检测点 1 的电压进行检测，如果判断开关 S 由闭合变为断开（如充电枪上的按键失灵或误触发等），应在 50ms 内将输出电流降至 5A 或以下。

能力模块三 掌握新能源汽车充电设施的检测与维修方法

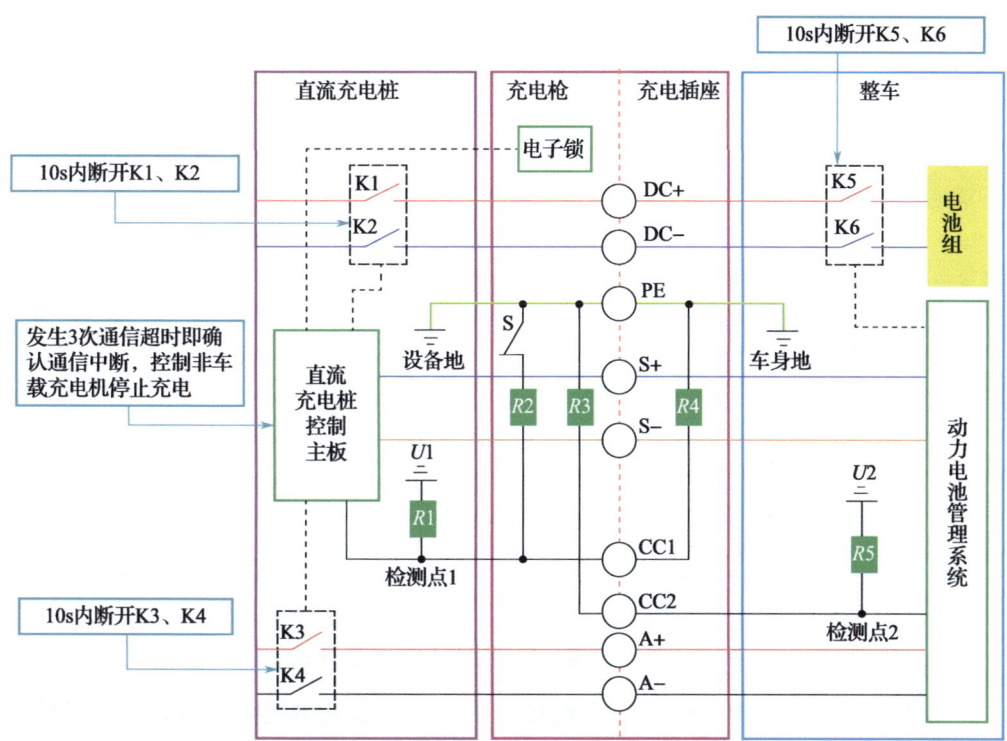

图 3-2-4 非车载充电机通信故障

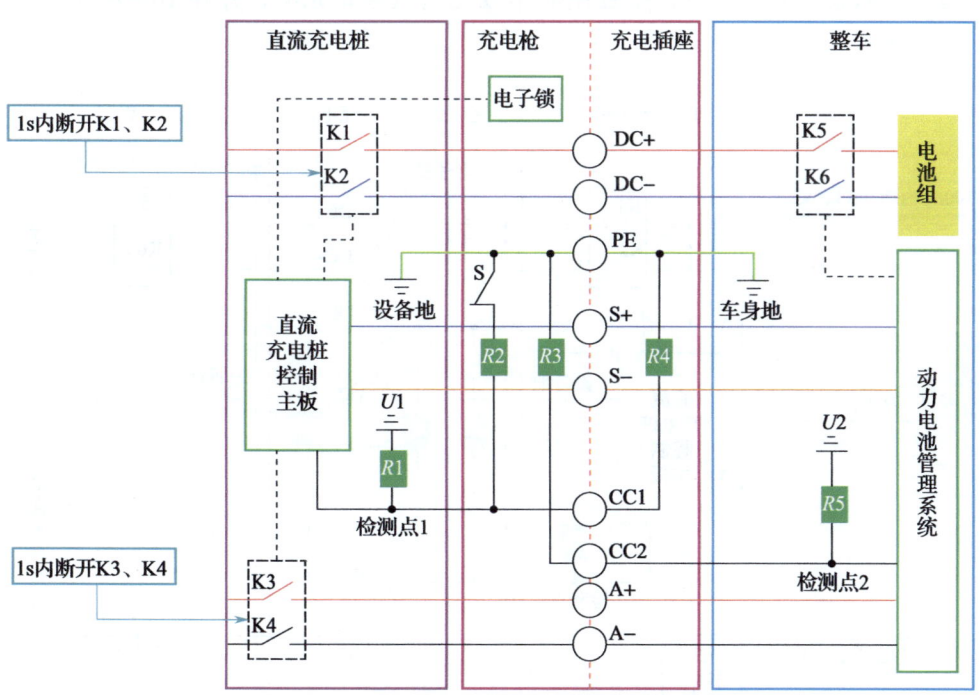

图 3-2-5 非车载充电机输出电压大于车辆最高允许充电总电压故障

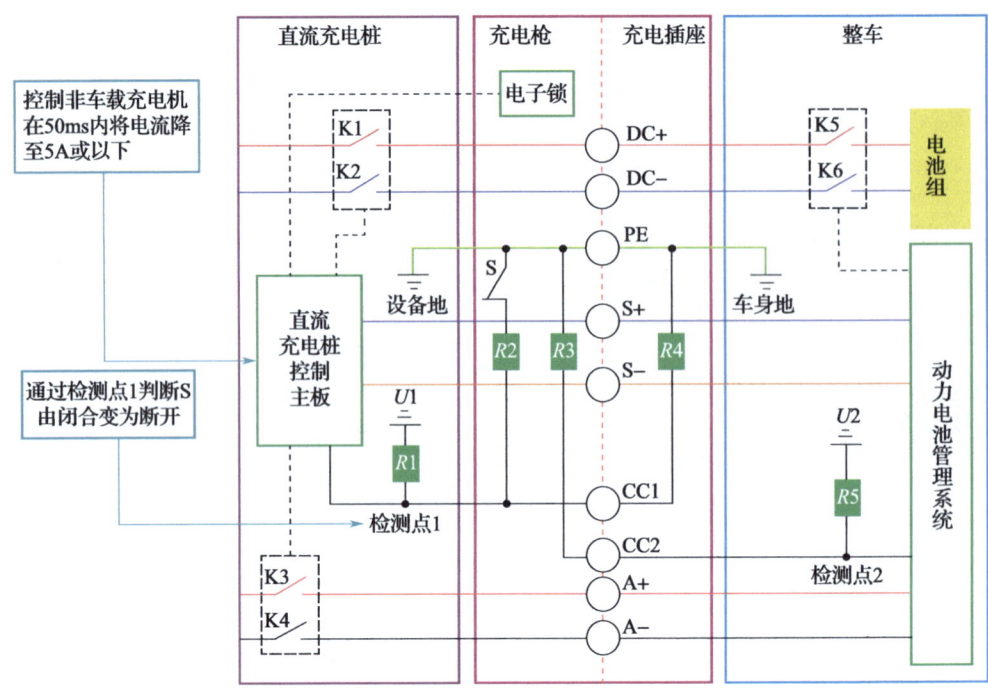

图 3-2-6　充电枪内部常闭开关 S 断开故障

如图 3-2-7 所示,电动汽车在充电过程中,非车载充电机控制装置通过对检测点 1 的电压进行检测,如果判断车辆充电接口由完全连接变为断开(如车辆意外移动、充电枪线缆被意外扰动等),则控制非车载充电机停止充电,并在 100ms 内断开 K1、K2、K3、K4。

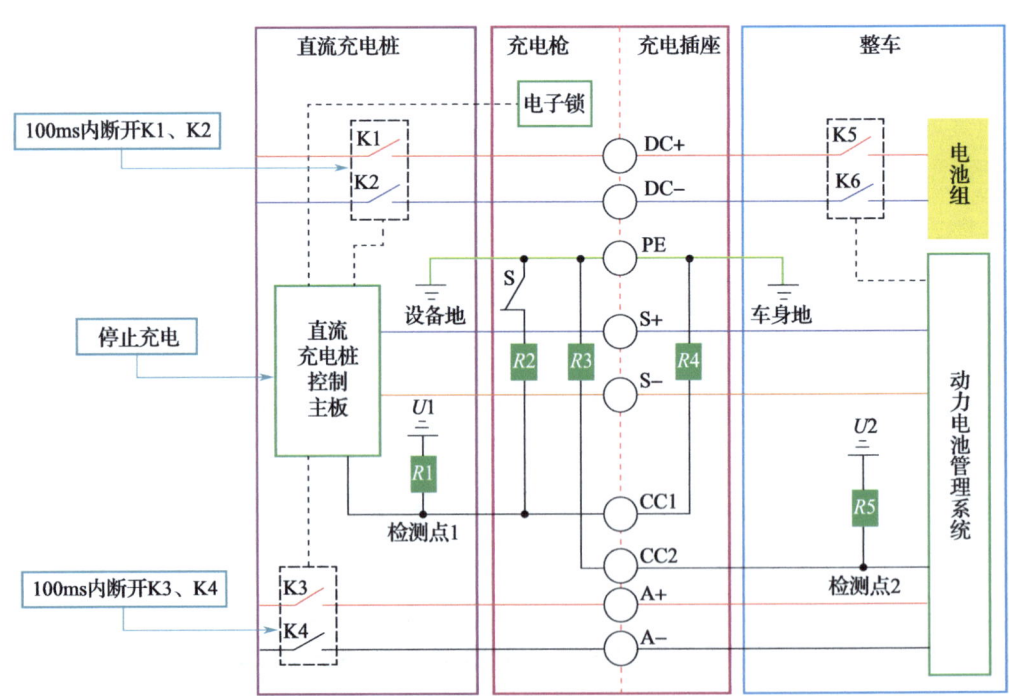

图 3-2-7　车辆充电口异常断开故障

3. 第三类故障

电动汽车引起的充电异常中止情况。

如图 3-2-8 所示,电动汽车在充电过程中,如果车辆出现不能继续充电的故障(如 BMS 误报动力电池的实时状态、车辆控制装置误断开充电回路接触器等),则向非车载充电机发送"车辆中止充电报文",并在 300ms(由车辆根据故障严重程度决定)内断开 K5 和 K6。

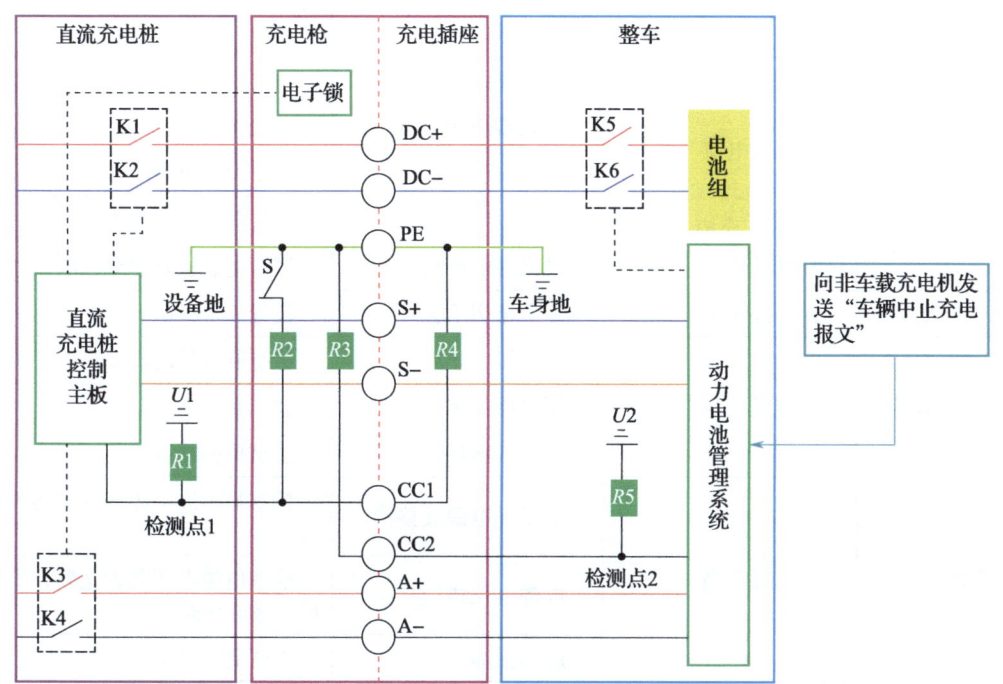

图 3-2-8 电动汽车引起的不能充电故障

引导问题 2

请查阅相关资料,简述遇到刷充电卡没反应的故障现象时应该如何排查故障原因。

_____
_____

直流充电桩故障汇总及处理办法

当直流充电桩出现故障时,我们可以根据故障类型进行原因的分析并找出处理办法,常见的故障类型以及处理方法见表 3-2-1。

表 3-2-1 直流充电桩故障汇总及处理办法

故障类型	故障描述	可能原因	处理办法
无法正常充电	未检测到充电枪	没有接地或接地不良	检查各接地线是否连接良好，各接地端之间的电阻值是否小于1Ω
		主板损坏	检查主控板，尝试更换主板
	无法接收报文	S+、S- 没有接好	检查充电口端子，更换充电口
	输出接触器故障	接触器损坏	更换接触器
	模块通信故障	模块线束没接好	检查端子接口
	充电没电流	熔断器烧坏	更换熔断器
		电表没设置好	重新设置电表
没有电流输出	能进入充电界面但没有电流输出	急停按钮被按下	检查急停按钮是否按下
		输出继电器损坏	用万用表检查输出继电器
IC 卡无效	刷卡提示 IC 卡无效	读卡秘钥不合	设置读卡秘钥
刷卡没反应	刷卡没反应	刷卡器未连接	检查刷卡器的接线是否正确
		刷卡器损坏	尝试更换刷卡器
		控制板损坏	尝试更换控制板
屏幕不亮	显示屏不亮	显示屏电源线接错	检查显示屏电源线接线是否正确
		电源电压错误	检查电源电压是否正确，不正确则检查线路
		屏幕损坏	尝试更换屏幕
屏幕亮但没反应	屏幕亮但是无法进入操作界面	主控板没有下载程序	给控制板下载程序（务必确保程序正确）
		屏幕信号线错误	检查通信线接线是否正确（例如 485 的 A、B 是否反接）
	屏幕亮能进入操作界面但点击触摸没有反应	屏幕触摸位置校正异常	长按屏幕，待出现校正界面后，重新校正
		屏幕损坏	尝试更换屏幕
指示灯错误	指示灯位置错误	灯线接线错误（例如电源指示灯与运行指示灯位置互换）	检查灯线连接是否错误，尝试互换指示灯连接线
	指示灯不亮	指示灯线路断开	用万用表检查指示灯线路是否断开，以及电压是否正常
		主控板硬件损坏	尝试更换主板，由硬件工程师检查主板
		灯板损坏	尝试更换灯板
防雷故障	无法进入故障操作界面	防雷检测接错或防雷器没装好	尝试更换防雷器

（续）

故障类型	故障描述	可能原因	处理办法
主板无法写入程序	无法进入操作界面，写入程序时主板LED没闪	主板硬件异常，检测主板	尝试更换主板
以太网未连接	可以自动充电	主板网口损坏	尝试更换主板

任务分组

学生任务分配表见表3-2-2。

表3-2-2 学生任务分配表

班级		组号		指导老师	
组长		学号			
组员角色分配					
信息员		学号			
操作员		学号			
记录员		学号			
安全员		学号			
任务分工					
（就组织讨论、工具准备、数据采集、数据记录、安全监督、成果展示等工作内容进行任务分工）					

工作计划

按照前面所了解的知识内容和小组内部讨论的结果，制定工作方案，落实各项工作负责人，如任务实施前的准备工作、实施中主要操作及协助支持工作、实施过程中相关要点及数据的记录工作等。工作计划表见表3-2-3。

表 3-2-3 工作计划表

步骤	工作内容	负责人
1		
2		
3		
4		
5		
6		
7		
8		

进行决策

1）各组派代表阐述资料查询结果。
2）各组就各自的查询结果进行交流，并分享技巧。
3）教师对各组的计划方案进行点评。
4）各组长对组内成员进行任务分工，教师确认分工是否合理。

任务实施

 引导问题 3

扫描二维码观看视频，了解如何检修直流充电桩故障，并简述操作要点。

参考操作视频，按照规范作业要求完成检修直流充电桩故障的操作步骤，完成数据采集并记录。

实训准备见表 3-2-4。

表 3-2-4 实训准备

序号	设备及工具名称	数量	设备及工具是否完好
1	交直流一体式充电桩	1 台	□是 □否
2	比亚迪秦 EV	1 辆	□是 □否
3	一体化集成工量具	1 套	□是 □否
4	三层工具车	1 辆	□是 □否
5	车内四件套	1 套	□是 □否

（续）

序号	设备及工具名称	数量	设备及工具是否完好
6	耐磨手套	1 副	□是　□否
7	安全防护套装	1 套	□是　□否
8	警示牌	1 套	□是　□否
9	灭火器	1 套	□是　□否
10	万用表	1 套	□是　□否
质检意见	原因：		□是　□否

直流充电桩常见故障检修见表 3-2-5。

表 3-2-5　直流充电桩常见故障检修

序号	步骤	记录	完成情况
1	准备工作 （1）检查耐磨手套有无破损，如有破损需进行更换 （2）检查绝缘手套有无破损，确定其在合格有效期内且绝缘等级大于 1000V （3）检查万用表外观有无破损 （4）检查红黑表笔外观有无破损 （5）连接万用表红黑表笔并调至电阻档，万用表校表 （6）将车辆正确停放至工位，放置车轮挡块，规范铺设车内四件套 （7）进入车内，踩下制动踏板，按下起动开关，降下驾驶位车窗，确认车辆状态，车辆下电 （8）设置隔离栏隔离维修工位，放置安全警示牌		已完成□ 未完成□
2	故障现象 　　一台交直流一体式的充电桩，插枪刷卡进行充电，直流充电桩一开始显示正在启动充电，一段时间后显示连接失败，无法充电，车辆仪表显示充电枪连接指示灯点亮；更换另一个充电桩后，车辆可进行正常充电		已完成□ 未完成□
3	故障排除 （1）使用直流充电桩刷卡充电，将充电枪插入直流充电口；仪表显示充电枪连接，无充电 （2）使用手电筒检查直流充电口有无异物 （3）佩戴绝缘手套，打开充电桩柜门 （4）使用绝缘胶带缠绕桩门检测开关 （5）检查充电柜控制板与空气开关线路是否有松脱现象		已完成□ 未完成□

（续）

序号	步骤	记录	完成情况
3	（6）黑表笔连接充电枪 A+ 端，红表笔连接充电桩接线盒 A+ 端；测得阻值无穷大，异常 （7）黑表笔连接充电枪 A− 端，红表笔连接充电桩接线盒 A− 端；测得阻值 0.2Ω，正常 （8）红表笔连接充电桩接线盒上端 A+ 端，黑表笔连接充电桩接线盒上端 A− 端，测得 11.99V，正常 （9）红表笔连接充电桩接线盒下端 A+ 端，黑表笔连接充电桩接线盒下端 A− 端，测得 0V，异常		已完成□ 未完成□
4	故障原因分析 　　测量发现直流充电接线盒下端 A+ 线束脱落，断开充电桩电源，重新安装线束，打开充电桩主电路空气开关，关闭桩门 　　重新使用直流充电桩刷卡充电，将充电枪插入直流充电口，仪表显示充电枪连接，车辆正常充电，充电桩可以正常对外输出		已完成□ 未完成□
5	实训现场 6S 整理 （1）规范拆除车内四件套 （2）回收车轮挡块 （3）清点工具放回原位，进行场地 6S 工作		已完成□ 未完成□
总结 提升			已完成□ 未完成□
质检 意见	原因：		已完成□ 未完成□

评价反馈

1）各组代表展示汇报 PPT，介绍任务的完成过程。

2）以小组为单位，对各组的操作过程与操作结果进行自评和互评，并将结果填入综合评价表（见表 3-2-6）的小组评价部分。

3）教师对学生工作过程与工作结果进行评价，并将评价结果填入综合评价表（见表 3-2-6）的教师评价部分。

姓名　　　班级　　　日期　　　　能力模块三　掌握新能源汽车充电设施的检测与维修方法

表 3-2-6　综合评价表

班级		组别		姓名		学号	
实训任务							
	评价项目		评价标准			分值	得分
小组评价	计划决策		制定的工作方案合理可行，小组成员分工明确			10	
	任务实施		能够正确检查并设置实训工位			5	
			能够准备和规范使用工具设备			5	
			能够正确地根据故障现象分析得出可能的故障原因			20	
			能够正确排除直流充电桩故障			20	
			能够规范填写任务工单			10	
	任务达成		能按照工作方案操作，按计划完成工作任务			10	
	工作态度		认真严谨、积极主动，安全生产，文明施工			10	
	团队合作		小组组员积极配合、主动交流、协调工作			5	
	6S 管理		完成竣工检验、现场恢复			5	
	小计					100	
教师评价	实训纪律		不出现无故迟到、早退、旷课现象，不违反课堂纪律			10	
	方案实施		严格按照工作方案完成任务实施			20	
	团队协作		任务实施过程互相配合，协作度高			20	
	工作质量		能准确完成本节的实训任务			20	
	工作规范		操作规范，三不落地，无意外事故发生			10	
	汇报展示		能准确表达、总结到位、改进措施可行			20	
	小计					100	
综合评分			小组评价分 ×50% ＋教师评价分 ×50%				
总结与反思							

（如：学习过程中遇到什么问题→如何解决的 / 解决不了的原因→心得体会）

任务三　检修交流充电桩故障

学习目标

- 掌握交流充电桩无法充电的故障分析方法。
- 掌握车辆交流充满电后，充电枪无法拔出的故障分析方法。
- 掌握比亚迪壁挂式交流充电桩常见故障案例分析。
- 具备检测交流充电桩故障原因的能力。
- 具备分组合作排除交流充电桩故障的能力。
- 通过对交流充电桩故障原因的分析，培养学生善于总结的习惯。
- 通过实训过程中的6S管理，培养学生的自我管理意识。

知识索引

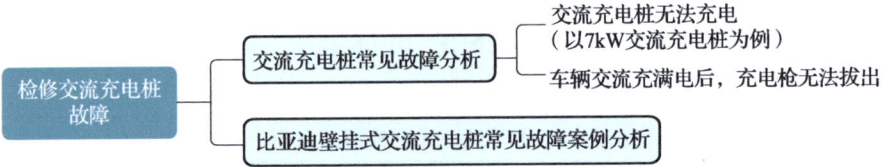

情境导入

周先生在使用小区停车场的比亚迪壁挂式交流充电桩时发现无法充电，充电桩电源指示灯不亮，于是报修。你作为一名技术支持工程师前来维修排除此故障，你知道该故障可能是由哪些因素引起的吗？应当如何确定故障原因并排除故障呢？

获取信息

引导问题 1

请查阅相关资料，简述充满电后充电枪无法拔出故障的解决方法。

_____
_____
_____

交流充电桩常见故障分析

1. 交流充电桩无法充电（以 7kW 交流充电桩为例）

1）检测交流充电桩的电源指示灯是否点亮。若电源指示灯不亮，检查配电箱内的 32A 漏电开关是否已合上，如图 3-3-1 所示。

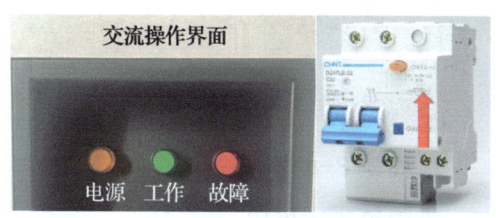

图 3-3-1　交流充电桩指示灯及漏电开关

2）将交流充电枪插入充电口，观察充电桩上的工作指示灯是否点亮。若工作指示灯不亮，则使用万用表测量充电枪上的 CC 与 PE 之间的电阻值。若 CC 与 PE 之间的电阻值测量结果与标准值有偏差，则说明交流充电枪故障，不同功率对应的 CC 与 PE 的电阻值、电流、相序和安装方式见表 3-3-1。

表 3-3-1　不同功率对应的 CC 与 PE 的电阻值、电流、相序和安装方式

序号	功率 /kW	CC 与 PE 的电阻值	电流 /A	相序	安装方式
1	2	1.5kΩ	10	单相	便携式
2	3.3	680Ω	16		壁挂式
3	7	220Ω	32		壁挂式、落地式
4	40	100Ω	63	三相	落地式

3）若交流充电枪端的 CC 与 PE 的电阻值正常，使用万用表测量充电口端的 CC 与 PE 之间的电压值，标准值为 12V。如图 3-3-2 所示，测得电压数值为 12.14V，正常。

4）使用万用表测量交流充电枪 CP 与 PE 之间的电压值，标准值为 12V。如图 3-3-3 所示，测得电压数值为 11.92V，正常。

图 3-3-2　交流充电口 CC 与 PE 之间的电压值　　图 3-3-3　交流充电口 CP 与 PE 之间的电压值

5）检查充电口的搭铁线以及车载充电机端的输入输出线束是否正常。排除以上故障后可以给车辆正常充电，如图 3-3-4 所示。

图 3-3-4　交流充电正常状态

2. 车辆交流充满电后，充电枪无法拔出

交流充电枪的结构上是不带锁的，若充满电后充电枪拔不出来，则可能是电动汽车上的充电枪锁锁住了交流充电枪。

解决办法如下。

1）用智能钥匙解锁车辆，充电枪锁会释放锁销，此时将充电枪拔出即可。

2）拉开在交流充电口后端的充电枪锁拉绳即可释放锁销，此时将充电枪拔出即可。每个车型的交流充电口安装位置不一样，但手动解锁的位置是一样的。图 3-3-5 所示为秦 EV 交流充电枪锁安装位置。

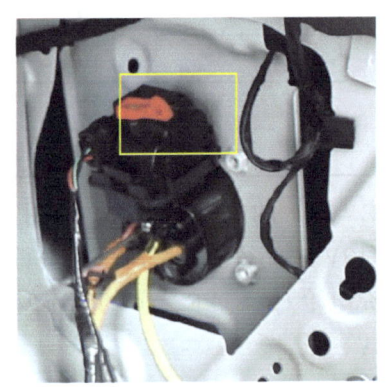

图 3-3-5　秦 EV 交流充电枪锁安装位置

> **引导问题 2**
>
> 请查阅相关资料，简述接线端子烧蚀故障的检修方法。
> _____
> _____
> _____

比亚迪壁挂式交流充电桩常见故障案例分析

比亚迪壁挂式交流充电桩常见故障的案例分析见表 3-3-2。

表 3-3-2　比亚迪壁挂式交流充电桩常见故障案例分析表

故障现象 1	不能充电，充电桩电源指示灯不亮	
故障分析	漏电开关跳闸，重新合闸后测试正常	
检修方法	检查供电端电压、线路是否正常，打开检修口查看漏电开关是否断开，重新合闸测试	
漏电开关的作用	防止电气设备和线路漏电引起的触电事故及电路过载时保护后端器件与线路不受损坏。漏电保护开关偶尔跳闸一次属于正常情况，只需合闸即可	
故障现象 2	不能充电，充电桩电源指示灯不亮	
故障分析	向右旋转急停开关正常，测试正常	
检修方法	检查供电端电压、线路是否正常，确保急停开关不被按下，重新向右旋转即可	
急停开关的作用	紧急情况下，按下急停开关即可断开电源，交流充电桩停止工作。恢复时向右旋转急停开关即可。注意：急停开关只在紧急情况下使用	
故障现象 3	无法充电，更换车载充电机后可以正常充电，将车辆交付给客户后又出现无法充电故障	
故障分析	错把 AC 220V 安装在 AC 380V 上，导致充电桩内部的 PCB 上的电子元件烧坏	
使用说明	交流充电桩应采用单相三线制（L、N、PE），必须将各线安装在对应的端子上。严禁将充电桩输入线安装三芯插头，否则会造成插头烧毁，甚至引发安全隐患（7kW 以下的充电桩输入电压为：AC 220V ± 10%）	
故障现象 4	不能充电，接线端子烧蚀	
故障分析	接线端子未拧紧，端子接触不良，发热导致烧蚀	
检修方法	充电桩输入电缆导体结构为铜绞线，输入电缆要求压接充电桩要求的管型端子，接线端子应拧紧，力矩要求：（3±0.3）N	

| 姓名 | | 班级 | | 日期 | |

👥 任务分组

学生任务分配表见表 3-3-3。

表 3-3-3　学生任务分配表

班级		组号		指导老师	
组长		学号			
组员角色分配					
信息员		学号			
操作员		学号			
记录员		学号			
安全员		学号			
任务分工					
（就组织讨论、工具准备、数据采集、数据记录、安全监督、成果展示等工作内容进行任务分工）					

📑 工作计划

按照前面所了解的知识内容和小组内部讨论的结果，制定工作方案，落实各项工作负责人，如任务实施前的准备工作、实施中主要操作及协助支持工作、实施过程中相关要点及数据的记录工作等。工作计划表见表 3-3-4。

表 3-3-4　工作计划表

步骤	工作内容	负责人
1		
2		
3		
4		
5		
6		
7		
8		

| 姓名 | 班级 | 日期 | 能力模块三　掌握新能源汽车充电设施的检测与维修方法 |

进行决策

1）各组派代表阐述资料查询结果。
2）各组就各自的查询结果进行交流，并分享技巧。
3）教师对各组的计划方案进行点评。
4）各组长对组内成员进行任务分工，教师确认分工是否合理。

任务实施

引导问题 3

扫描二维码观看视频，了解如何检修交流充电桩故障，并简述操作要点。

_____
_____

参考操作视频，按照规范作业要求完成相应的操作步骤，完成数据采集并记录。实训准备见表 3-3-5。

表 3-3-5　实训准备

序号	设备及工具名称	数量	设备及工具是否完好
1	交直流一体式充电桩（鸿飞）	1 台	□是　□否
2	比亚迪秦 EV	1 辆	□是　□否
3	万用表	1 套	□是　□否
4	解码仪	1 台	□是　□否
5	耐磨手套	1 副	□是　□否
6	绝缘手套	1 副	□是　□否
质检意见	原因：		□是　□否

交流充电桩常见故障检修见表 3-3-6。

表 3-3-6　交流充电桩常见故障检修

序号	步骤	记录	完成情况
1	**准备工作** （1）检查耐磨手套有无明显破损，如有破损，需进行更换 （2）检查万用表外观有无破损 （3）检查红黑表笔外观有无破损 （4）连接万用表红黑表笔并调至电阻档，万用表校表 （5）规范安装车内四件套 （6）设置隔离栏隔离维修工位，放置安全警示牌		已完成□ 未完成□

（续）

序号	步骤	记录	完成情况
2	**故障现象** 刷卡开始充电后，交流充电桩显示电压为228.6V，电流为0A，车辆一直显示充电连接中		已完成□ 未完成□
3	**故障排除** （1）使用万用表的电压档测量充电枪口CP与PE之间的电压值，测量值为12V（以实际为准），正常 （2）将充电枪连接到车辆交流充电口，测量充配电总成BK46-5号端子对搭铁电压值，测量值为9V（以实际为准），正常 （3）使用解码仪读取车辆车载充电机数据流，观察数据流是否有异常。数据流显示交流输入侧电压异常 （4）刷卡停止充电，打开交流充电桩。刷卡充电（可进入软件系统设置关闭门禁检测或人为按压门禁开关），用万用表交流电压档测量交流充电控制板输出口处电压，电压值为AC 220V （5）刷卡停止充电，测量交流充电控制板输出口零线到充电枪口N的导通性，电阻值小于1Ω，正常 （6）刷卡停止充电，测量交流充电控制板输出口电源线到充电枪口N的导通性，电阻值为无穷大，异常 （7）拆下充电枪电源线与交流充电控制板输出口插头固定螺钉，发现插头处接触不良 （8）处理接触不良问题，重新对车辆刷卡充电。充电桩可正常对外输出，故障排除		已完成□ 未完成□
4	实训现场6S整理		已完成□ 未完成□
总结提升			已完成□ 未完成□
质检意见	原因：		已完成□ 未完成□

评价反馈

1）各组代表展示汇报PPT，介绍任务的完成过程。

2）以小组为单位，对各组的操作过程与操作结果进行自评和互评，并将结果填入综合评价表（见表3-3-7）的小组评价部分。

3）教师对学生工作过程与工作结果进行评价，并将评价结果填入综合评价表（见表3-3-7）的教师评价部分。

表 3-3-7 综合评价表

班级		组别		姓名		学号	
实训任务							
评价项目		评价标准				分值	得分
小组评价	计划决策	制定的工作方案合理可行，小组成员分工明确				10	
	任务实施	能够正确检查并设置实训工位				5	
		能够准备和规范使用工具设备				5	
		能够正确地根据故障现象分析得出可能的故障原因				20	
		能够正确排除交流充电桩故障				20	
		能够规范填写任务工单				10	
	任务达成	能按照工作方案操作，按计划完成工作任务				10	
	工作态度	认真严谨、积极主动，安全生产，文明施工				10	
	团队合作	小组组员积极配合、主动交流、协调工作				5	
	6S 管理	完成竣工检验、现场恢复				5	
		小计				100	
教师评价	实训纪律	不出现无故迟到、早退、旷课现象，不违反课堂纪律				10	
	方案实施	严格按照工作方案完成任务实施				20	
	团队协作	任务实施过程互相配合，协作度高				20	
	工作质量	能准确完成本节的实训任务				20	
	工作规范	操作规范，三不落地，无意外事故发生				10	
	汇报展示	能准确表达、总结到位、改进措施可行				20	
		小计				100	
综合评分		小组评价分 ×50% + 教师评价分 ×50%					
总结与反思							

（如：学习过程中遇到什么问题→如何解决的/解决不了的原因→心得体会）

新能源汽车充电技术

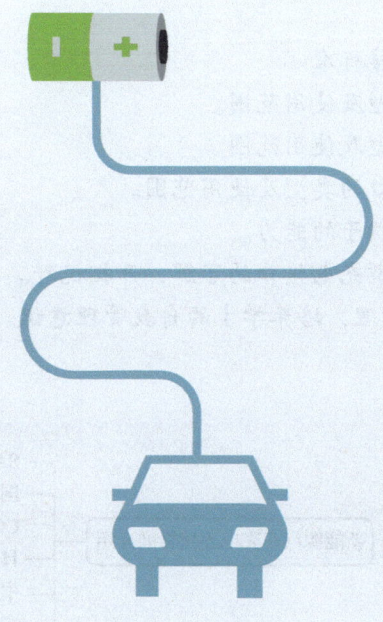

能力模块四

掌握新能源汽车充电标准知识及充电报文的解析方法

任务一　了解新能源汽车充电连接标准

学习目标

- 了解新能源汽车充电连接标准。
- 了解交流充电接口的类型及使用范围。
- 了解直流充电接口的类型及使用范围。
- 了解交直流结合充电接口的类型及使用范围。
- 具备更换维修慢充充电端子的能力。
- 通过对世界各国不同类型充电接口的了解，开拓视野。
- 通过实训过程中的 6S 管理，培养学生的自我管理意识。

知识索引

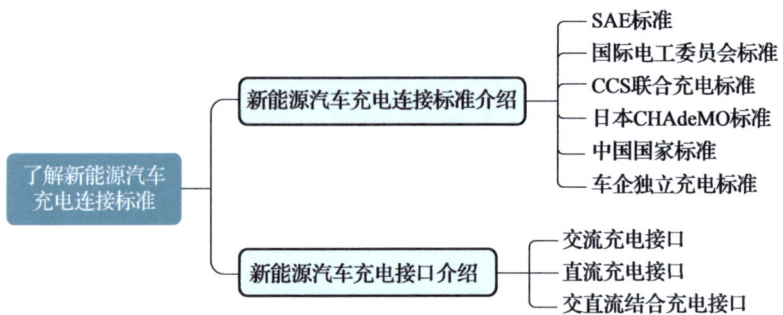

情境导入

2023 年 9 月，国家质检总局、国家标准委联合国家能源局、工信部、科技部等部门对外发布了全新修订的电动汽车充电接口及通信协议等 5 项国家标准，新标准于 2023 年 9 月起正式实施。

世界上现行的新能源汽车充电标准有哪些？这些标准所规定的充电接口之间能否通用呢？本节我们将介绍世界各国主流的充电接口及其所遵循的充电连接标准。

| 姓名 | 班级 | 日期 | 能力模块四　掌握新能源汽车充电标准知识及充电报文的解析方法 | |

 获取信息

> **引导问题 1**
>
> 请查阅相关资料，简述常见的新能源汽车充电连接标准有哪些。
> _____
> _____
> _____

新能源汽车充电连接标准介绍

1. SAE 标准

SAE J1772"电动汽车以及插入式混合动力电动车传导式充电接口"标准于 2009 年获得通过，并在 2010 年 1 月由美国汽车工程师协会（SAE）正式发布。它是世界上第 1 个获得电动汽车行业认可的标准。这个标准旨在为电动汽车以及插入式混合动力电动车的安全性、充电控制和插接器提供一个关键性指南。

2. 国际电工委员会标准

国际电工委员会（IEC）牵头制定了 IEC 62196 标准，该标准主要由 3 部分组成：IEC 62196-1：2014 主要规定了一般及通用性要求；IEC 62196-2：2016 主要规定了交流充电接口标准；IEC 62196-3：2014 主要规定了直流和交直流充电接口标准。

3. CCS 联合充电标准

"联合充电系统"（Combined Charging System），即"CCS"标准，共包含 Combo 1 和 Combo 2 两种插接器形式，分别由 SAE 和 8 家欧美车企共同制定，可同时支持电动汽车快充及慢充。

4. 日本 CHAdeMO 标准

CHAdeMO 充电标准是由日本电动汽车快速充电器协会倡导，日产、丰田、富士、本田和三菱几家公司联合制定的，主旨为推进快速充电规格在日本的统一。

5. 中国国家标准

中国电动汽车充电接口相关国家标准是 GB/T 20234—2023《电动汽车传导充电用连接装置》系列。该标准是以 IEC 62196 标准系列为基础制定，经过 3 次修订和完善，最新的充电接口国标 GB/T 20234—2023 系列于 2023 年 9 月颁布，2023 年 9 月实施，共 4 部分组成，形式接近于 IEC 62196-1、2、3，但与 IEC 标准不兼容。

国标 GB/T 20234—2023 分为以下四部分：GB/T 20234.1—2023《电动汽车传导充电用连接装置　第 1 部分：通用要求》；GB/T 20234.2—2023《电动汽车传导充电用连接装置　第 2 部分：交流充电接口》；GB/T 20234.3—2023《电动汽车传导充电用连接装置　第 3 部分：直流充电接口》；GB/T 20234.4—2023《电动汽车传导充电用连接装置　第 4 部分：大功率直流充电接口》。

6. 车企独立充电标准

以特斯拉为代表的车企采用了独立于各标准系列的充电接口，主要应用于美国，可通过充电转换插头与 IEC 和 CHAdeMO 标准充电接口实现兼容，而出口到中国和欧盟的特斯拉车型均采用了符合当地标准的充电接口。

> 引导问题 2
>
> 请查阅相关资料，简述 GB/T 20234.3—2023 标准充电接口的额定电压、额定电流与额定充电功率。
>
> _____
>
> _____
>
> _____

新能源汽车充电接口介绍

国内外主流充电接口遵循的标准分别是国标、美标、日标及欧标等，具体见表 4-1-1。

表 4-1-1 国内外主流充电接口遵循的标准

充电接口类型	中国	美国	日本	欧洲等其他地区
交流（AC）充电接口标准	GB/T 20234.2—2023	SAE J1772/IEC 62196-2 type1	SAE J1772/IEC 62196-2 type1	IEC 62196-2 type2
直流（DC）/交直流（AC+DC）充电接口标准	GB/T 20234.3—2023	CCS Combo1	CHAdeMO	CCS Combo2

1. 交流充电接口

交流充电由于受不同国家和地区电网系统的影响，在充电标准中对充电插接器电压和电流的要求不尽相同，且物理接口及通信协议也存在一定的差别。

（1）IEC 62196-2 标准充电接口

IEC 62196-2 提出"交流针和导电管配件尺寸兼容性和互换性要求"，主要规定了交流充电接口标准，共包含以下 3 种形式。

1）Type1 形式。Type1 引用美国汽车工程师协会 SAE J1772 OCT 2017（SAE.AE Electric Vehicle and Plug in Hybrid Electric Vehicle Conductive Charge Coupler: SAE J1772 OCT 2017）标准，只包含单相交流充电标准，具有 120V 及 240V 两种规格，最大充电电流 80A，最大功率 19.2kW。充电接口具有电子锁及机械锁结构，物理结构上使用 5 针接口，因此与 IEC 62196-2 Type2 及中国国标都不兼容，主要应用于美国、加拿大、韩国、日本、澳大利亚等地。图 4-1-1 所示的为 IEC 62196-2 Type1 形式充电插座。

图 4-1-1 IEC 62196-2 Type1 形式充电插座

2）Type2 形式。Type 2 形式由德国牵头制定，定义了 480V 和 70A 的最大充电电压及充电电流，由于德国三相电使用较为普遍，实际使用中充电功率可以达到 40kW 以上。Type2 采用内部电子锁机构对车辆插头和插座进行锁定，物理结构采用 7 针接口，主要应用于欧盟国家。图 4-1-2 所示的为 IEC 62196-2 Type2 形式充电插座。

3）Type3 形式。Type3 由法、意等国制定，最大充电电压 500V，最大电流 32A，具备 4 针单控制引导以及 5 针双控制引导 2 种方式，它目前已基本停止使用。

图 4-1-2　IEC 62196-2 Type2 形式充电插座

（2）GB/T 20234.2 标准充电接口

国标 GB/T 20234.2—2023《电动汽车传导充电用连接装置》参考了 IEC 62196-2 Type2 的 7 针物理结构，虽然也定义了三相充电电压为 440 V，但实际多采用 220 V 单相电进行充电。

IEC 62196-2 Type2 中车辆插座使用的是插头，车辆插头使用的是插座，GB/T 20234.2—2023 的布置正好相反，且国标充电插口采用手动按压控制的机械锁，充电插头尺寸小于 IEC 接口尺寸，所以两者无法通用，但可采用专用转换插接器实现充电。

2. 直流充电接口

（1）CHAdeMO 直流充电接口

主要由日本车企采用，2014 年被 IEC 采纳为快速充电国际规格。CHAdeMO1.0 最大充电电压和电流分别为 500V、125A，最大充电功率 60kW，采用 CAN 总线通信方式，接口采用 10 针物理连接结构。图 4-1-3 所示的为 CHAdeMO 直流充电插头。

（2）GB/T 20234.3 标准充电接口

国标 GB/T 20234.3—2023《电动汽车传导充电用连接装置》的标准充电接口采用了 9 针物理结构，使用 CAN 总线通信协议，同时规定了充电温度监控、机械锁与电子锁联动、过载和短路保护的安全措施，直流额定电压不超过 1000V，额定电流不超过 250A，理论充电功率可达 250kW。

图 4-1-3　CHAdeMO 直流充电插头

3. 交直流结合充电接口

SAE 于 2012 年 10 月发布了 Combo1 接口标准，主要在北美地区使用，具备单相交流电、三相交流电、直流充电 3 种组合方式。交流模式下，可兼容美日等国使用的 SAE J1772 交流接口充电；直流模式下，最高电压 500V，最大电流可达 200A，功率达到 100kW。图 4-1-4 所示的为 Combo1 直流充电插头。

2012 年 5 月，戴姆勒、奥迪、宝马、福特、克莱斯勒等 8 家欧美厂商联合推出了 CCS Combo2 电动车充电器标准，除 3 种充电方式外还可实现大功率直流充电。该系统可支持最大电压 1000V，最大电流 400A，功率可达 350kW，满足大功率充电需求。

图 4-1-5 所示的为 Combo2 充电接口。

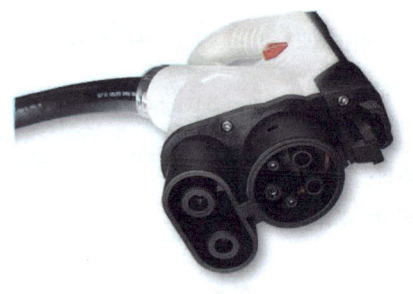
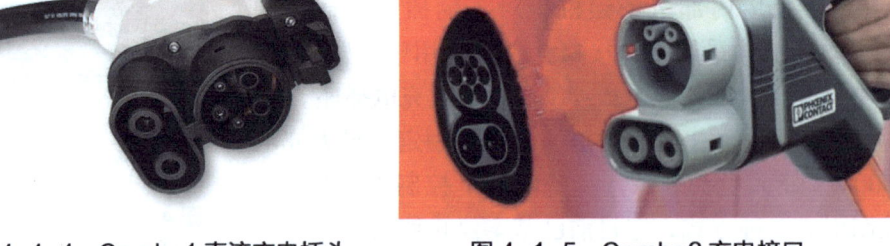

图 4-1-4　Combo1 直流充电插头　　　图 4-1-5　Combo2 充电接口

Combo1 与 Combo2 均采用了双插头形式，接口的相似度较高，可通过转换插头完成兼容充电。但 CCS 充电标准采用了 PLC 通信协议，与 GB/T 20234.3—2023、CHAdeMO 充电标准的 CAN 通信协议有较大差异，无法实现兼容充电。CCS 充电标准可兼容交流充电和直流充电，充电速率的快慢可由选用的充电连接插头决定，具有一定的便利性优势，广泛应用于欧美、日本、澳大利亚以及印度等国家。

任务分组

学生任务分配表见表 4-1-2。

表 4-1-2　学生任务分配表

班级		组号		指导老师	
组长		学号			
组员角色分配					
信息员		学号			
操作员		学号			
记录员		学号			
安全员		学号			
任务分工					
（就组织讨论、工具准备、数据采集、数据记录、安全监督、成果展示等工作内容进行任务分工）					

| 姓名 | 班级 | 日期 | 能力模块四 掌握新能源汽车充电标准知识及充电报文的解析方法 |

工作计划

按照前面所了解的知识内容和小组内部讨论的结果，制定工作方案，落实各项工作负责人，如任务实施前的准备工作、实施中主要操作及协助支持工作、实施过程中相关要点及数据的记录工作等。工作计划表见表4-1-3。

表 4-1-3　工作计划表

步骤	工作内容	负责人
1		
2		
3		
4		
5		
6		
7		
8		

进行决策

1）各组派代表阐述资料查询结果。
2）各组就各自的查询结果进行交流，并分享技巧。
3）教师对各组的计划方案进行点评。
4）各组长对组内成员进行任务分工，教师确认分工是否合理。

任务实施

引导问题 3

扫描二维码观看视频，了解如何更换慢充充电端子，并简述操作要点。

_____
_____

参考操作视频，按照规范作业要求完成相应的操作步骤，完成数据采集并记录。实训准备见表4-1-4。

表 4-1-4　实训准备

序号	设备及工具名称	数量	设备及工具是否完好
1	比亚迪秦 EV	1辆	□是　□否
2	一体化集成工量具	1套	□是　□否

（续）

序号	设备及工具名称	数量	设备及工具是否完好
3	车内四件套	1套	□是　□否
4	车外三件套	1套	□是　□否
5	万用表	1台	□是　□否
6	三层工具车	1辆	□是　□否
7	安全防护套装	1套	□是　□否
8	警示牌	1套	□是　□否
9	灭火器	1套	□是　□否
质检意见	原因：		□是　□否

慢充充电端子更换维修见表 4-1-5。

表 4-1-5　慢充充电端子更换维修

序号	步骤	记录	完成情况
1	**维修准备工作** （1）检查耐磨手套有无明显破损，如有破损，需进行更换 （2）检查万用表外观有无破损 （3）检查红黑表笔外观有无破损 （4）连接万用表红黑表笔并调至电阻档，万用表校表 （5）检查绝缘手套有无破损		已完成□ 未完成□
2	**慢充充电端子更换维修前的准备工作** （1）将车辆正确停放至工位，放置举升机支撑臂至车辆支撑点，举升车辆至车轮离地 （2）按下钥匙解锁键进行车辆解锁 （3）打开车门 （4）规范铺设车内四件套 （5）进入车内，踩下制动踏板，按下起动开关 （6）按下驾驶位车窗按钮，降下驾驶位车窗，以防车辆意外断电造成车门误锁 （7）拉前舱盖开关，打开前舱盖 （8）规范铺设车外三件套		已完成□ 未完成□
3	**慢充充电端子的拆卸** （1）戴上耐磨手套，取出棘轮扳手、10号套筒 （2）断开低压蓄电池负极，并使用绝缘胶带缠绕负极插头 （3）规范佩戴绝缘手套与护目镜，使用绝缘一字螺钉旋具松开高压母线互锁开关并拔下 （4）使用万用表电压档对高压母线插头进行验电。测得的电压值接近0V，正常 （5）使用绝缘胶带缠绕高压母线接插件		已完成□ 未完成□

（续）

序号	步骤	记录	完成情况
3	（6）拔出充配电总成交流充电高压插头，使用绝缘胶带缠绕高压接插件 （7）使用十字螺钉旋具将电子锁尾部螺钉拆下，将电子锁朝充电座后部滑出 （8）用10号套筒配合棘轮扳手拆卸搭铁线固定螺母，用一字扁平口螺钉旋具拆卸扎带及低压接插件花口并拔出低压接插件 （9）用8号套筒拆卸充电插座前端面的4颗螺钉，将充电口、搭铁线、低压接插件拉出一定距离 （10）使用十字螺钉旋具拆卸交流充电口后端的3颗固定螺钉 （11）撬开交流充电插座后盖的4个卡子，将后盖与交流充电插座分离 （12）拔出交流充电插座，剪掉需要更换的交流充电端子		已完成□ 未完成□
4	慢充充电端子的安装 （1）取出新的交流充电端子，使用专用工具将新端子与充电线束压接到一起 （2）将充电插座与后盖组合到一起，使用十字螺钉旋具紧固充电插座后盖的3颗固定螺栓 （3）将充电插座放回到车身预留口上，使用8号套筒工具紧固充电插座的4颗固定螺栓 （4）将充电枪电子锁安装到充电插座上，使用十字螺钉旋具将电子锁与充电插座进行连接紧固 （5）使用10号套筒安装搭铁线固定螺钉，连接低压接插件及固定扎带 （6）取下高压母线接插件的绝缘胶带，连接高压母线 （7）取下低压蓄电池负极绝缘胶带，使用棘轮扳手、10号套筒安装低压蓄电池负极并紧固 （8）进入车内，按下起动开关，查看车辆起动状态并查看解码仪故障码 （9）连接随车充电枪进行交流充电，查看充电状态是否正常 （10）慢充充电端子更换维修完成		已完成□ 未完成□
5	**实训现场 6S 整理**		已完成□ 未完成□
总结提升			已完成□ 未完成□
质检意见	原因：		已完成□ 未完成□

评价反馈

1）各组代表展示汇报 PPT，介绍任务的完成过程。

2）以小组为单位，对各组的操作过程与操作结果进行自评和互评，并将结果填入综合评价表（见表 4-1-6）的小组评价部分。

3）教师对学生工作过程与工作结果进行评价，并将评价结果填入综合评价表（见表 4-1-6）的教师评价部分。

表 4-1-6　综合评价表

班级			组别		姓名		学号	
实训任务								
	评价项目		评价标准				分值	得分
小组评价	计划决策		制定的工作方案合理可行，小组成员分工明确				10	
	任务实施		能够正确检查并设置实训工位				5	
			能够准备和规范使用工具设备				5	
			能够正确拆卸慢充充电端子				20	
			能够正确安装慢充充电端子				20	
			能够规范填写任务工单				10	
	任务达成		能按照工作方案操作，按计划完成工作任务				10	
	工作态度		认真严谨、积极主动，安全生产，文明施工				10	
	团队合作		小组组员积极配合、主动交流、协调工作				5	
	6S 管理		完成竣工检验、现场恢复				5	
			小计				100	
教师评价	实训纪律		不出现无故迟到、早退、旷课现象，不违反课堂纪律				10	
	方案实施		严格按照工作方案完成任务实施				20	
	团队协作		任务实施过程互相配合，协作度高				20	
	工作质量		能准确完成本节的实训任务				20	
	工作规范		操作规范，三不落地，无意外事故发生				10	
	汇报展示		能准确表达、总结到位、改进措施可行				20	
			小计				100	
综合评分			小组评价分 ×50% + 教师评价分 ×50%					
总结与反思								

（如：学习过程中遇到什么问题→如何解决的 / 解决不了的原因→心得体会）

任务二　解析新能源汽车直流充电报文

学习目标

- 了解非车载充电机与电池管理系统通信报文说明。
- 了解电动汽车直流充电四个阶段的报文分类解析。
- 了解错误报文 BEM 和 CEM 的报文解析方法。
- 具备分类解析电动汽车直流充电四个阶段的报文的能力。
- 具备解析错误报文 BEM 和 CEM 的能力。
- 具备更换维修快充充电端子的能力。
- 通过实训过程中的 6S 管理，培养学生的自我管理意识。

知识索引

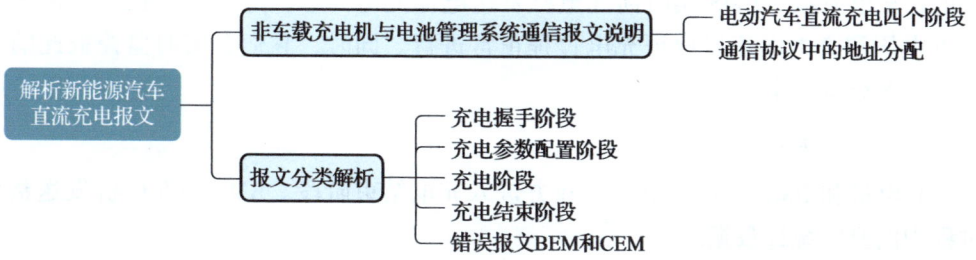

情境导入

一条报文主要由 ID（标识符）、数据帧等组成，在通常应用中主要关注的是报文 ID、数据内容、发送周期，本节仅对此三项进行分析。当报文的数据长度超过 8 个字节时，在 CAN 网络上将会按照组帧报文格式进行传输。直流充电国标中，在充电的每个阶段最多有一条数据长度超过 8 的报文，均为 BMS 发送出来的。

本节我们将学习新能源汽车直流充电报文认知及解析。

获取信息

引导问题 1

请查阅相关资料,简述电动汽车直流充电分为哪四个阶段。

_____
_____
_____

非车载充电机与电池管理系统通信报文说明

1. 电动汽车直流充电四个阶段

(1) 充电握手阶段

此阶段,充电桩发送"握手"报文,获取电动汽车和充电桩双方的充电相关参数。

(2) 充电参数配置阶段

充电桩向电动汽车 BMS 发送充电机最大输出能力的报文,BMS 根据充电桩最大输出能力判断是否能够充电,并进行参数匹配。

(3) 充电阶段

正式充电阶段,BMS 实时向充电桩发送电池充电需求,充电桩根据电池需求来调整充电电压和充电电流以保证充电过程正常进行。同时,它们会实时监控彼此的充电状态,确保充电安全。

(4) 充电结束阶段

当充电桩和 BMS 停止充电后,双方进入充电结束阶段。BMS 向充电桩发送整个充电过程中的充电统计数据。

需要注意的是:在各个阶段,充电机和 BMS 如果在规定的时间内没有收到对方发送的报文,或者没有收到正确报文,即判定为报文接收超时,超时时间除特殊规定外均为 5s。

当出现超时后,BMS 或充电机发送错误报文(BEM 或 CEM),并进入错误处理状态。

注意:因对协议理解不同,有些 BMS 厂家会在整个充电过程中发送没有超时信息的错误报文(BEM 或 CEM)。

其中,BEM 指 BMS 接收超时的报文信息,CEM 指充电机接收超时的报文信息。

2. 通信协议中的地址分配

通信协议中的地址分配见表 4-2-1。

表 4-2-1 通信协议地址分配表

装置	首选地址
非车载充电机	86(56H)
电池管理系统(BMS)	244(F4H)

能力模块四 掌握新能源汽车充电标准知识及充电报文的解析方法

> **❓ 引导问题 2**
>
> 请查阅相关资料，简述分析报文"0x101E56F4 04 00 00 00 FF FF FF FF"可得出什么结论。
>
> _____
>
> _____

报文分类解析

1. 充电握手阶段

如图 4-2-1 所示，当充电机和 BMS 物理连接完成并上电后，BMS 首先检测低压辅助电源是否匹配，如果匹配，双方进入充电握手阶段，并由充电机首先发送辨识报文 CRM（此时的 CRM 辨识结果为不能辨识 0x00），当 BMS 收到充电机发送的 CRM 后，发送 BMS 和车辆辨识报文 BRM。充电机在收到 BMS 和车辆辨识报文 BRM 后，再发送辨识报文 CRM（此时的 CRM 辨识结果为能辨识 0xAA）。至此充电握手阶段完成。

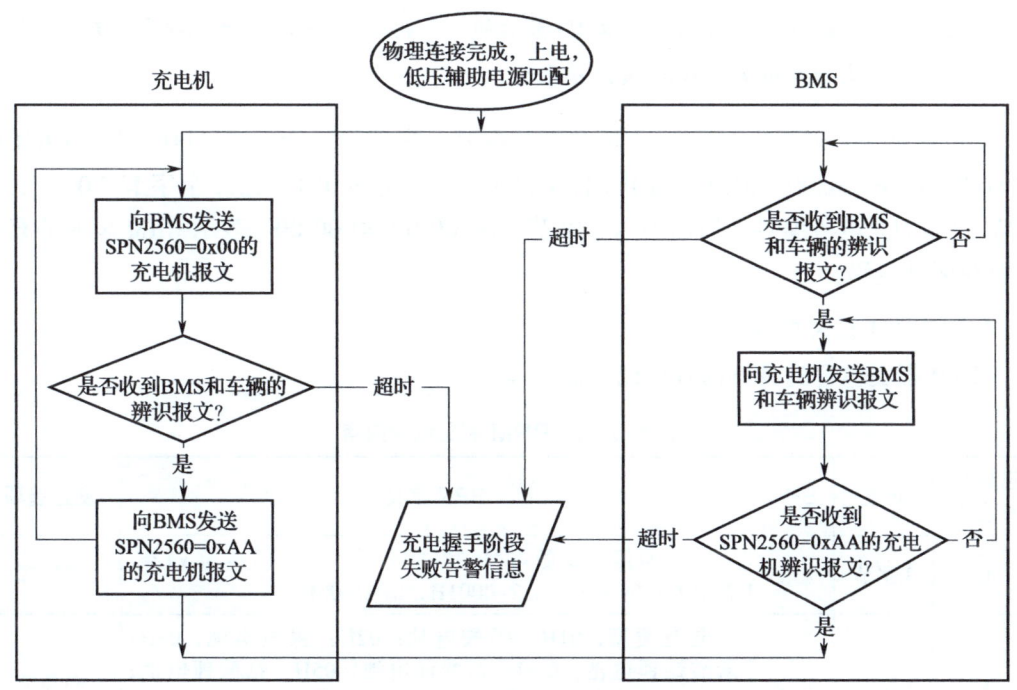

图 4-2-1　充电握手阶段报文流程图

充电握手阶段报文分类具体内容可以参照表 4-2-2。

表 4-2-2　充电握手阶段报文分类

报文代号	报文描述	PGN	PGN（Hex）	优先权	数据长度/Byte	报文周期/ms	源地址－目的地址
CRM	充电机辨识报文	256	00100H	6	8	250	充电机－BMS
BRM	BMS 和车辆辨识报文	512	00200H	6	41	250	BMS－充电机

（1）CRM 报文内容

CRM 报文包含的具体内容可以参照表 4-2-3。

表 4-2-3　CRM 报文包含内容

起始字节或位	长度	SPN	SPN 定义	发送选项
1	1 字节	2560	辨识结果（<0x00>：=BMS 不能辨识；<0xAA>：=BMS 能辨识）	必须项
2	1 字节	2561	充电机编号，1/ 位，1 偏移量，数据范围 1~100	必须项
3	6 字节	2561	充电机 / 充电站所在区域编码，标准 ASCII 码	可选项

截包工具中显示此报文容为：0x1801F45600 00 00 00 00 00 00 00

分析此报文容：

0x1801F456 为此报文 ID，"18" 为包含报文优先级（3 个位）、保留位（1 个位）和数据页（1 个位）。"01" 为此报文 PGN（参数组编号）或者 PF。"F4" 表示此报文发送的目的地址为 BMS。"56" 表示发送此报文的源地址为充电机。

注意：查看报文时，只需要看报文 ID 最后的两个数据："56" 表示此报文为充电机发送出来的；"F4" 表示此报文为 BMS 发送出来的。

00 00 00 00 00 00 00 00 为此报文的数据容，最前面一个字节 "00" 表示 CRM 里面的辨识结果（0x00，BMS 不能辨识；0xAA，BMS 能辨识）。第二个字节 "00" 表示 CRM 里面的充电机编号。后面的六个字节 "00 00 00 00 00 00" 表示 CRM 里面的充电机所在区域编码。

（2）BRM 报文内容

BRM 报文包含的具体内容可以参照表 4-2-4。

表 4-2-4　BRM 报文包含内容

起始字节或位	长度	SPN	SPN 定义	发送选项
1	3 字节	2565	BMS 通信协议版本号，本标准规定当前版本为 V1.0，表示为：byte3；byte2-0001H；byte1-00H	必须项
4	1 字节	2566	电池类型，01H：铅酸电池；02H：镍氢电池；03H：磷酸铁锂电池；04H：锰酸锂电池；05H：钴酸锂电池；06H：三元材料电池；07H：聚合物锂离子电池；08H：钛酸锂电池；FFH：其他电池	必须项
5	2 字节	2567	整车动力电池系统额定容量 /A·h，0.1A·h/ 位，0A·h 偏移量，数据范围：0~1000A·h	必须项
7	2 字节	2568	整车动力电池系统额定总电压 /V，0.1V/ 位，0V 偏移量，数据范围：0~750V	必须项
9	4 字节	2569	电池生产厂商名称，标准 ASCII 码	可选项
13	4 字节	2570	电池组序号，预留，由厂商自行定义	可选项

（续）

起始字节或位	长度	SPN	SPN 定义	发送选项
17	1 字节	2571	电池组生产日期：年，1 年/位，1985 年偏移量，数据范围：1985~2235 年	可选项
18	1 字节		电池组生产日期：月，1 月/位，0 月偏移量，数据范围：1~12 月	可选项
19	1 字节		电池组生产日期：日，1 日/位，0 日偏移量，数据范围：1~31 日	可选项
20	3 字节	2572	电池组充电次数，1 次/位，0 次偏移量，以 BMS 统计为准	可选项
23	1 字节	2573	电池组产权标识（<0>：= 租赁；<1>：= 车自有）	可选项
24	1 字节	2574	预留	可选项
25	17 字节	2575	车辆识别码（VIN）	可选项

因为此报文超过 8 个字节，所以发送的时候会按照 J1939 协议发送数据。在发送长度大于 8 个字节的数据之前，无论是充电机还是 BMS 都会先发送一个连接请求的报文。

1）截包工具中显示：0x1CEC56F4　10 29 00 06 FF 00 02 00

分析此报文容：

0x1CEC56F4 为此报文 ID，"1C"为包含报文优先级（3 个位）、保留位（1 个位）和数据页（1 个位）。"EC"为此报文的功能说明（EC 为数据长度大于 8 字节的报文连接请求，EB 为数据长度大于 8 字节的报文数据容传输）。"56"表示此报文发送的目的地址为充电机。"F4"表示发送此报文的源地址为 BMS。此报文说明 BMS 想要发送数据长度大于 8 字节的报文，首先希望与充电机建立长包的发送连接，之后 BMS 开始传输数据。

10 29 00 06 FF 00 02 00 为此报文的数据容，"10"表示功能码 16 请求发送，说明此报文想要与充电机建立连接。"29 00"用两个字节表示 BMS 将要发送的数据数量为 0x0029=41 个字节数据。"06"表示要发送此报文中的 41 个数据一共要发送 6 个包才足以容纳 41 个字节的数据。"FF"为保留容。"00 02 00"表示此报文 BRM 对应的 PGN。查看报文时，可通过此数据容找出现在要建立连接请求的报文为协议中对应的哪个报文——即将发送的报文类型。

充电机接收到 BMS 发送的请求发送报文后，会发送一个功能码为 17 的准备发送报文，通知 BMS 可以发送长包了。

2）截包工具中显示：0x1CECF456　11 06 01 FF FF 00 02 00

分析此报文容：

0x1CECF456 为此报文 ID，"1C"为包含报文优先级（3 个位）、保留位（1 个位）和数据页（1 个位）。"EC"为此报文的功能说明（EC 为数据长度大于 8 字节的报文连接请求，EB 为数据长度大于 8 字节的报文数据容传输）。"F4"表示此报文发送的目的地址为 BMS。"56"表示发送此报文的源地址为充电机。

11 06 01 FF FF 00 02 00 为此报文的数据容，"11"表示功能码17准备发送，说明充电机允许BMS发送长度大于8字节的数据包。"06"表示充电机允许发送的最大数据包数。"01"表示BMS将要发送的下一个数据包的编号。"FF FF"为保留容。"00 02 00"表示要发送的报文为BRM。

在完成长包请求连接成功后，BMS开始发送数据包编号为1的包含数据容的报文。

3）截包工具中显示：0x1CEB56F4   01 00 01 00 01 49 02 A0

分析此报文容：

0x1CEB56F4为报文ID，"1C"为包含报文优先级（3个位）、保留位（1个位）和数据页（1个位）。"EB"为此报文的功能说明（EC为数据长度大于8字节的报文连接请求，EB为数据长度大于8字节的报文数据容传输）。"56"表示此报文发送的目的地址为充电机。"F4"表示发送此报文的源地址为BMS。

01 00 01 00 01 49 02 A0为此报文的数据容，第一个字节"01"表示此长包的数据包编号为1号数据包（后续会有02、03、04、05、06号数据包）。"00 01 00"紧跟着后三个字节表示BMS通信协议版本号（见BMS报文包含容表格）。后面紧跟着的一个字节"01"表示电池类型为铅酸蓄电池。再后面两个字节"49 02"表示整车动力电池额定容量为0x0249=585A·h（带一位小数）……（后续数据容参考BMS报文包含容表格，按定义字节顺序查看并一一对应）。

在BMS发送完所有6个数据包后，充电机如果判断接收完成则发送一个功能码为19的消息结束应答报文。

4）截包工具中显示：0x1CECF456   13 29 00 06 FF 00 02 00

分析此报文容：

0x1CECF456为报文ID，"1C"为包含报文优先级（3个位）、保留位（1个位）和数据页（1个位）。"EC"为此报文的功能说明（EC为数据长度大于8字节的报文连接请求，EB为数据长度大于8字节的报文数据容传输）。"F4"表示此报文发送的目的地址为BMS。"56"表示发送此报文的源地址为充电机。

13 29 00 06 FF 00 02 00为此报文的数据容，第一个字节"13"表示功能码19消息结束应答，说明充电机已经顺利接收到BMS发送的总共41个字节的数据包。"29 00"表示充电机计算的接收到的总共0x0029=41个字节的数据（先发送低地址的数据）。"06"表示充电机计算的接收到的总共6个数据包。"FF"为保留容。"00 02 00"表示接收到的报文为PGN=00 02 00的BRM报文。

至此，数据长度大于8个字节的长包发送和接收的过程结束。以后的长包也都是按照这个机制进行发送和接收。

需要注意的一点就是在接收方接收长包的数据时，接收方无法判断此时的数据容为哪个报文的数据，所以在整个充电流程中，每次只允许建立一次长包请求连接，直到接收方将数据全部接收完成才能进行下一个请求连接的允许。如果上一个连接存在，数据没有接收完全，则发送方想要再次建立连接时，接收方将发送放弃连接报文。

5）截包工具中显示：0x1CECF456　FF FF FF FF FF 00 06 00

分析此报文容：

0x1CECF456 为此报文 ID，"1C"为包含报文优先级（3 个位）、保留位（1 个位）和数据页（1 个位）。"EC"为此报文的功能说明（EC 为数据长度大于 8 字节的报文连接请求，EB 为数据长度大于 8 字节的报文数据容传输）。"F4"表示此报文发送的目的地址为 BMS。"56"表示发送此报文的源地址为充电机。

FF FF FF FF FF 00 06 00 为此报文数据容，第一个字节"FF"表示功能码 255 放弃连接，说明充电机之前已经有连接存在，而且数据还没有接收完全，所以不能进行下一次的连接。后面的"FF FF FF FF"为保留容。最后面的三个字节"00 06 00"表示要建立连接的报文为 PGN=00 06 00 的 BCP 报文。

至此，通过 CRM 和 BRM 之间的报文交互并按照协议规定的流程顺利接收完成，在 BMS 接收到 CRM 的辨识结果为 0xAA（能辨识）的前提下，充电机和 BMS 会进入到下一个流程：充电参数配置阶段。

2．充电参数配置阶段

如图 4-2-2 所示，在上一个阶段充电握手完成后，充电机和 BMS 进入充电参数配置阶段。在此阶段，BMS 接收到充电机发送的辨识结果为 0xAA 的 CRM 报文后，先发送电池充电参数报文（BCP），充电机在接收到此报文后向 BMS 发送时间同步（CST）

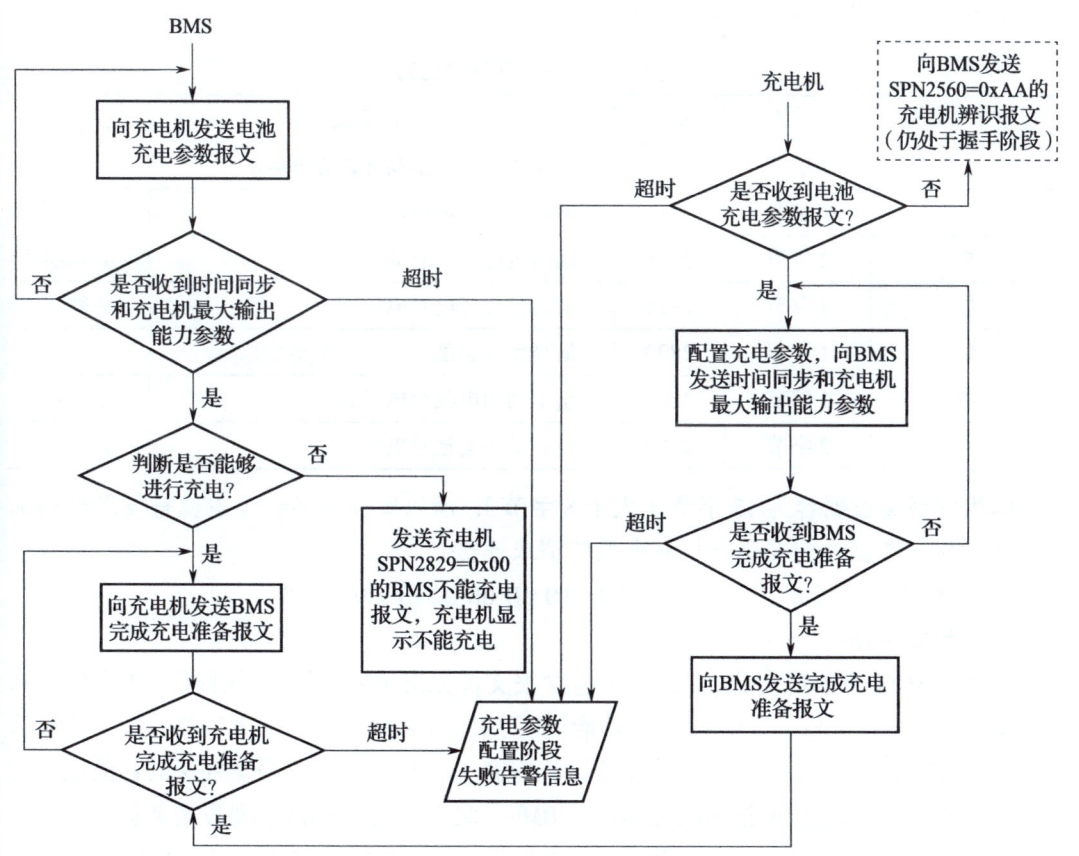

图 4-2-2　直流充电握手阶段流程

和最大输出能力参数报文（CML），BMS根据接收到的CST和CML判断能否进行充电，判断结束后向充电机发送BMS完成充电准备报文（BRO），充电机在接收到BRO后向BMS发送充电机完成充电准备报文（CRO）；如果BMS顺利接收到充电机发出的CRO报文则整个充电参数配置阶段完成。

充电参数配置阶段报文包含的具体内容可以参照表4-2-5。

表4-2-5 充电参数配置阶段报文内容

报文代号	报文描述	PGN	PGN（Hex）	优先权	数据长度/byte	报文周期/ms	源地址–目的地址
BCP	动力电池充电参数	1536	000600H	6	13	500	BMS-充电机
CTS	充电机发送时间同步信息	1792	000700H	6	7	500	充电机-BMS
CML	充电机最大输出能力	2048	000800H	6	6	250	充电机-BMS
BRO	电池充电准备就绪状态	2304	000900H	4	1	250	BMS-充电机
CRO	充电机输出准备就绪状态	2560	000A00H	4	1	250	充电机-BMS

（1）BCP报文内容

BCP报文内容可以参照表4-2-6。

表4-2-6 BCP报文内容

起始字节或位	长度	SPN	SPN定义	发送选项
1	2字节	2816	单体动力电池最高允许充电电压	必须项
3	2字节	2817	最高允许充电电流	必须项
5	2字节	2818	动力电池标称总能量	必须项
7	2字节	2819	最高允许充电总电压	必须项
9	1字节	2820	最高允许温度	必须项
10	2字节	2821	整车动力电池荷电状态	必须项
12	2字节	2822	整车动力电池总电压	必须项

因为此报文数据容为13字节（大于8字节），所以要发送多包（也就是发送长包）。在发送此报文数据之前要进行与充电机的请求连接。

1）截包工具中显示：0x1CEC56F4　10 0D 00 02 FF 00 06 00

分析此报文容：

0x1CEC56F4为此报文ID，"1C"为包含报文优先级（3个位）、保留位（1个位）和数据页（1个位）。"EC"为此报文的功能说明（EC为数据长度大于8字节的报文连接请求，EB为数据长度大于8字节的报文数据容传输）。"56"表示此报文发送的目的地址为充电机。"F4"表示发送此报文的源地址为BMS。此报文说明BMS想要发送数据长度大于8字节的报文，首先希望与充电机建立长包的发送连接，之后BMS开始传输数据。

10 0D 00 02 FF 00 06 00 为此报文的数据容，"10"表示功能码 16 请求发送，说明此报文想要与充电机建立连接。"0D 00"用两个字节表示 BMS 将要发送的数据数量为 0x000D=13 个字节数据。"02"表示要发送此报文中的 13 个数据一共要发送 2 个包才足以容纳 13 个字节的数据。"FF"为保留容。"00 06 00"表示此报文 BCP 对应的 PGN。查看报文时可通过此数据容找出现在要建立连接请求的报文，为协议中对应的哪个报文。

　　充电机接收到 BMS 发送的请求发送报文后，会发送一个功能码为 17 的准备发送报文，通知 BMS 可以发送长包了。

　　2）截包工具中显示：0x1CECF456　11 02 01 FF FF 00 06 00

　　分析此报文容：

　　0x1CECF456 为此报文 ID，"1C"为包含报文优先级（3 个位）、保留位（1 个位）和数据页（1 个位）。"EC"为此报文的功能说明（EC 为数据长度大于 8 字节的报文连接请求，EB 为数据长度大于 8 字节的报文数据容传输）。"F4"表示此报文发送的目的地址为 BMS。"56"表示发送此报文的源地址为充电机。

　　11 02 01 FF FF 00 06 00 为此报文的数据容，"11"表示功能码 17 准备发送，说明充电机允许 BMS 发送长度大于 8 字节的数据包。"02"表示充电机允许发送的最大数据包数。"01"表示 BMS 将要发送的下一个数据包的编号。"FF FF"为保留容。"00 06 00"表示要发送的报文为 BCP。

　　在完成长包请求连接成功后，BMS 开始发送数据包编号为 1 的包含数据容的报文。

　　3）截包工具中显示：0x1CEB56F4　01 68 01 1C 0C B0 00 DE（第一包）

　　0x1CEB56F4　02 0D 6E C3 02 08 0C FF（第二包）

　　分析此报文容：

　　0x1CEB56F4 为报文 ID，"1C"为包含报文优先级（3 个位）、保留位（1 个位）和数据页（1 个位）。"EB"为此报文的功能说明（EC 为数据长度大于 8 字节的报文连接请求，EB 为数据长度大于 8 字节的报文数据容传输）。"56"表示此报文发送的目的地址为充电机。"F4"表示发送此报文的源地址为 BMS。

　　01 68 01 1C 0C B0 00 DE 为此报文的数据容，第一个字节"01"表示此长包的数据包编号为 1 号数据包。后面的两个字节"68 01"表示单体动力电池最高允许充电电压 0x0168=360V（带两位小数，见 BMS 报文包含容表格）。后面紧跟着的两个字节"1C 0C"表示最高允许充电电流 0x0C1C=3100A（带一位小数并且有 −4000A 的偏移量，所以实际值为 4000−3100=900A）。再后面两个字节"B0 00"表示动力电池标称总能量 0x00B0=176kW·h（带一位小数）……（后续数据容参考 BMS 报文包含容表格，按定义字节顺序查看并一一对应）。

　　在 BMS 发送完所有两个数据包后，充电机如果判断接收完成则发送一个功能码为 19 的消息结束应答报文。

　　4）截包工具中显示：0x1CECF456　13 0D 00 02 FF 00 06 00

　　分析此报文容：

　　0x1CECF456 为此报文 ID，"1C"为包含报文优先级（3 个位）、保留位（1 个位）

和数据页（1个位）。"EC"为此报文的功能说明（EC为数据长度大于8字节的报文连接请求，EB为数据长度大于8字节的报文数据容传输）。"F4"表示此报文发送的目的地址为BMS。"56"表示发送此报文的源地址为充电机。

13 0D 00 02 FF 00 06 00 为此报文的数据容，第一个字节"13"表示功能码19消息结束应答，说明充电机已经顺利接收到BMS发送的总共13个字节的数据包。"0D 00"表示充电机计算的接收到的总共0x000D=13个字节的数据。"02"表示充电机计算的接收到的总共2个数据包。"FF"为保留容。"00 06 00"表示接收到的报文为PGN=00 06 00的BCP报文。

（2）CTS报文内容

CTS报文内容参照表4-2-7。

表4-2-7　CTS报文内容

起始字节或位	长度	SPN	SPN定义	发送选项
1	7字节	2823	年/月/日/时/分/秒	可选项

其中：SPN2823 日期/时间。

第1字节：秒（压缩BCD码）；第2字节：分（压缩BCD码）；

第3字节：时（压缩BCD码）；第4字节：日（压缩BCD码）；

第5字节：月（压缩BCD码）；第6字节：年（压缩BCD码）。

此报文包含7字节数据（小于8字节），所以一个数据包就可以发送。这个报文的目的是为了和BMS做时间同步。

截包工具中显示：0x1807F456　14 13 20 26 0812 20 FF

分析此报文容：

0x1807F456为此报文ID，"18"为包含报文优先级（3个位）、保留位（1个位）和数据页（1个位）。"07"为此报文的PGN=000700（CTS报文）。"F4"表示此报文发送的目的地址为BMS。"56"表示发送此报文的源地址为充电机。

14 13 20 26 0812 20 FF 为此报文的数据容，第一个字节"14"表示时间容的秒。"13"表示时间容的分。"20"表示时间容的时。"26"表示时间容的日。"08"表示时间容的月。"12 20"表示时间容的年 =2012 年。

（3）CML报文内容

CML报文内容可以参照表4-2-8。

表4-2-8　CML报文内容

起始字节或位	长度	SPN	SPN定义	发送选项
1	2字节	2824	最高输出电压/V	必须项
3	2字节	2825	最低输出电压/V	必须项
5	2字节	2826	最大输出电流/A	必须项

其中：

SPN2824最高输出电压/V，数据分辨率：0.1V/位，0V偏移量；数据范围：0～+750V。

SPN2825 最低输出电压 /V，数据分辨率：0.1V/ 位，0V 偏移量；数据范围：0~+750V。

SPN2826 最大输出电流 /A，数据分辨率：0.1A/ 位，−400A 偏移量，数据范围：−400~0A。

此报文为充电机发送的最大输出能力报文，数据容只有六个字节。发送此报文的目的是为了让 BMS 了解充电机的输出能力，如果能力不匹配则 BMS 有可能不让充电。

截包工具中显示：0x1808F456 941128 0A740E FF FF

分析此报文容：

0x1808F456 为报文 ID，"18"为包含报文优先级（3 个位）、保留位（1 个位）和数据页（1 个位）。"08"为此报文的 PGN=000800（CML 报文）。"F4"表示此报文发送的目的地址为 BMS。"56"表示发送此报文的源地址为充电机。

941128 0A740E FF FF 为此报文的数据容，前两个字节"94 11"表示充电机最高输出电压为 0x1194（450.0V 带一位小数）。后两个字节"28 0A"表示充电机最低输出电压为 0x0A28（260.0V 带一位小数）。再两个字节"74 0E"表示充电机最大输出电流为 0x0E74（370.0A 带一位小数和 400A 的偏移量，所以实际电流值为 400−370=30A）。最后两个字节为填充的数据（无效数据）。

注意：上面的 CTS 和 CML 报文都是在接收到 BMS 发送的 BCP 报文之后一起发送的，BMS 只有在接收到 CTS 和 CML 之后才会发送下一个报文 BRO。

（4）BRO 报文内容

BRO 报文内容可以参照表 4-2-9。

表 4-2-9 BRO 报文内容

起始字节或位	长度	SPN	SPN 定义	发送选项
1	1 字节	2829	BMS 是否完成充电准备（<0x00>:=BMS 未做好充电准备；<0xAA>:=BMS 完成充电准备；<0xFF>:= 无效）	必须项

此报文为 BMS 发送的是否准备好可以让充电机充电的确认报文。

截包工具中显示：0x100956F4 AA FF FF FF FF FF FF FF

分析此报文容：

0x100956F4 为此报文 ID，"10"为包含报文优先级（3 个位）、保留位（1 个位）和数据页（1 个位）。"09"为此报文的 PGN=000900（BRO 报文）。"56"表示此报文发送的目的地址为充电机。"F4"表示发送此报文的源地址为 BMS。

AA FF FF FF FF FF FF FF 为此报文的数据容，第一个字节"AA"表示 0xAA=BMS 完成充电准备。后面的"FF FF FF FF FF FF FF"为填充的数据（无效数据）。

（5）CRO 报文内容

CRO 报文内容参照表 4-2-10。

表 4-2-10 CRO 报文内容

起始字节或位	长度	SPN	SPN 定义	发送选项
1	1字节	2830	充电机是否完成充电准备（<0x00>：= 充电机未做好充电准备；<0xAA>：= 充电机完成充电准备；<0xFF>：= 无效）	必须项

此报文为充电机接收到 BMS 发送的 BRO 后，由充电机发送。表示充电机也准备好，可以进行充电了。

截包工具中显示：0x100A56F4 AA FF FF FF FF FF FF FF

分析此报文容：

0x100A56F4 为此报文 ID，"10" 为包含报文优先级（3个位）、保留位（1个位）和数据页（1个位）。"0A" 为此报文的 PGN=000A00（BRO 报文）。"56" 表示发送此报文的源地址为充电机。"F4" 表示此报文发送的目的地址为 BMS。

AA FF FF FF FF FF FF FF 为此报文的数据容，第一个字节 "AA" 表示 0xAA= 充电机完成充电准备。后面的 "FF FF FF FF FF FF FF" 为填充的数据（无效数据）。

至此表示 BMS 与充电机在启动充电前的流程已经完成，接下来可以进行充电。

3. 充电阶段

如图 4-2-3 所示，在此阶段，充电机根据接收到的 BMS 需求报文来调整自己的输

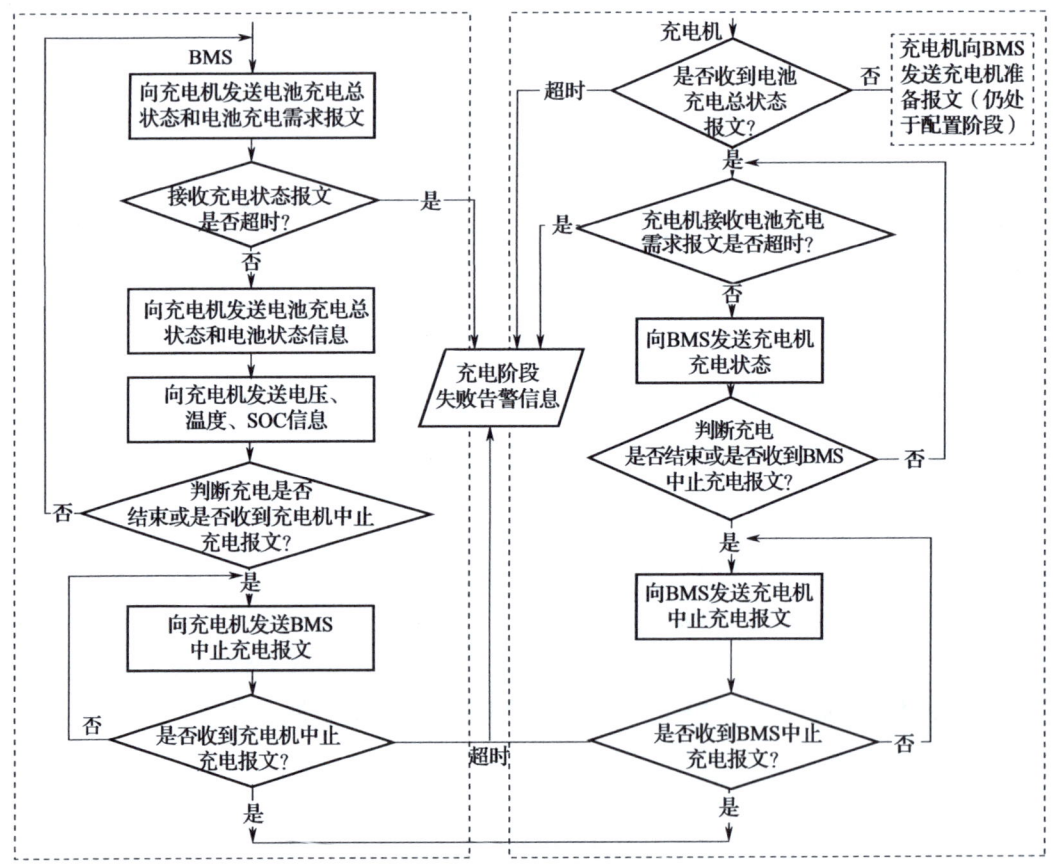

图 4-2-3 直流充电阶段流程

出电压和电流，确保充电过程顺利进行。在此过程中充电机方如果出现接收报文超时（在规定时间内没有接收到报文）则立即停止充电，或者出现无偿充电的故障时也要立即停止充电。

在充电阶段中，BMS 向充电机发送电池充电总状态（BCS）和电池充电需求报文（BCL），充电机在规定时间内接收到这两个报文，向 BMS 发送充电机充电状态报文（CCS），同时等待是否接收到 BMS 发送的中止充电报文（BST）。如果接收到 BST，则充电机立即停止充电，并向 BMS 发送充电机中止充电报文（CST）作为回应。BMS 在接收到充电机发送的充电状态报文（CCS）后，向充电机发送动力电池状态信息（BSM）、单体电池电压（BMV 这个报文为可选发送，接收方不用作超时判断）、单体电池电量信息（BSOC 这个报文为可选发送，接收方不用作超时判断）。同时等待是否接收到充电机发送的中止充电报文（CST），如果接收到 CST 则 BMS 立即向充电机发送 BST 以便中止充电，并等待充电充满。

以上过程在整个充电过程中循环进行。

充电阶段报文包含的具体内容可参考表 4-2-11。

表 4-2-11 充电阶段报文内容

报文代号	报文描述	PGN	PGN（Hex）	优先权	数据字节 /byte	报文周期	源地址 – 目的地址
BCL	电池充电需求	4096	001000H	6	5	50ms	BMS- 充电机
BCS	电池充电总状态	4352	001100H	6	9	250ms	BMS- 充电机
CCS	充电机充电状态	4608	001200H	6	6	50ms	充电机 -BMS
BSM	动力电池状态信息	4864	001300H	6	7	250ms	BMS- 充电机
BMV	单体电池电压	5376	001500H	6	不定	1s	BMS- 充电机
BMT	动力电池温度	5632	001600H	6	不定	1s	BMS- 充电机
BSP	动力电池预留报文	5888	001700H	6	不定	1s	BMS- 充电机
BST	BMS 中止充电	6400	001900H	4	4	10ms	BMS- 充电机
CST	充电机中止充电	6656	001A00H	4	4	10ms	充电机 -BMS

（1）BCL 报文内容

BCL 报文内容见表 4-2-12。

表 4-2-12 BCL 报文内容

起始字节或位	长度	SPN	SPN 定义	发送选项
1	2 字节	3072	电压需求 /V	必须项
3	2 字节	3073	电流需求 /A	必须项
5	1 字节	3074	充电模式（0x01：恒压充电；0x02：恒流充电）	必须项

其中：

SPN3072 电压需求 /V，数据分辨率：0.1V/ 位，0V 偏移量；数据范围：0~750V。

SPN3073 电流需求 /A，数据分辨率：0.1A/ 位，−400A 偏移量；数据范围：−400~0A。

此报文为 BMS 的需求充电电压和充电电流。充电机根据接收到的 BCL 报文来调整自己的输出电压和输出电流。

截包工具中显示：0x181056F4 DE 0D 74 0E 02 FF FF FF

分析此报文容：

0x181056F4 为此报文 ID，"18" 为包含报文优先级（3 个位）、保留位（1 个位）和数据页（1 个位）。"10" 为此报文的 PGN=001000（BCL 报文）。"56" 表示此报文发送的目的地址为充电机。"F4" 表示发送此报文的源地址为 BMS。

DE 0D 74 0E 02 FF FF FF 为此报文的数据容，前两个字节 "DE 0D" 表示 BMS 的需求电压为 0x0DDE=355.0V（带一位小数）。后两个字节 "74 0E" 表示 BMS 的需求电流为 0x0E74=370.0A（带一位小数和 400A 的偏移量，实际电流为 400−370=30A）。再后面一个字节 "02" 表示现在的阶段为充电机恒流充电模式。接着的三个字节 "FF FF FF" 为填充的数据（无效数据）。

（2）BCS 报文内容

BCS 报文内容见表 4-2-13。

表 4-2-13 BCS 报文内容

起始字节或位	长度	SPN	SPN 定义	发送选项
1	2 字节	3075	充电电压测量值 /V	必须项
3	2 字节	3076	充电电流测量值 /A	必须项
5	2 字节	3077	最高单体电池电压及其组号	必须项
7	1 字节	3078	当前荷电状态 SOC（%）	必须项
8	2 字节	3079	估算剩余充电时间 /min	必须项

其中：

1）SPN3075 充电电压测量值

数据分辨率：0.1V/ 位，0V 偏移量；数据范围：0~750V。

2）SPN3076 充电电流测量值

数据分辨率：0.1A/ 位，−400A 偏移量；数据范围：−400~0A。

3）SPN3077 最高单体电池电压及其组号

1~12 位：最高单体电池电压，数据分辨率：0.01V/ 位，0V 偏移量；数据范围：0~24V。

13~16 位：最高单体电池电压所在组号，数据分辨率：1/ 位，1 偏移量；数据范围：1~16。

4）SPN3078 当前荷电状态 SOC

数据分辨率：1%/ 位，0% 偏移量，数据范围：0%~100%。

5）SPN3079 估算剩余充电时间，当 BMS 以实际电流为准进行测算的剩余时间超过

600min 时，按 600min 发送。

数据分辨率：1min/ 位，0min 偏移量；数据范围：0~600min。

此报文为 BMS 方检测到的充电机实际输出的电压、电流值。还包含 BMS 方检测到的最高单体电池的电压值和所在组号，还有 BMS 当前的荷电状态 SOC、估计充电完成的时间。以便充电机终端显示这些数据。BCS 报文数据长度为 9 字节（大于 8 字节），所以会以两包的形式发送。

截包工具中显示：0x1CEC56F4   10 09 00 02 FF 00 11 00

0x1CECF456   11 02 01 FF FF 00 11 00

0x1CEB56F4   01 80 0C 74 0E 4C 51 34

0x1CEB56F4   02 3C 00 FF FF FF FF FF

0x1CECF456   13 09 00 02 FF 00 11 00

分析此报文：

0x1CEC56F4 为此报文 ID，"1C"为包含报文优先级（3 个位）、保留位（1 个位）和数据页（1 个位）。"EC"为此报文的功能说明（EC 为数据长度大于 8 字节的报文连接请求，EB 为数据长度大于 8 字节的报文数据容传输）。"56"表示此报文发送的目的地址为充电机。"F4"表示发送此报文的源地址为 BMS。此报文说明 BMS 想要发送数据长度大于 8 字节的报文，首先希望与充电机建立长包的发送连接，之后 BMS 开始传输数据。

10 09 00 02 FF 00 11 00 为此报文的数据容，"10"表示功能码 16 请求发送，说明此报文想要与充电机建立连接。"09 00"用两个字节表示 BMS 将要发送的数据数量为 0x0009=9 个字节数据。"02"表示要发送此报文中的 9 个数据一共要发送 2 个包才足以容纳 9 个字节的数据。"FF"为保留容。"00 11 00"表示此报文 BCS 对应的 PGN。查看报文时可通过此数据容找出现在要建立连接请求的报文为协议中对应的哪个报文。

0x1CECF456 为此报文 ID，"1C"为包含报文优先级（3 个位）、保留位（1 个位）和数据页（1 个位）。"EC"为此报文的功能说明（EC 为数据长度大于 8 字节的报文连接请求，EB 为数据长度大于 8 字节的报文数据容传输）。"F4"表示此报文发送的目的地址为 BMS。"56"表示发送此报文的源地址为充电机。

11 02 01 FF FF 00 11 00 为此报文的数据容，"11"表示功能码 17 准备发送，说明充电机允许 BMS 发送长度大于 8 字节的数据包。"02"表示充电机允许发送的最大数据包数。"01"表示 BMS 将要发送的下一个数据包的编号。"FF FF"为保留容。"00 11 00"表示要发送的报文为 BCS。

0x1CEB56F4 为此报文 ID，"1C"为包含报文优先级（3 个位）、保留位（1 个位）和数据页（1 个位）。"EB"为此报文的功能说明（EC 为数据长度大于 8 字节的报文连接请求，EB 为数据长度大于 8 字节的报文数据容传输）。"56"表示此报文发送的目的地址为充电机。"F4"表示发送此报文的源地址为 BMS。

01 80 0C 74 0E 4C 51 34 为此报文的数据容，第一个字节"01"表示此长包的数据包编号为 1 号数据包。后面的两个字节"80 0C"表示充电机电压测量值为 0x0C80=320.0V（带一位小数）（见 BCS 报文包含容表格）。后面紧跟着的两个字节"74

0E"表示充电机电流测量值为 0x0E74=3700A（带一位小数并且有 –4000A 的偏移量，所以实际值为 4000–3700=300A）。再后面两个字节"4C 51"表示最高单体电池电压值和对应的组号。最后的一个字节"34"表示 BMS 目前的荷电容量为 0x34=50%……（后续数据容参考 BCS 报文包含容表格，按定义字节顺序查看并一一对应）。

在 BMS 发送完所有 2 个数据包后，充电机如果判断接收完成则发送一个功能码为 19 的消息结束应答报文，截包工具中显示：0x1CECF456 13 09 00 02 FF 00 11 00。

分析此报文：

0x1CECF456 为此报文 ID，"1C"为包含报文优先级（3 个位）、保留位（1 个位）和数据页（1 个位）。"EC"为此报文的功能说明（EC 为数据长度大于 8 字节的报文连接请求，EB 为数据长度大于 8 字节的报文数据容传输）。"F4"表示此报文发送的目的地址为 BMS。"56"表示发送此报文的源地址为充电机。

13 09 00 02 FF 00 11 00 为此报文的数据容，第一个字节"13"表示功能码 19 消息结束应答，说明充电机已经顺利接收到 BMS 发送的总共 9 个字节的数据包。"09 00"表示充电机计算的接收到的总共 0x0009=9 个字节的数据。"02"表示充电机计算的接收到的总共 2 个数据包。"FF"为保留容。"00 11 00"表示接收到的报文为 PGN=00 11 00 的 BCS 报文。

（3）CCS 报文内容

CCS 报文内容见表 4-2-14。

表 4-2-14 CCS 报文内容

起始字节或位	长度	SPN	SPN 定义	发送选项
1	2 字节	3081	电压输出值 /V	必须项
3	2 字节	3082	电流输出值 /A	必须项
5	2 字节	3083	累计充电时间 /min	必须项

其中：

1）SPN3081 电压输出值 /V，数据分辨率：0.1V/ 位，0V 偏移量；数据范围：0~750V。

2）SPN3082 电流输出值 /A，数据分辨率：0.1A/ 位，–400A 偏移量；数据范围：–400~0A。

3）SPN3083 累计充电时间 /min，数据分辨率：1min/ 位，0min 偏移量；数据范围：0~600min。

此报文为接收到 BMS 发送的 BCL 和 BCS 后由充电机发送。

截包工具中显示：0x1812F456 800C 74 0E 1E 00 FF FF

分析此报文容：

0x1812F456 为此报文 ID，"18"为包含报文优先级（3 个位）、保留位（1 个位）和数据页（1 个位）。"12"为此报文的 PGN=001200（CCS 报文）。"F4"表示此报文发送的目的地址为 BMS。"56"表示发送此报文的源地址为充电机。

800C74 0E1E 00 FF FF 为此报文的数据容，前两个字节"800C"表示充电机电压输出值为 0x0C80=3200V（带一位小数），后两个字节"74 0E"表示充电机电流输出值为 0x0E74=3700A（带一位小数和 400A 偏移量，实际电流为 400-370=30A）。后面的两个字节"1E 00"为充电时长 0x001E=30min。最后的两个字节"FF FF"为填充的数据（无效数据）。

（4）BSM 报文内容

BSM 报文内容见表 4-2-15。

表 4-2-15　BSM 报文内容

起始字节或位	长度	SPN	SPN 定义	发送选项
1	1 字节	3085	最高电池单体电压所在编号	必须项
2	1 字节	3086	最高动力电池温度	必须项
3	1 字节	3087	最高动力电池温度检测点编号	必须项
4	1 字节	3088	最低动力电池温度	必须项
5	2 位	3089	最低动力电池温度检测点编号	必须项
6.1	2 位	3090	电池单体电压过高/过低（00:=正常；01:=过高；10:=过低）	必须项
6.3	2 位	3091	整车动力电池荷电状态 SOC 过高/过低（00:=正常；01:=过高；10:=过低）	必须项
6.5	2 位	3092	动力电池充电过电流（00:=正常；01:=过电流；10:=不可信）	必须项
6.7	2 位	3093	动力电池温度过高（00:=正常；01:=过高；10:=不可信）	必须项
7.1	2 位	3094	动力电池绝缘状态（00:=正常；01:=不绝缘；10:=不可信）	必须项
7.3	2 位	3095	动力电池组输出插接器状态（00:=正常；01:=断开；10:=不可信）	必须项
7.5	2 位	3096	充电允许（00:=禁止；01:=允许）	必须项

其中：

1）SPN3085 最高电池单体电压所在编号，数据分辨率：1/位，1 为偏移量，数据范围：1~256。

2）SPN3086 最高动力电池温度，数据分辨率：1℃/位，-50℃为偏移量，数据范围：-50~200℃。

3）SPN3087 最高动力电池温度检测点编号，数据分辨率：1/位，1 为偏移量，数据范围 1~128。

4）SPN3088 最低动力电池温度，数据分辨率：1℃/位，-50℃为偏移量，数据范围：-50~200℃。

5）SPN3089 最低动力电池温度检测点编号，数据分辨率：1/位，1 为偏移量，数据范围 1~256。

此报文为 BMS 发送的关于电池的相关信息，可作为终端显示查看。

截包工具中显示：0x181356F4 60 4C 01 4A 08 08 10 FF

分析此报文容：

0x181356F4 为此报文 ID，"18" 为包含报文优先级（3 个位）、保留位（1 个位）和数据页（1 个位）。"13" 为此报文的 PGN=001300（BSM 报文）。"56" 表示此报文发送的目的地址为充电机。"F4" 表示发送此报文的源地址为 BMS。

60 4C 01 4A 08 08 10 FF 为此报文的数据容，对照 BSM 报文中所包含的数据容按顺序字节查看。

BMV 报文内容

BMT 报文内容

BSP 报文内容

以上三个报文为可选发送报文，所以在充电机方不必做此报文的超时判断。

因为以上三个报文的数据容都大大超过了 8 个字节的数据，所以都要以长包（多包）的形式发送，在发送之前必须向充电机方做请求连接，得到充电机的准备发送（表示请求成功）之后才能发送数据。并且在这三个报文发送的过程中只能允许一个连接请求，必须等待上一个连接请求处理完毕数据全部接收完成后，BMS 才能申请下一个连接请求。

（5）BST 报文内容

BST 报文内容见表 4-2-16。

表 4-2-16 BST 报文内容

起始字节或位	长度	SPN	SPN 定义	发送选项
1	1 字节	3511	BMS 中止充电原因	必须项
2	2 字节	3512	BMS 中止充电故障原因	必须项
4	1 字节	3513	BMS 中止充电错误原因	必须项

其中：

1）SPN3511 BMS 中止充电原因

第 1~2 位：达到所需求的 SOC 目标值

00：= 未达到所需 SOC 目标值；01：= 达到所需 SOC 目标值；10：= 不可信状态。

第 3~4 位：达到总电压的设定值

00：= 未达到总电压设定值；01：= 达到总电压设定值；10：= 不可信状态。

第 5~6 位：达到单体电池电压设定值

00：= 未达到单体电池电压设定值；01：= 达到单体电池电压设定值；10：= 不可信状态。

2）SPN3512 BMS 中止充电故障原因

第 1~2 位：绝缘故障

00：= 正常；01：= 故障；10：= 不可信状态。

第 3~4 位：输出插接器过温故障

00：= 正常；01：= 故障；10：= 不可信状态。

第 5~6 位：BMS 元件、输出插接器过温故障

00：= 正常；01：= 故障；10：= 不可信状态。

第 7~8 位：充电插接器故障

00：= 充电插接器正常；01：= 充电插接器故障；10：= 不可信状态。

第 9~10 位：电池温度过高故障

00：= 电池组温度正常；01：= 电池组温度过高；10：= 不可信状态。

第 11~12 位：其他故障

00：= 正常；01：= 故障；10：= 不可信状态。

3）SPN3513 BMS 中止充电错误原因

第 1~2 位：电流过大

00：= 电流正常；01：= 电流超过需求值；10：= 不可信状态。

第 3~4 位：电压异常

00：= 正常；01：= 电压异常；10：= 不可信状态。

此报文表示可以中止充电，若 BMS 方出现以上容中的故障时，BMS 将发送此报文给充电机方，充电机方接收到中止充电报文（BST）后立即停止充电，并向 BMS 方发送 CST 作为回应。

截包工具中显示：0x101956F4　01 00 00 00 FF FF FF FF

分析此报文内容：

0x101956F4 为此报文 ID，"10" 为包含报文优先级（3 个位）、保留位（1 个位）和数据页（1 个位）。"19" 为此报文的 PGN=001900（BST 报文）。"56" 表示此报文发送的目的地址为充电机。"F4" 表示发送此报文的源地址为 BMS。

01 00 00 00 FF FF FF FF 为此报文的数据容，第一个字节 "01"（0000 0001 二进制）前两位表示 BMS 中止充电的原因：达到所需 SOC 目标值。此报文为 4 个字节的数据，后面的四个字节为填充的数据容（无效的数据）。

（6）CST 报文内容

CST 报文内容见表 4-2-17。

表 4-2-17　CST 报文内容

起始字节或位	长度	SPN	SPN 定义	发送选项
1	1 字节	3521	充电机中止充电原因	必须项
2	2 字节	3522	充电机中止充电故障原因	必须项
4	1 字节	3523	充电机中止充电错误原因	必须项

其中：

1）SPN3521 充电机中止充电原因

第 1~2 位：达到充电机设定的条件中止

00：=正常；01：=达到充电机设定的条件中止；10：=不可信状态。

第 3~4 位：人工中止

00：=正常；01：=人工中止；10：=不可信状态。

第 5~6 位：故障中止

00：=正常；01：=故障中止；10：=不可信状态。

2）SPN3522 充电机中止充电故障原因

第 1~2 位：充电机过温故障

00：=充电机温度正常；01：=充电机过温故障；10：=不可信状态。

第 3~4 位：插接器故障

00：=充电插接器正常；01：=充电插接器故障；10：=不可信状态。

第 5~6 位：充电机内部过温

00：=充电机内部温度正常；01：=充电机内部过温；10：=不可信状态。

第 7~8 位：所需电量不能传送

00：=电量传送正常；01：=电量传送故障；10：=不可信状态。

第 9~10 位：充电机急停故障

00：=正常；01：=充电机急停；10：=不可信状态。

第 11~12 位：其他故障

00：=正常；01：=故障；10：=不可信状态。

3）SPN3523 充电机中止充电错误原因

第 1~2 位：电流不匹配

00：=电流正常；01：=电流不匹配；10：=不可信状态。

第 3~4 位：电压异常

00：=正常；01：=电压异常；10：=不可信状态。

此报文表示可以中止充电，若充电机方出现以上容中的故障时，充电机将发送此报文给 BMS 方，BMS 方接收到中止充电报文（CST）后立即停止充电，并向充电机方发送 BST 作为回应。

截包工具中显示：0x101AF456　01 00 00 00 FF FF FF FF

分析此报文容：

0x101AF456 为此报文 ID，"10" 为包含报文优先级（3 个位）、保留位（1 个位）和数据页（1 个位）。"1A" 为此报文的 PGN=001A00（CST 报文）。"F4" 表示此报文发送的目的地址为 BMS。"56" 表示发送此报文的源地址为充电机。

01 00 00 00 FF FF FF FF 为此报文的数据容，第一个字节 "01"（0000 0001 二进制）前两位表示充电机中止充电的原因：达到充电机设定的条件中止。此报文为 4 个字节的数据，后面的四个字节为填充的数据容（无效的数据）。

4. 充电结束阶段

如图 4-2-4 所示，当充电机和 BMS 停止充电后，双方进入充电结束阶段。在此阶段 BMS 先向充电机发送整个充电过程的统计数据，包括：初始 SOC、结束 SOC、电池最低电压和最高电压；充电机收到 BMS 发送的统计数据后，向 BMS 发送整个充电过程中的输出电量、累计充电时间等信息，最后停止低压辅助电源的输出。

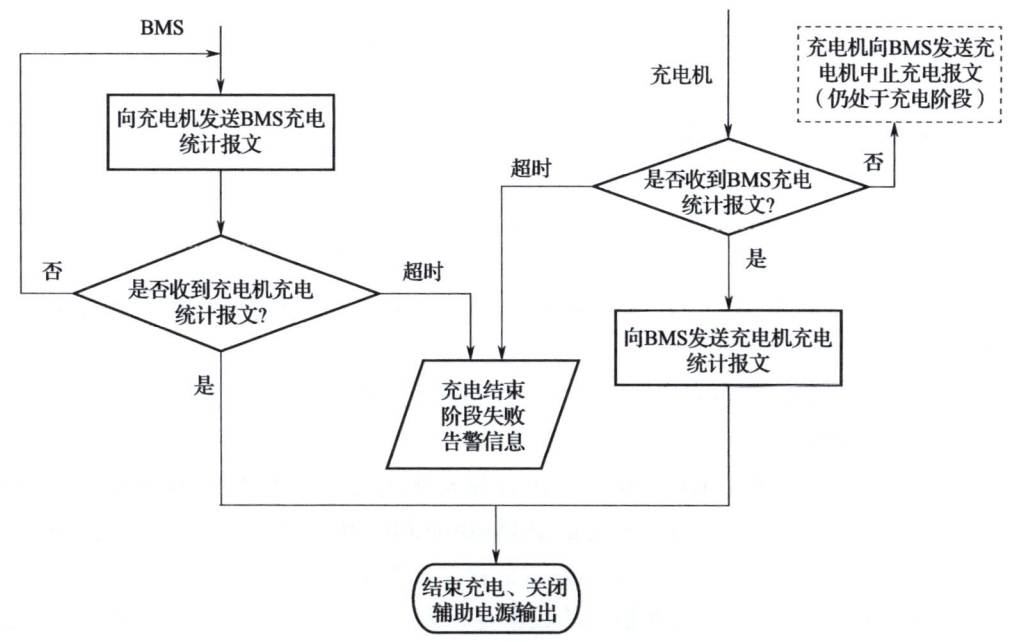

图 4-2-4　直流充电结束阶段

充电结束阶段报文分类见表 4-2-18。

表 4-2-18　充电结束阶段报文分类

报文代号	报文描述	PGN	PGN（Hex）	优先权	数据字节 / byte	报文周期	源地址 – 目的地址
BSD	BMS 统计数据	7168	001C00H	6	7	250ms	BMS- 充电机
CSD	充电机统计数据	7424	001D00H	6	5	250ms	充电机 –BMS

（1）BSD 报文内容

BSD 报文内容见表 4-2-19。

表 4-2-19　BSD 报文内容

起始字节或位	长度	SPN	SPN 定义	发送选项
1	1 字节	3601	中止荷电状态 SOC（%）	必须项
2	2 字节	3602	单体电池最低电压 /V	必须项
4	2 字节	3603	单体电池最高电压 /V	必须项
6	1 字节	3604	动力电池最低温度 /℃	必须项
7	1 字节	3605	动力电池最高温度 /℃	必须项

其中：

1）SPN3601 中止荷电状态 SOC，数据分辨率：1%/ 位，0% 偏移量；数据范围：

0%~100%。

2）SPN3602 单体电池最低电压，数据分辨率：0.01V/位，0V 偏移量；数据范围：0~24V。

3）SPN3603 单体电池最高电压，数据分辨率：0.01V/位，0V 偏移量；数据范围：0~24V。

4）SPN3604 动力电池最低温度，数据分辨率：1℃/位，-50℃偏移量；数据范围：-50~+200℃。

5）SPN3605 动力电池最高温度，数据分辨率：1℃/位，-50℃偏移量；数据范围：-50~+200℃。

此报文为进入充电结束阶段后由 BMS 向充电机方发送，为整个充电过程的 BMS 方的统计信息。

截包工具中显示：0x181C56F4　5A36 01 6D 01 555F FF

分析此报文容：

0x181C56F4 为此报文 ID，"18"为包含报文优先级（3个位）、保留位（1个位）和数据页（1个位）。"1C"为此报文的 PGN=001C00（BSD 报文）。"56"表示此报文发送的目的地址为充电机。"F4"表示发送此报文的源地址为 BMS。

5A36 01 6D 01 555F FF 为此报文的数据容，第一个字节"5A"表示 BMS 中止荷电状态为 0x5A=90%。后面的两个字节"36 01"表示单体电池最低电压为 0x0136=3.10V（带两位小数）。再后面两个字节"6D 01"表示单体电池最高电压为 0x016D=3.65V（带两位小数）。再后面一个字节"55"表示动力电池最低温度为 0x55=85℃（带 50℃的偏移量，实际为 85-50=35℃）。再后面一个字节"5F"表示动力电池最高温度为 0x5F=95℃（带 50℃的偏移量，实际为 95-50=45℃）。最后一个字节为填充的数据容（无效的数据）。

（2）CSD 报文内容

CSD 报文内容见表 4-2-20。

表 4-2-20　CSD 报文内容

起始字节或位	长度	SPN	SPN 定义	发送选项
1	2 字节	3611	累计充电时间 /min	必须项
2	2 字节	3612	输出能量 /（kW·h）	必须项
5	1 字节	3613	充电机编号，1/位，1 偏移量，数据范围：1~100	必须项

其中：

1）SPN3611 累计充电时间，数据分辨率：1min/位，0min 偏移量；数据范围：0~600min。

2）SPN3612 输出能量，数据分辨率：0.1kW·h/位，0kW·h 偏移量；数据范围：0~1000kW·h。

此报文为进入充电结束阶段后在接收到 BMS 发送的 BSD 报文后，充电机发送 CSD 报文作为回应。

截包工具中显示：0x181DF456　7D 00 17 00 01 FF FF FF

分析此报文容：

0x181DF456 为此报文 ID，"18"为包含报文优先级（3 个位）、保留位（1 个位）和数据页（1 个位）。"1D"为此报文的 PGN=001D00（CSD 报文）。"F4"表示此报文发送的目的地址为 BMS。"56"表示发送此报文的源地址为充电机。

7D 00 17 00 01 FF FF FF 为此报文的数据容，前两个字节"7D 00"表示整个充电过程累计充电时间为 0x007D=125min。后两个字节"17 00"表示输出能量为 0x0017=23kW·h。后一个字节"01"表示此充电机编号为 01（第一号）。最后三个字节为填充的数据容（无效的数据）。

至此，整个充电过程完成。

5. 错误报文 BEM 和 CEM

错误报文 BEM 和 CEM 见表 4-2-21。

表 4-2-21　错误报文 BEM 和 CEM

报文代号	报文描述	PGN	PGN（Hex）	优先权	数据字节/byte	报文周期/ms	源地址–目的地址
BEM	BMS 错误报文	7680	001E00H	2	4	250	BMS-充电机
CEM	充电机错误报文	7936	001F00H	2	4	250	充电机-BMS

以上两个报文根据 BMS 方和充电机方对协议的理解不同，BEM 为 BMS 方发送的错误报文；CEM 为充电机方发送的错误报文。BMS 或者充电机方可在整个充电过程（充电握手阶段、充电参数配置阶段、充电阶段、充电结束阶段）中发送无错误信息的错误报文，一旦充电机方或者 BMS 方有报文接收超时，则根据协议把 CEM 或者 BEM 中的某一个数据位"置 1"，接收方在接收到含有错误信息的 CEM 或者 BEM 后立即停止充电流程。

（1）BEM 报文内容

BEM 报文内容见表 4-2-22。

表 4-2-22　BEM 报文内容

起始字节或位	长度	SPN	SPN 定义
1.1	2 位	3901	接收 SPN2560=0x00 的充电机辨识报文超时（00：= 正常；01：= 超时；10：= 不可信状态）
1.3	2 位	3902	接收 SPN2560=0xAA 的充电机辨识报文超时（00：= 正常；01：= 超时；10：= 不可信状态）
2.1	2 位	3903	接收充电机的时间同步和充电机最大输出能力报文超时（00：= 正常；01：= 超时；10：= 不可信状态）
2.3	2 位	3904	接收充电机完成充电准备报文超时（00：= 正常；01：= 超时；10：= 不可信状态）

（续）

起始字节或位	长度	SPN	SPN 定义
3.1	2位	3905	接收充电机充电状态报文超时（00：=正常；01：=超时；10：=不可信状态）
3.3	2位	3906	接收充电机中止充电报文超时（00：=正常；01：=超时；10：=不可信状态）
4.1	2位	3907	接收充电机统计报文超时（00：=正常；01：=超时；10：=不可信状态）

此报文为 BMS 方发送的错误信息报文 BEM，一旦 BMS 方接收报文超时则按照以上定义容把相应数据位"置1"。

截包工具中显示：0x101E56F4　04 00 00 00 FF FF FF FF

分析此报文容：

0x101E56F4 为此报文 ID，"10"为包含报文优先级（3个位）、保留位（1个位）和数据页（1个位）。"1E"为此报文的 PGN=001E00（BEM 报文）。"56"表示此报文发送的目的地址为充电机。"F4"表示发送此报文的源地址为 BMS。

04 00 00 00 FF FF FF FF 为此报文的数据容，第一个字节"04"表示十六进制 0x04，转换为二进制为 0000 0100，按照协议里定义的数据容，这个字节里面的第三个数据位被"置1"，则表示 BMS 接收 SPN2560=0xAA 的充电机辨识报文超时。后面的字节中没有被"置1"，表示充电流程进入到充电握手阶段后由于 BMS 方接收报文超时而中断。最后四个字节为填充的数据容（无效的数据）。

（2）CEM 报文内容

CEM 报文内容见表 4-2-23。

表 4-2-23　CEM 报文内容

起始字节或位	长度	SPN	SPN 定义
1.1	2位	3921	接收 BMS 和车辆的辨识报文超时（00：=正常；01：=超时；10：=不可信状态）
2.1	2位	3922	接收电池充电参数辨识报文超时（00：=正常；01：=超时；10：=不可信状态）
2.3	2位	3923	接收 BMS 完成充电准备报文超时（00：=正常；01：=超时；10：=不可信状态）
3.1	2位	3924	接收电池充电总状态报文超时（00：=正常；01：=超时；10：=不可信状态）
3.3	2位	3925	接收电池充电要求报文超时（00：=正常；01：=超时；10：=不可信状态）
3.5	2位	3926	接收 BMS 中止充电报文超时（00：=正常；01：=超时；10：=不可信状态）
4.1	2位	3927	接收 BMS 统计报文超时（00：=正常；01：=超时；10：=不可信状态）

此报文为充电机方发送的错误信息报文 CEM，一旦充电机方接收报文超时则按照以上定义容把相应数据位"置1"。

截包工具中显示：0x101FF456 00 04 00 00 FF FF FF FF

分析此报文容：

0x101FF456 为此报文 ID，"10"为包含报文优先级（3个位）、保留位（1个位）和数据页（1个位）。"1F"为此报文的 PGN=001F00（CEM 报文）。"F4"表示此报文发送的目的地址为 BMS。"56"表示发送此报文的源地址为充电机。

00 04 00 00 FF FF FF FF 为此报文的数据容，第二个字节"04"表示十六进制 0x04，转换为二进制为 0000 0100。按照协议里定义的数据容，这个字节里面的第三个数据位被"置1"，则表示充电机接收 BMS 完成充电准备报文超时。后面的字节中没有被"置1"，表示充电流程进入到充电参数配置阶段后由于充电机方接收报文超时而中断。最后四个字节为填充的数据容（无效的数据）。

任务分组

学生任务分配表见表 4-2-24。

表 4-2-24　学生任务分配表

班级		组号		指导老师	
组长		学号			
组员角色分配					
信息员		学号			
操作员		学号			
记录员		学号			
安全员		学号			
任务分工					
（就组织讨论、工具准备、数据采集、数据记录、安全监督、成果展示等工作内容进行任务分工）					

工作计划

按照前面所了解的知识内容和小组内部讨论的结果，制定工作方案，落实各项工作负责人，如任务实施前的准备工作、实施中主要操作及协助支持工作、实施过程中相关要点及数据的记录工作等。工作计划表见表 4-2-25。

表 4-2-25　工作计划表

步骤	工作内容	负责人
1		
2		
3		
4		
5		
6		
7		
8		

 进行决策

1）各组派代表阐述资料查询结果。
2）各组就各自的查询结果进行交流，并分享技巧。
3）教师对各组的计划方案进行点评。
4）各组长对组内成员进行任务分工，教师确认分工是否合理。

任务实施

引导问题 3

扫描二维码观看视频，了解如何更换直流充电端子，并简述操作要点。

_____

_____

参考操作视频，按照规范作业要求完成相应的操作步骤，完成数据采集并记录。实训准备见表 4-2-26。

表 4-2-26　实训准备

序号	设备及工具名称	数量	设备及工具是否完好
1	单体电池	1 套	□是　□否
2	分容柜	1 台	□是　□否
3	连接线束	1 套	□是　□否
质检意见	原因：		□是　□否

直流充电端子更换维修见表 4-2-27。

表 4-2-27　直流充电端子更换维修

序号	步骤	记录	完成情况
1	**维修准备工作** （1）检查耐磨手套有无明显破损，如有破损，需进行更换 （2）检查万用表外观有无破损 （3）检查红黑表笔外观有无破损 （4）连接万用表红黑表笔并调至电阻档，万用表校表 （5）检查绝缘手套有无破损		已完成□ 未完成□
2	**直流充电端子更换维修前的准备工作** （1）将车辆正确停放至工位，放置举升机支撑臂于车辆支撑点处，并举升车辆至车轮离地 （2）按下钥匙解锁键进行车辆解锁 （3）打开车门 （4）规范铺设车内四件套 （5）进入车内，踩下制动踏板，按下起动开关 （6）按下驾驶位车窗按钮，降下驾驶位车窗，以防车辆意外断电造成车门误锁 （7）拉前舱盖开关，打开前舱盖 （8）规范铺设车外三件套		已完成□ 未完成□
3	**直流充电端子的拆卸** （1）戴上耐磨手套，取出棘轮扳手、10号套筒 （2）断开低压蓄电池负极，并使用绝缘胶带缠绕负极插头 （3）断开充配电总成低压接插件 （4）规范佩戴绝缘手套与护目镜，使用绝缘一字螺钉旋具松开高压母线开关并拔下 （5）使用万用表电压档对高压母线插头进行验电。测得的电压值小于1V，正常 （6）使用绝缘胶带缠绕高压母线接插件 （7）拆卸前保险杠上部4颗固定螺栓，拆卸前保险杠下部与发动机挡泥板共用的4颗固定螺栓，使用十字螺钉旋具拆卸左右前轮罩与前保险杠的8颗固定螺栓 （8）轻轻拨开前保险杠左右两侧支架卡扣，然后拿下前保险杠 （9）使用10号套筒工具拆卸直流充电搭铁线 （10）断开低压接插件 （11）用10号套筒拆卸直流充电口钣金支架与前端模块以及防撞梁的固定螺栓，用8号套筒拆卸充电口与钣金支架的安装螺栓 （12）取出直流充电插座 （13）用手拆开直流充电插座后盖盖板，使用5号内六角工具拆卸DC+、DC-、PE的端子固定螺栓 （14）使用十字螺钉旋具拆卸直流充电插座与后盖的3颗固定螺栓，将直流充电插座拔出 （15）拆卸损坏的直流充电端子		已完成□ 未完成□

（续）

序号	步骤	记录	完成情况
4	**直流充电端子的安装** （1）取出新的直流充电端子，安装到指定位置 （2）将直流充电插座与后盖相连，使用十字螺钉旋具将后盖与直流充电插座的3颗固定螺栓进行紧固 （3）使用5号内六角工具安装DC+、DC-、PE的端子固定螺栓 （4）放上防水密封圈并安装直流充电插座后盖盖板 （5）使用10号套筒安装搭铁线并预紧，再用扭力扳手以9N·m的力矩紧固 （6）用10号套筒安装直流充电口钣金支架与前端模块以及防撞梁的固定螺栓，使用8号套筒将直流充电插座与车辆钣金件进行连接固定 （7）使用绝缘测试仪检测直流母线绝缘阻值，阻值大于20MΩ则正常 （8）安装车辆前保险杠 （9）连接高压母线，连接低压蓄电池负极，起动车辆，正常显示OK指示灯 （10）进行直流充电验证，充电显示正常 （11）直流充电端子更换维修（秦EV）完成		已完成□ 未完成□
5	**实训现场6S整理**		已完成□ 未完成□
总结提升			已完成□ 未完成□
质检意见	原因：		已完成□ 未完成□

📋 评价反馈

1）各组代表展示汇报PPT，介绍任务的完成过程。

2）以小组为单位，对各组的操作过程与操作结果进行自评和互评，并将结果填入综合评价表（见表4-2-28）的小组评价部分。

3）教师对学生工作过程与工作结果进行评价，并将评价结果填入综合评价表（见表4-2-28）的教师评价部分。

姓名　　　班级　　　日期　　　能力模块四　掌握新能源汽车充电标准知识及充电报文的解析方法

表 4-2-28　综合评价表

班级		组别		姓名		学号	
实训任务							
评价项目		评价标准				分值	得分
小组评价	计划决策	制定的工作方案合理可行，小组成员分工明确				10	
	任务实施	能够正确检查并设置实训工位				5	
		能够准备和规范使用工具设备				5	
		能正确拆卸快充充电端子				20	
		能正确安装快充充电端子				20	
		能够规范填写任务工单				10	
	任务达成	能按照工作方案操作，按计划完成工作任务				10	
	工作态度	认真严谨、积极主动，安全生产，文明施工				10	
	团队合作	小组组员积极配合、主动交流、协调工作				5	
	6S 管理	完成竣工检验、现场恢复				5	
		小计				100	
教师评价	实训纪律	不出现无故迟到、早退、旷课现象，不违反课堂纪律				10	
	方案实施	严格按照工作方案完成任务实施				20	
	团队协作	任务实施过程互相配合，协作度高				20	
	工作质量	能准确完成本节的实训任务				20	
	工作规范	操作规范，三不落地，无意外事故发生				10	
	汇报展示	能准确表达、总结到位、改进措施可行				20	
		小计				100	
综合评分		小组评价分 ×50% + 教师评价分 ×50%					
总结与反思							

（如：学习过程中遇到什么问题→如何解决的/解决不了的原因→心得体会）

新能源汽车充电技术

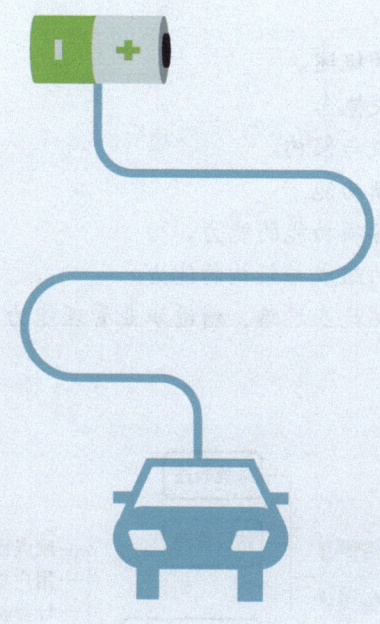

能力模块五
掌握新能源汽车充电站的建设标准与运行模式

任务一　了解充电运营服务系统

学习目标

- 了解充电运营服务系统的概述。
- 了解站级管理系统的相关概念。
- 了解充电监控系统的组成与架构。
- 了解综合管理平台的各项功能。
- 具备阐述综合管理平台各项功能的能力。
- 具备描述充电监控系统的组成与架构的能力。
- 了解岗位工作内容,开拓就业思路,增进职业管理能力。

知识索引

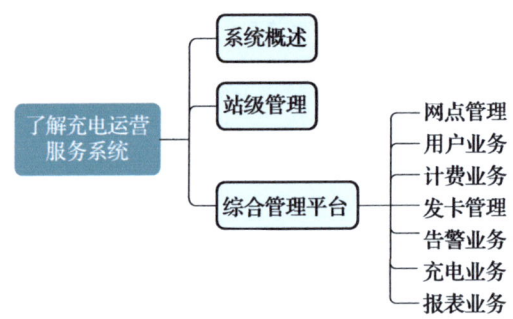

情境导入

你作为一名充电站运维工程师入职了某充电站,你的主管要求你先去了解充电运营服务系统,你要从哪些方面入手进行了解呢?

获取信息

引导问题 1

请查阅相关资料,简述充电站运营管理平台的组成。

_____

_____

系统概述

充电站运营管理平台作为充电桩自动化系统的核心，由充电桩监控后台、充电桩运营管理系统两部分组成。充电站运营管理平台的核心是互联网+智能充电桩网络，平台利用移动互联网、云计算和物联网技术，把人、车、充电桩互联，实现电动汽车的服务网络覆盖。充电服务包括自动充电、预约充电、导航到就近充电桩充电等，可以通过手机电子钱包实现费用支付。

供应商可根据对充电桩布点的分析，采用运营管理系统+智能充电桩的模式。运营管理系统可以监控、管理充电桩使用情况，也可以增加智能化应用以贴合用户使用习惯。智能充电桩可以通过无线设备连接到运营管理平台。智能充电桩可以自动提醒用户如何进行充电操作，具有一键停止功能，能够有效保护用户人身财产安全。充电桩桩身带有二维码，用户可以扫描二维码下载手机APP进行操作，也可以通过手机APP预约充电，或搜索并导航到就近的充电站充电，进一步提升服务体验。充电站运营管理系统如图5-1-1所示。

图 5-1-1 充电站运营管理系统

引导问题 2

请查阅相关资料，简述站级管理主要涉及哪些系统。

_____

_____

_____

站级管理

站级监控可独立于运营管理系统运行，专门针对场站里的充电桩进行管理。站级监控可配置大屏幕显示器，用于显示站内的充电桩充电情况（正在充电、充电完成等），方便在公交车站、客运站等场所充电的驾驶员了解充电情况，也方便场站内充电车辆的调度。站级监控平台包括充电桩监控（可兼容配电系统监控）、视频监控及报警设备。视频监控、报警设备、配电监控需要通过数据采集器采集到本地监控平台，场站内通过以太网线组成局域网。

站级监控管理系统用于实时记录各个充电终端的数据，数据存储在本地服务器上，采用B/S架构，用户通过局域网登录网页可实时显示各个充电桩的状态，可以多台计算机同时登录查看充电桩数据。该系统可以对异常状态实时告警，及时通知相关人员处理异常事件。

充电桩本地管理服务器主要用于采集、处理、存储来自充电桩及配电系统监控的数据，可提供图形化人机界面及声光报警功能，完成系统的数据展现及下发控制命令，用以监控充电桩及配电系统的运行。本地管理服务器联网于总运营平台，可提供针对充电桩系统的智能负荷调控等高级应用功能，为充电桩安全、可靠、经济运行提供手段。

充电桩控制系统是充电桩的一部分，是充电桩的控制中心和通信枢纽，负责与充电桩后台系统进行交换数据，完成充电桩的充电控制，通过获取计量表信息完成充电计费及充电过程的联动，通过数据采集器与充电桩后台系统实现双向数据交换。

安防系统负责充电站的视频监控以及消防、门禁和周边安全的监控，通过安全通信管理机制获取配电系统监控及充电桩的相关告警信息，用以完成视频联动监控。它一般由摄像机、红外线报警器、烟感报警器、门禁系统、辅助灯光、声光报警器、连接电缆、监控屏控制柜、显示器、报警主机、综合电源、网络交换机、监控终端等设备组成。

 引导问题 3

请查阅相关资料，简述综合管理平台的功能。
_____
_____
_____

综合管理平台

如图 5-1-2 所示，综合管理平台是集中化管理充电桩信息的平台系统，平台设置后台数据处理中心、数据存储中心，可实时在线监控充电桩运行状态并进行信息存储，综合管理平台具有以下几个功能：

图 5-1-2　综合管理平台

1. 网点管理

负责充电站、充电桩、车辆设备的管理；充电站和车辆充电数据的实时监控；综合管理平台软件版本远程升级；定时充电任务管理；充电桩健康度评估管理等功能，如图 5-1-3 所示。

图 5-1-3　网点管理

2. 用户业务

实现驾驶员账户信息管理、企业账户信息管理；具有冻结账号、加入黑名单、解锁等账户权限管理功能，有平台运营人员操作权限设置和菜单访问权限设置等功能，并支持站点分级管理，如图 5-1-4 所示。

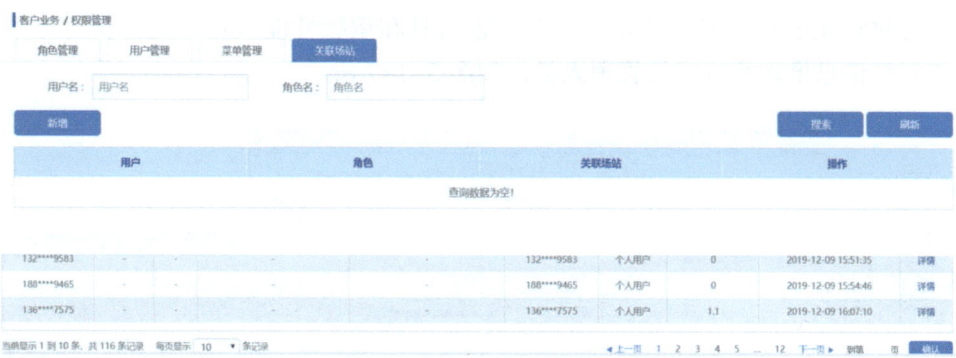

图 5-1-4　用户业务 / 权限管理

3. 计费业务

综合管理平台系统支持按充电桩设置不同计费策略，也支持按企业或用户设置不同计费策略。只需新增计费模板，然后把计费模板配置给充电桩，计费策略可以立即生效，也可以设置定时生效。

计费模式分为普通计费模式和分时段计费模式，如图 5-1-5 所示。

图 5-1-5　充电计费模板

4. 发卡管理

实现卡片信息管理、个人发卡管理、企业发卡管理、解除挂失管理、补卡、锁定和解锁、黑名单管理、卡片回收管理、卡片插件下载等功能，如图 5-1-6 所示。

图 5-1-6　发卡管理功能

5. 告警业务

平台收集充电设备或智能化设备的报警信息和运行性能数据。支持实时把某场站的某些告警信息推送给特定的管理人员，如图 5-1-7 所示。

图 5-1-7　告警业务

6. 充电业务

充电业务包括充电日志管理、交易管理、企业充电申请、企业充值审核、充值记录、业务挂起、评论管理等子功能模块，实现充电、充值、交易、审核、企业业务、评论回复等充电运营业务的全方面管理，如图 5-1-8 所示。

7. 报表业务

报表业务包括充电场站充电情况、场站充电统计、充电站收入汇总、充值情况汇总、收款收入明细、企业客户充电情况、退款、发票等多维度多角度报表。

充电场站充电情况：统计累计总充电量，峰、谷、平期总充电量，累计充电时间，实收充电总费用，实收充电电费，峰、谷、平期电费收入，实收充电服务费，峰、谷、平期服务费收入，累计充电次数，平均充电量，平均充电功率，平均充电时长，平均起始 SOC，利用率，故障率等，如图 5-1-9 所示。

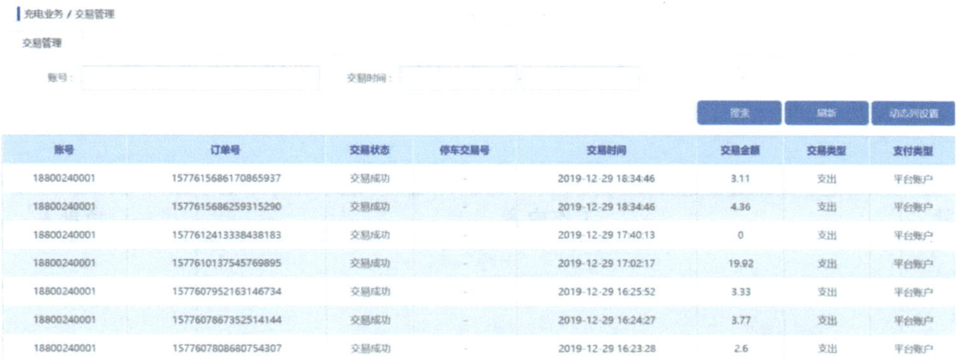

图 5-1-8　充电业务

图 5-1-9　报表业务

 任务分组

学生任务分配表见表 5-1-1。

表 5-1-1　学生任务分配表

班级		组号		指导老师	
组长		学号			
组员角色分配					
信息员		学号			
操作员		学号			
记录员		学号			
安全员		学号			
任务分工					
（就组织讨论、工具准备、数据采集、数据记录、安全监督、成果展示等工作内容进行任务分工）					

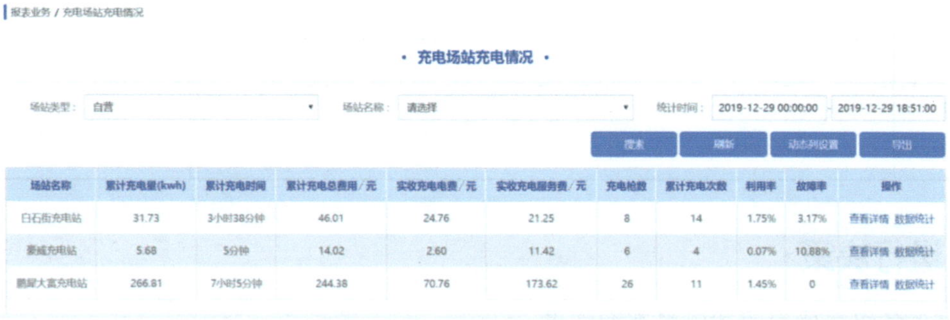

📝 工作计划

按照前面所了解的知识内容和小组内部讨论的结果，制定工作方案，落实各项工作负责人，如任务实施前的准备工作、实施中主要操作及协助支持工作、实施过程中相关要点及数据的记录工作等。工作计划表见表 5-1-2。

表 5-1-2 工作计划表

步骤	工作内容	负责人
1		
2		
3		
4		
5		
6		
7		
8		

🧑‍💼 进行决策

1）各组派代表阐述资料查询结果。
2）各组就各自的查询结果进行交流，并分享技巧。
3）教师对各组的计划方案进行点评。
4）各组长对组内成员进行任务分工，教师确认分工是否合理。

🧑‍🏫 任务实施

> ❓ **引导问题 4**
> 了解充电站运营服务系统的功能，完成课后练习。
> _____
> _____
> _____

💬 评价反馈

1）各组代表展示汇报 PPT，介绍任务的完成过程。
2）以小组为单位，对各组的操作过程与操作结果进行自评和互评，并将结果填入综合评价表（见表 5-1-3）的小组评价部分。
3）教师对学生工作过程与工作结果进行评价，并将评价结果填入综合评价表（见表 5-1-3）的教师评价部分。

表 5-1-3 综合评价表

班级		组别		姓名		学号	
实训任务							
评价项目		评价标准				分值	得分
小组评价	计划决策	制定的工作方案合理可行，小组成员分工明确				10	
	任务实施	能够正确检查并设置实训工位				5	
		能够准备和规范使用工具设备				5	
		能够正确阐述综合管理平台的功能				20	
		能正确阐述充电运营服务系统的站级管理				20	
		能够规范填写任务工单				10	
	任务达成	能按照工作方案操作，按计划完成工作任务				10	
	工作态度	认真严谨、积极主动，安全生产，文明施工				10	
	团队合作	小组组员积极配合、主动交流、协调工作				5	
	6S 管理	完成竣工检验、现场恢复				5	
		小计				100	
教师评价	实训纪律	不出现无故迟到、早退、旷课现象，不违反课堂纪律				10	
	方案实施	严格按照工作方案完成任务实施				20	
	团队协作	任务实施过程互相配合，协作度高				20	
	工作质量	能准确完成本节的实训任务				20	
	工作规范	操作规范，三不落地，无意外事故发生				10	
	汇报展示	能准确表达、总结到位、改进措施可行				20	
		小计				100	
综合评分		小组评价分 ×50% ＋教师评价分 ×50%					
总结与反思							

（如：学习过程中遇到什么问题→如何解决的 / 解决不了的原因→心得体会）

任务二　了解充电站设计与建设标准

学习目标

- 了解充电站设计与建设的相关术语和定义。
- 了解充电站设计与建设的设计依据和方案。
- 了解配电系统设计的相关知识。
- 了解充电桩系统设计的相关知识。
- 了解气电混合安全问题的解决方法。
- 具备分组讲解充电站设计与建设过程中的注意事项的能力。
- 通过了解充电站设计与建设标准,树立安全意识。

知识索引

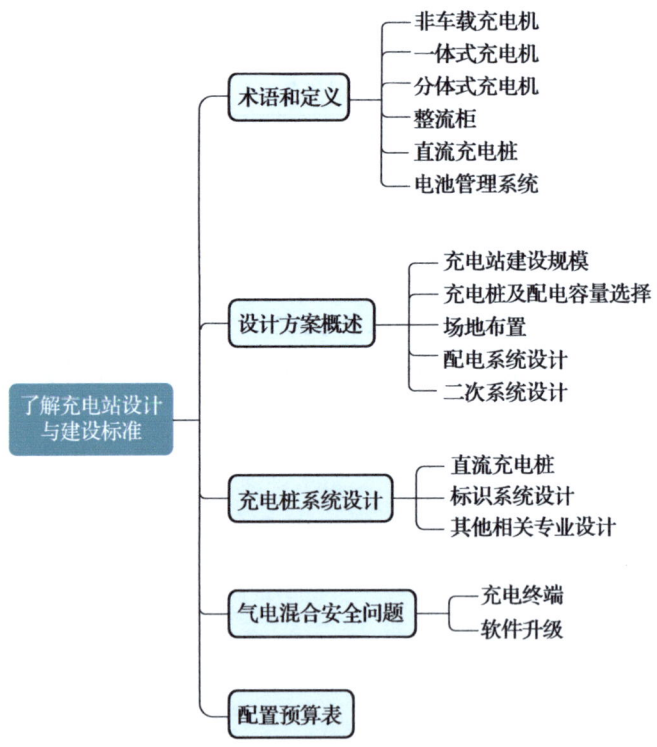

能力模块五 掌握新能源汽车充电站的建设标准与运行模式

情境导入

近年来，国家大力扶持和推广新能源汽车的应用，随着国家鼓励政策的不断出台，新能源汽车行业迅猛发展，因此，购置与建设电动汽车充电设备、电动汽车充电设施也成为政府及相关产业的必然需求。作为电动汽车产业的重要一环，充电站的建设是电动汽车大规模发展的关键。本节我们将学习充电站设计与建设相关知识。

获取信息

引导问题 1

请查阅相关资料，简述整流柜的定义。

_____
_____
_____

术语和定义

1. 非车载充电机

非车载充电机（off-board charger）指采用传导方式将电网交流电变换成直流电，为电动汽车动力电池充电，提供人机操作界面及直流充电接口，并具备相应测控保护功能的专用装置。非车载充电机主要由交直流变换和直流输出控制两部分构成，分为一体式和分体式两种。

2. 一体式充电机

一体式充电机（integrated charger）指交直流变换和直流输出控制两部分结合成一体式的非车载充电机。

3. 分体式充电机

分体式充电机（split charger）指交直流变换和直流输出控制两部分分立组成的非车载充电机，它们之间通过电缆连接组成一套完整的充电机。

4. 整流柜

整流柜（rectifier cabinet）指分体式充电机中完成交流/直流变换的部分，一般以标准机柜的形式提供。

5. 直流充电桩

直流充电桩（DC charge spots）是分体式充电机的一部分，固定在地面，是提供人机操作界面及直流输出接口的装置。

6. 电池管理系统

电池管理系统（BMS，battery management system）是监视动力电池的状态（温度、电压、荷电状态等），对动力电池系统充电、放电过程进行有效的管理，保证动力电池安全运行的电子装置。

> **引导问题 2**
>
> 请查阅相关资料，计算有 120kW 直流充电桩 40 台、60kW 直流充电桩 60 台的充电站至少需要多少 kV·A 的变压器。
> _____
> _____
> _____

设计方案概述

1. 充电站建设规模

以现场的实际考察结果和客户建设需求为准，此处仅以有 100 个停车位的某公交停车站为例进行讲解。例子中的场所可考虑布置 120kW 直流双枪充电桩 16 台、120kW 直流四枪充电桩 4 台、60kW 直流双枪充电桩 20 台，共计 40 台直流充电桩、一座配电房和其他的相关辅助设施。

2. 充电桩及配电容量选择

本充电站充电设备包括了 40 台大型直流充电桩用于大型车辆的直流充电。充电桩参考图如图 5-2-1 所示。

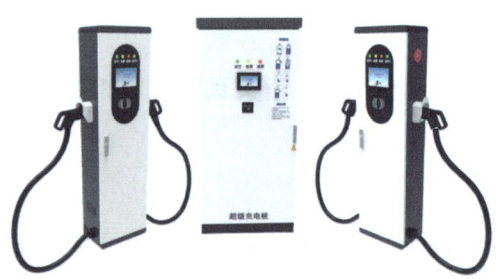

图 5-2-1　充电桩参考图

配电系统采用 1 台 400kV·A 干式低损耗非晶合金变压器，高压侧采用单路常供、单母线接线方式，低压侧采用单母线接线方式，同时设置低压备用电源。

3. 场地布置

充电工作区包括 100 个停车位、40 个直流充电桩和一座配电站，在停车区域醒目设置充电站标识，参考效果图如图 5-2-2 所示。

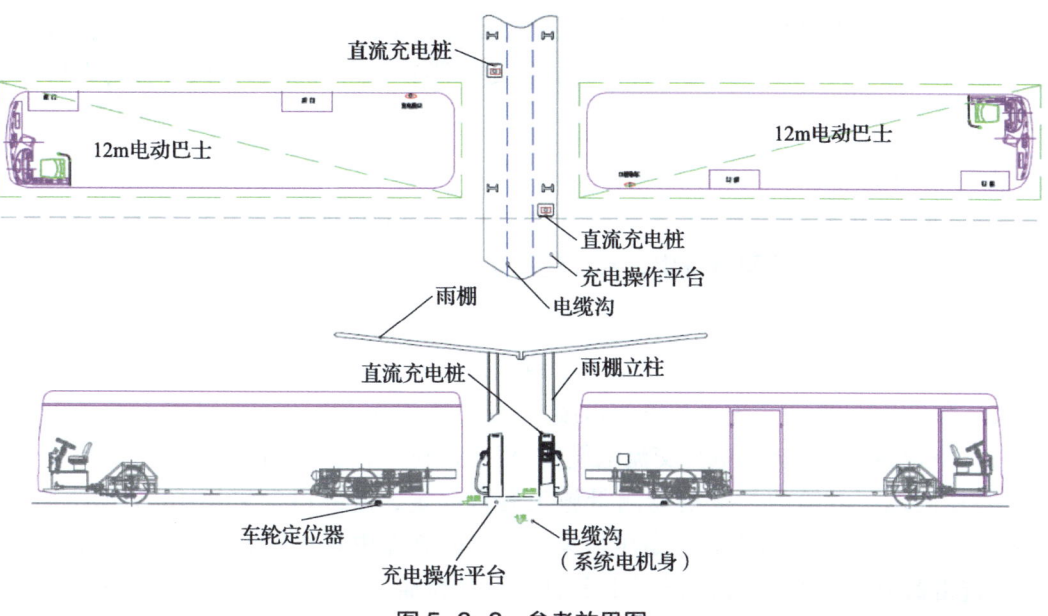

图 5-2-2　参考效果图

4. 配电系统设计

（1）配电系统概述

考虑将配电房建设在场地一侧的绿地上。变压器按 1 台 4000kV·A 变压器进行设计，10kV 接入点位置待定，考虑采用干式非晶合金变压器，此类变压器损耗小，抗短路能力强，全密封结构，免维护，使用寿命长。配电系统包括高压开关柜、变压器、低压开关柜、无功补偿装置和微机测控装置、配电监控等几个部分。

（2）配电容量计算

我们所假设的充电站的规模为：120kW 直流充电桩 20 台，60kW 直流充电桩 20 台，分别布置在每两辆电动大客车末端之间。

单台充电机的输入容量计算如下

$$S=\frac{P}{\eta\cos\varphi}$$

式中　　P——单台充电机的输出功率；

　　　　S——单台充电机的输入容量；

　　　　$\cos\varphi$——充电机的功率因数，取 0.99；

　　　　η——充电机的效率，取 0.94。

由上式计算可得各种不同容量的充电机最大输入容量为：

快速充电机：S=3600/0.99/0.94=3868kV·A；

快速充电机的同时系数为 0.9，则充电设备所需的配电总容量为：

$$3868 \times 0.9=3481kV·A$$

考虑站内负荷和的冗余 1.1，则总配电容量为 3829kV·A，选用 1 台 4000kVA 的变压器。

由于所有充电机均采用了有源功率因数校正技术，交流输入功率因数大于 0.99，电流谐波 THD 小于 5%，故无功补偿装置按变压器容量的 15% 选取两台自动无功补偿装置。

（3）配电开关选择

120kW 直流充电机配置空气开关 3P200A，60kW 直流充电机配置空气开关 3P160A，两只空气开关预留备用，共计使用 42 只。

（4）配电房电缆设计

1）10kV 配电 1 回路，配电房输入电源，共计 1 路。

2）每台 120kW 直流充电机交流电缆 三相五线制 3×70+2×35，1 根，共计 20 根。

3）每台 60kW 直流充电机交流电缆 三相五线制 3×35+2×16，1 根，共计 20 根。

存在问题：电缆的长度现场测量施工后再确定，进线电源采用 10kV 单路供电，10kV 侧采用单母线接线方式。高压柜采用真空断路器中置式开关柜，设进线计量柜、PT 及避雷器柜、出线柜（按照电力设计部门设计为准）。

5. 二次系统设计

建议：整个充电站的二次系统按综合自动化配置考虑。配置一面监控屏，屏上安装智能通信装置、公用测控装置、视频监控装置。

智能通信装置完成与站内可通信设备的接入，通过通信设备采集信息，并具备向远方控制中心传输信号的功能与接口。

公用测控装置主要采集 0.4kV 侧开关的位置信号、负荷电流等，并提供一定的遥控输出接点备用。

10kV 进线配置微机保护，就地安装在开关柜上，具备三段式过电流保护、过负荷保护、欠电压保护、过电压保护等保护功能，同时具备遥测、遥信、遥控的功能。可通过现场总线接入智能通信装置，上传信息。

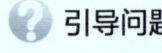 引导问题 3

请查阅相关资料，简述直流充电桩有哪些安全指标。

_____
_____
_____

充电桩系统设计

1. 直流充电桩

直流充电机采用整流设备为电动乘用车辆的动力电池充电，包含功率单元、控制单元、电气接口和通信接口，一般由整流柜、直流充电桩、连接电缆和充电插接器等组成。直流充电机一般功率较大，输出电流、电压变化范围较宽，可满足不同类型电动乘用车辆动力电池的充电需求。

直流充电桩项目及技术指标见表 5-2-1。

表 5-2-1　直流充电桩项目及技术指标

序号	项目	技术指标			
1	输入电压	输入：交流三相 380V±15%　50Hz±10%			
2	额定输出电压及显示分辨率	750V（0.1V）			
3	额定输出电流及显示分辨率	120A（0.1A）			
4	输出纹波	Vp-p≤1%			
5	输出电压控制稳定精度	≤0.5%（40%~100% 电压时测量）			
6	输出电流控制稳定精度	≤1%（10%~100% 额定电流时）			
7	工作效率	≥94%（50%~100% 额定功率时）			
8	功率因数	≥0.99（50%~100% 额定功率时）			
9	总谐波电流	≤5%（50%~100% 额定功率时）			
10	输出电压调节范围	50%~ 额定电压值连续可设定			
11	输出电流调节范围	10%~ 额定电流值连续可设定			
12	输出电压、电流设定	触摸屏设定和 BMS 通信自动设定			
13	冗余	具有可热插拔替换功能			
14	均流度	≤3%			
15	保护功能	输入过电压保护（115%），输入欠电压保护（85%），输出过电流保护，输出过电压保护，输出欠电压保护，过热保护，短路保护，输出反接保护，急停功能，联锁功能			
16	人机交互功能	电池类型，充电电压，充电电流，电能量计量信息，人工输入显示信息，故障信息，电池温度，充电时间			
17	计量功能	对输出电量进行计量 /W·h			
18	三防保护	防潮湿，防霉变，防盐雾			
19	工作方式	长期满负荷连续工作			
20	安全指标	额定电压 U_i	绝缘电阻测试仪器的电压等级（≥10MΩ）	工频耐压试验电压	冲击耐压试验电压
		V	V	kV	kV
		U_i≤60	250	1	1
		60＜U_i≤300	500	2	5
		300＜U_i≤750	1000	2.5	12
21	冷却方式	强制风冷			

（续）

序号	项目	技术指标
22	防护等级	室内 IP54
23	上位机通信接口	支持 RS485/RS232/CAN2.0B（标配）、GPRS/ 以太网通信（选配）；能和 BMS（电池管理系统）通信控制充电
24	显示精度	≤±1%±1 个字（计量范围 5%~100% 额定值）
25	电源适用负载特性	铅酸电池、锂电池、镍氢电池
26	环境条件	使用环境温度：-20~50℃
		相对湿度：5%~95%
		存储温度：-40~80℃
		海拔不超过 2000m
27	MTBF	≥10000H（置信度 85%）
28	扩展功能	通过多种通信接口同充电站的监控系统连接，进行集中管理和监控
29	定制功能	（1）具有充电时间预约功能：可以预约充电开始时间 （2）具有双枪头自动切换功能：一台车辆充电结束后自动切换至另外一辆车充电，无须人员值守

充电桩的尺寸如图 5-2-3 所示。

如图 5-2-4 所示，考虑到雨水的浸泡和防水要求，建议浇筑地基，具体需求如下。

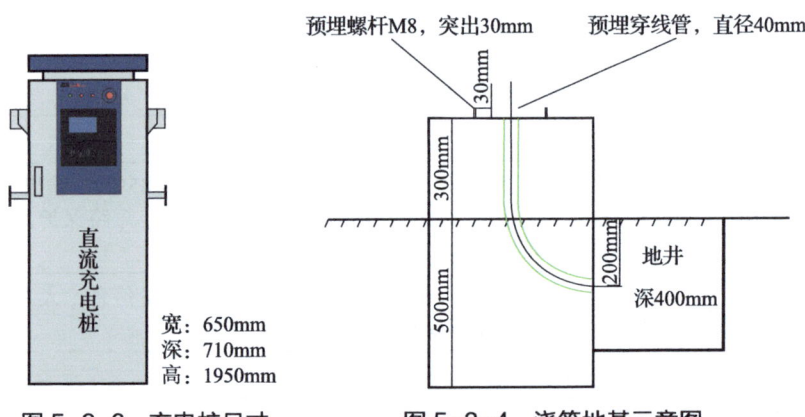

图 5-2-3　充电桩尺寸　　图 5-2-4　浇筑地基示意图

1）地基尺寸，宽 750mm × 长 600mm × 深 800mm，突出地面 300mm。
2）地基需用 C25 混凝土浇筑。
3）固定螺杆高出浇筑面 30mm，直径 M8 螺栓。
4）预埋穿线管，PVC 管材，直径 40mm。
5）地基旁边留地井，方便接电缆线。

2. 标识系统设计

充电站标识系统主要包含：

1）车位的标识（用车位框标识）。
2）车位编号（用阿拉伯数字标识）。
3）充电桩地域警示标识（黑黄警示框线标识）。
4）充电桩编号（域名+阿拉伯数字表示）。

3. 其他相关专业设计

（1）命名方式

充电站命名规则为："地名"加"站名"加"充电站类型"。例如：惠州公交充电站。

"充电站类型"分为：充电站、充放电站，其中充放电站可以包括更换电池功能。

充电机命名规则为："充电站名称"加"编号"加"充电机"。例如：惠州公交充电站1号充电机。

（2）总平面设计

充电工作区布置在遵循《国家电网公司电动汽车充放电设施建设指导意见》，在参考 GB50156—2021《汽车加油加气加氢站技术标准》中有关平面布置要求的基础上，需要考虑大型车辆靠近设备间的问题，并尽量减少大型车辆与整流设备之间的距离，以降低大电流充电时的损耗。

> **引导问题 4**
>
> 请查阅相关资料，简述气电混合安全问题的解决方案有哪些。
> _____
> _____
> _____

气电混合安全问题

充电设备的安全性主要取决于所采用的器件。电子器件中易爆器件有：电解电容、钽电容、高压功率管、整流管等；电子器材中易产生火花的有：断路器、接触器等。在充电设备的设计过程中应尽量规避此类器件，如必须采用此类器件，应首先选取具有防爆性能的同类产品。

充电设备的安全性还取决于充电设备的防护措施。对于采用了易爆器件的充电设备，为提高其安全性，可采用密封加灌胶等封装方式。

油电混合站中的充电设备主要包括：直流充电功率主机、直流充电终端机、交流充电桩、直流充电一体机。

直流充电功率主机主要作用是产生高压大电流的直流电，在其内部不可避免地大量采用了电解电容、功率管、整流管等易爆器件及断路器、接触器等易产生火花的器材，对于此类主机采用灌胶密封的方式成本较高且不利于维护，安全性较差。

直流充电终端机主要作用是人机交互、计量计费，其内部没有功率器件，功率等级小、发热量小，易于灌胶密封，安全性较高。

交流充电桩主要提供交流慢充，内部无功率器件，不会产生爆炸，但是有接触器、断路器等易产生火花的器材，安全性一般，如采用防爆断路器和接触器，可以进一步提升其安全性。

直流充电一体机主要作用是产生高压大电流的直流电的同时进行人机交互和计量计费。在其内部不可避免地大量采用了电解电容、功率管、整流管等易爆器件及断路器、接触器等易产生火花的器材，安全性较差，但其功率相对于直流充电功率主机来讲较小（一般设计在 30kW 以内），热量也不大，可以采用灌胶或密封的方式提高其安全性。

出于安全考虑，相关企业针对气电混合的特定应用环境进行了如下改进。

1. 充电终端

充电终端是安装在充电现场且距离加油机最近的设备，它的可靠运行关系到整个充电站的安全。该设备除了与汽车接驳的电插接器以外，其他部件设计上完全封闭在箱体内，与外部环境完全隔离。裸露在外的插接器触点，设计上主要考虑充电过程中意外引起的带电插拔，从而引起电火花的问题。针对这一隐患，在设计中可采用对现有硬件进行改进并结合相应的软件控制的方案，确保在任何情况下，裸露在外的插接器端子不带电，从根本上避免电火花的产生。

例如：用户在进行充电时，从充电终端上取下充电枪直到与汽车接驳的全过程，通过软、硬件设计双重保证充电枪头始终不会带电；如果充电过程中，插接器与汽车意外脱开，系统也将在最短时间内（小于 100ms）保证插接器完全不带电，从而确保充电过程的安全。

2. 软件升级

（1）5 级油气预警系统

5 级油气预警系统的主要功能是对充电站内的环境进行实时监控，汇总收集到的环境参数作为优先级最高的充电站运行管理依据。该系统以温度传感器与气体浓度分析仪实时采集上报的信息为判断依据，其正常运行是充电过程的每一个环节动作的必要条件。5 级油气预警系统的工作说明见表 5-2-2。

表 5-2-2　5 级油气预警系统的工作说明表

预警级别	环境参数 a	充电站全系统状态
Ⅰ级	$a < A$	环境正常，各系统可执行当前动作
Ⅱ级	$A \leq a < B$	温度、浓度较高，排风系统低转速运行
Ⅲ级	$B \leq a < C$	温度、浓度高，充电终端断电，排风系统高转速运行
Ⅳ级	$C \leq a < D$	温度、浓度很高，配电房只保留照明电源、预警系统电源和排风系统供电，其余电源切断
Ⅴ级	$D \leq a$	温度、浓度达到极度危险级别，发出声光报警，切断全站供电，加油区停用，启用应急照明电源，非专业人士撤离现场

补充说明：充电终端在开机自检程序中加入了环境检测显示界面；其余实时监控的环境状态均转入后台运行

（2）充电系统遥控开关机

该功能主要用于系统检修前后以及出现紧急情况时，为了确保人员安全，可在危险区外对充电站内的各个关键电气设备进行遥控操作。对象主要包括：配电柜、充电主机、充电终端以及安防系统。

电气设备的故障常在开关机时出现，因此，对于整个油电混合充电站系统，此时异常情况出现的概率也比较高。加入该系统可以更有力地保障在此种情况下的工作人员的安全。

例如：在一次大的系统检修完成后，工作人员可以撤离至安全区，遥控开启安防系统的配电，对全站进行自检；自检通过后，可以依次打开照明系统、排风系统、直流主机及充电终端等设备。

> **引导问题 5**
>
> 请查阅相关资料，简述配置充电站预算表时要考虑哪些设备的单价。
> _____
> _____
> _____

配置预算表

通常情况下，进行充电站的设计与建设，需要对必需设备的单价、数量等进行确定，表5-2-3为项目配置预算表，可以参照下表进行充电站的设计，价格的部分仅供参考。

表5-2-3 充电站项目配置预算表

项目	设备名称	单价/元	单位	数量	总价/元	备注
供配电	10kV 配电柜					以上均以中高档配置的价格（变动空间幅度大，可以当地电力部门设计为准），如果需要再考虑预留空间
	变压器（4000kV·A×1）	打包总价预算			2100000	
	400V 动力配电柜 10 台					
	有源滤波电容补偿柜 ×1					
	直流电源屏					
	2500A 母线槽					
	10kV 进线电缆					
	进线电缆 3×35mm² +2×16mm²	126	m	实测	—	20 台 60kW
	进线电缆 3×70mm² +2×35mm²	210	m	实测	—	20 台 120kW
	进线电缆 3×400mm² +2×240mm²	882	m	实测	—	配电房至现场 10 台配电柜总进线
	电缆铺设	500	元/人/天	6 人 15 天	45000	—

（续）

项目	设备名称	单价/元	单位	数量	总价/元	备注
充电相关设备	60kW 直流一体充电桩	84000	台	20	1680000	—
	120kW 直流一体充电桩	168000	台	20	3360000	—
监控系统	后台计费控制软件	25380	套	1	25380	选配
	数据集中监控	550000	套	1	550000	选配
工控机	EVOC 研华工控机	5000	台	3	15000	选配
GPS时钟	卫星同步时钟	6000	台	1	6000	选配
UPS电源	2kV 2h	5400	台	2	10800	选配
写卡器	明华	300	台	25	900	选配
厂房和设备	厂内监控室（选配）	3200	m²	28	89600	砖混、人字架、瓦片屋面，一般装修（地面地砖）
	充电桩监控室（选配）	3400	m²	28	95200	砖混、人字架、瓦片屋面，地面一般装修，含电缆沟、接地桩
	配电房 1 间	800	m²	300	240000	砖混、人字架、瓦片屋面，含电缆沟、接地桩、自流地坪
	充电桩	1000	m²	实测		含电缆沟、盖板
	其他项目费用	400000	项	1	400000	申请电力，环保，消防等费用
服务	充电桩设备安装	40	台	500	20000	桩到桩基的固定，通电接线和系统调试
	系统联调服务费	500	元/人/天	2人30天	30000	系统联调：不包含数据集中监控系统，如需要则增加一个月
	用户培训及售后服务	—				一次 2 天免费培训
	配电部分价格				2145000+（电缆及辅材）实测	
	充电桩部分价格（含充电桩）				5490000	
	土建施工部分报价				240000+ 电缆沟土建实测	

（续）

项目	设备名称	单价/元	单位	数量	总价/元	备注
	预算总价					—
	预计可以申请补贴					—
	预计实际花费					—

任务分组

学生任务分配表见表 5-2-4。

表 5-2-4　学生任务分配表

班级		组号		指导老师	
组长		学号			
组员角色分配					
信息员		学号			
操作员		学号			
记录员		学号			
安全员		学号			
任务分工					
（就组织讨论、工具准备、数据采集、数据记录、安全监督、成果展示等工作内容进行任务分工）					

工作计划

按照前面所了解的知识内容和小组内部讨论的结果，制定工作方案，落实各项工作负责人，如任务实施前的准备工作、实施中主要操作及协助支持工作、实施过程中相关要点及数据的记录工作等。工作计划表见表 5-2-5。

表 5-2-5　工作计划表

步骤	工作内容	负责人
1		
2		
3		
4		
5		
6		
7		
8		

进行决策

1）各组派代表阐述资料查询结果。
2）各组就各自的查询结果进行交流，并分享技巧。
3）教师对各组的计划方案进行点评。
4）各组长对组内成员进行任务分工，教师确认分工是否合理。

任务实施

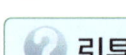

调研学校附近任意类型的充电站的规划，并制作 PPT 进行汇报。

_____
_____
_____

评价反馈

1）各组代表展示汇报 PPT，介绍任务的完成过程。
2）以小组为单位，对各组的操作过程与操作结果进行自评和互评，并将结果填入综合评价表（见表 5-2-6）的小组评价部分。
3）教师对学生工作过程与工作结果进行评价，并将评价结果填入综合评价表（见表 5-2-6）的教师评价部分。

姓名　　　　　班级　　　　　日期　　　　　能力模块五　掌握新能源汽车充电站的建设标准与运行模式

表 5-2-6　综合评价表

班级		组别		姓名		学号	
实训任务							
评价项目		评价标准				分值	得分
小组评价	计划决策	制定的工作方案合理可行，小组成员分工明确				10	
	任务实施	能够正确检查并设置实训工位				5	
		能够准备和规范使用工具设备				5	
		能够调研学校附近的任一充电站				20	
		能就调研成果进行汇报				20	
		能够规范填写任务工单				10	
	任务达成	能按照工作方案操作，按计划完成工作任务				10	
	工作态度	认真严谨、积极主动，安全生产，文明施工				10	
	团队合作	小组组员积极配合、主动交流、协调工作				5	
	6S 管理	完成竣工检验、现场恢复				5	
		小计				100	
教师评价	实训纪律	不出现无故迟到、早退、旷课现象，不违反课堂纪律				10	
	方案实施	严格按照工作方案完成任务实施				20	
	团队协作	任务实施过程互相配合，协作度高				20	
	工作质量	能准确完成本节的实训任务				20	
	工作规范	操作规范，三不落地，无意外事故发生				10	
	汇报展示	能准确表达、总结到位、改进措施可行				20	
		小计				100	
综合评分		小组评价分 ×50% + 教师评价分 ×50%					
总结与反思							

（如：学习过程中遇到什么问题→如何解决的 / 解决不了的原因→心得体会）

任务三 了解充电站发展趋势

学习目标

- 了解超大功率充电堆、功率动态分配、柔性充电的概念。
- 了解什么是社区环形智能充电。
- 了解壁挂式直流充电桩的发展。
- 了解什么是"光充储"充放电一体化。
- 具备描述社区环形智能充电概念的能力。
- 感受行业的快速发展,提升职业自信。

知识索引

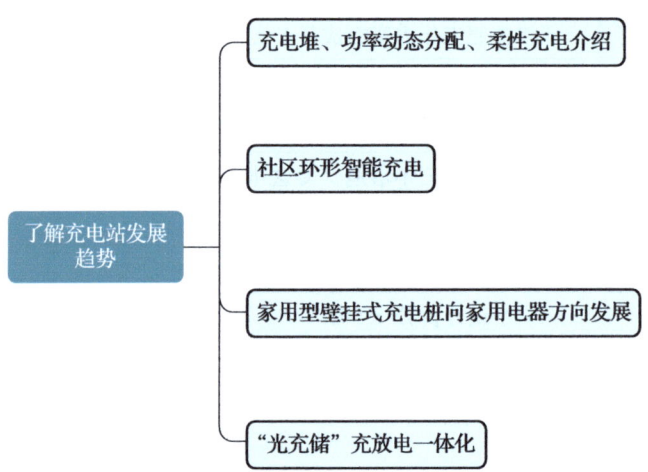

情境导入

动力电池存储能量低、续驶时间短的问题一直是新能源汽车产业发展的痛点,为了解决这一问题,除了对动力电池本身进行研究外,相关企业也在考虑如何推进充电站的建设与充电设施的迭代,通过便利、快速的充电配套设施来缓解该问题。基于此原因,本节我们将了解充电站的发展趋势。

获取信息

引导问题 1

请查阅相关资料，简述充电堆的优缺点。

_____
_____
_____

充电堆、功率动态分配、柔性充电介绍

市面上的各类新能源汽车的功率等级存在差异，在实际的使用过程中，会存在充电桩的兼容性问题，这会导致部分已建成的充电桩利用率不高。为了解决这个问题，近年来提出了"充电堆"的概念。充电堆是一种大功率、智能化的充电设备，能够适应不同功率等级的新能源汽车的充电需求，还可以为多辆新能源汽车同时充电，相比于常规充电桩固定的充电功率单元而言，充电堆能够集中管理多个功率单元，并根据 BMS 的实际功率需求，输出电池所需功率。

超大功率充电堆是主要面向纯电动公交车设计的充电解决方案，依据纯电动公交车集中停放、充电地点相对固定的特点而设计。纯电动出租车和物流车也可以采取该充电方案，如图 5-3-1 所示。

充电堆可以根据当前待充电车辆的数量来自动分配给每个车多大功率。这样可以保证将充电模块的功率利用到极致。在车辆不多的时候，每辆车被分配的功率很大，可以更快速地充满。这种应用方

图 5-3-1 充电堆的应用场景

式需要更多的继电器切换充电模块的功率流向，会增加一些硬件成本。同时，它达到一定程度的充电可靠性的难度，较常规充电桩也增加了一些。当然，建设大功率充电堆也需要对充电控制器的软件进行升级。

功率动态分配的概念最早是深圳的奥特迅公司提出来的，指的是每两个充电模块用一个功率继电器，可以把这两个充电模块安排在左枪使用，也可以安排在右枪使用。后来该公司提出新的名词柔性充电，当需要大功率、大电流充电的时候，还可以将其他充电模块安排过来使用，小车来的时候又可以分开使用，这个方案较功率动态分配方案有一定改进，柔性在电网术语中有加大功率这样一层意思，所以这个方案被称为柔性充电。两种不同的叫法，实际对应的方案是同一个思路。

 引导问题 2

请查阅相关资料，简述社区环形智能充电的应用场景。

_____
_____
_____

社区环形智能充电

环形智能充电的具体应用场景是：在一个社区停车场停放了很多电动汽车，中央处理单元主动地巡回检测每台车的电池电量，在夜间自动地轮流将每台车充满。这其实也是一种柔性充电，也需要在社区停车场安装超级充电堆。这种做法的好处是：比交流充电的效率更高，比安装若干个直流充电桩、车主排队等待直流充电的灵活性大，成本也低很多。

社区型交流充电桩解决方案最重要的特点就是支持"有序充电"，即通过充电控制平台对集中分布式充电桩启动后，与进入充电前的充电功率进行管理。简单来说，就是后台使用设计好的程序对变压器的使用余量进行计算，将实时监测得到的总电表功率数据与变压器功率容量进行比较，进而控制用户扫码充电后会进入"实时充电"状态还是"充电排队等待"状态。

当充电排队用户较多时，后台会根据用户进入排队等待的时间先后顺序进行充电，动态的功率监控和智能的充电秩序安排，可以极大地解决小区电力负荷不足、需要增容充电的问题，彻底避免因为多车同时充电造成电力过载甚至小区集体停电的现象发生。

> **引导问题 3**
>
> 请查阅相关资料，简述家用型壁挂式充电桩的发展趋势。
> _____
> _____
> _____

家用型壁挂式充电桩向家用电器方向发展

将来我们解决了电力配送难题之后，我们就能将中国过量的电力供应输送到每个居民小区，那时的消费者为了追求更快速的充电体验，将会自主决定是安装直流充电桩还是交流充电桩，直流充电桩将做得像家电产品一样小巧、漂亮。壁挂式直流充电桩将是一种刚需。这种产品的销售模式就像卖电热器这类商品一样，可以在商场里卖，也可以在京东、天猫上面卖。这种像家电一样的产品将去掉直流充电桩组成中一些不太紧要的部件，将充电控制器和触摸屏功能做到一个充电模块大小的外壳里面，但模具会做得很精致。随着电力电子技术的进步，充电模块功率密度越来越高，这个趋势将成为可能。壁挂式直流充电桩如图 5-3-2 所示。

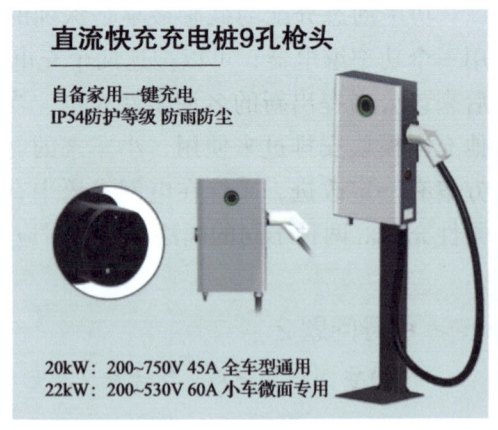

图 5-3-2　壁挂式直流充电桩

引导问题 4

请查阅相关资料，简述什么是"光充储"充放电一体化。

_____

_____

"光充储"充放电一体化

光伏、充电、储能三者组合在一起的概念已经有了具体的产品，就是 PowerWall。将来 PowerWall 进一步发展，可以构成新型充电站形态，电能在光伏电池板、电动汽车电池、电网、储能电池四者之间自由地流动。直流充电桩给电动汽车充电所需的电能既可以由电网提供，也可由光伏电池板提供，还可以由储能电池提供。储能电池、电动汽车动力电池和光伏电池板的电能也可以卖给电网，如图 5-3-3 所示。

图 5-3-3 "光充储"充放电一体化

拓展阅读

1949 年，全国支出的各项费用折合小米 $2.83×10^{10}$ kg，而当年的收入只有 $1.51×10^{10}$ kg，赤字达 $1.32×10^{10}$ kg。残破的经济现状使得 1949 年的中国成为世界上最穷的国家之一，当年的国民生产总值仅仅 700 亿元，年人均国民收入只有 27 美元，远远低于当时整个亚洲 44 美元的人均收入。面对这样一副"家底"，经济建设自然成为新中国的头等大事。

中国的汽车产业，正是从这样百废待兴的时代发展过来的，从 1950 年与苏联签订协议，敲定了一批苏联援助中国建设的重点工业项目开始，到第一辆"解放"车横空出世；从改革开放后允许国外汽车企业在我国合资建厂，国外品牌快速进入中国市场，到长城、吉利、奇瑞等自主品牌纷纷成立并进入乘用车领域，拉开了自主品牌发展的序幕；再到如今中国自主品牌进入快速发展阶段，奔腾、长安、比亚迪、五菱、风神、小康、荣威、传祺等自主品牌纷纷涌现，汽车产品日渐丰富。中国汽车产业的发展经历了多个阶段，跨越了无数天堑一般的难关。

新能源汽车的发展也是如此，技术极客王传福抓住了工业化、数字化时代对电池的迫切需求，通过各种技术创新，让比亚迪成为电池界的"大拿"。但

他进军新能源汽车产业的时候，新能源汽车还基本上是想象中的概念。街上依旧是广汽、上汽及大众等传统燃油车的天下。中石油、中石化依旧在各地布局加油站，并借此赚得盆满钵满。在进军新能源汽车产业的过程中，比亚迪经历了无数周折，尽管很快就推出了带比亚迪色彩的 F3，但直到 2010 年 3 月，它才生产出了全球首款不依赖专业充电站的双模电动车 F3DM。这是一款可以在纯电动和混合动力之间切换的汽车。但不幸的是，这款车上市一年仅卖出 300 多辆。有媒体这样描述："在深圳坪山的总部，王传福每天驾驶着 F3DM 上下班，孤独地开启了中国汽车行业电动化的序幕。"

动力电池产业的发展又何尝不是如此？2010 年我国动力电池市场主要被日韩企业占据的景象仍可以说是历历在目，但现在宁德时代与比亚迪已是后来居上，从正、负极材料到电解液、锂膜、锂电池的四大核心材料目前均已完成国产化。

唯物辩证法认为：前途是光明的，道路是曲折的，这是事物发展的一般规律。愿大家以此自勉，摆脱冷气，只是向上走，不必听自暴自弃之人的话，在以后的学习、工作与生活中获得属于自己的成就。

任务分组

学生任务分配表见表 5-3-1。

表 5-3-1　学生任务分配表

班级		组号		指导老师	
组长		学号			
组员角色分配					
信息员		学号			
操作员		学号			
记录员		学号			
安全员		学号			
任务分工					

（就组织讨论、工具准备、数据采集、数据记录、安全监督、成果展示等工作内容进行任务分工）

| 姓名 | 班级 | 日期 | 能力模块五　掌握新能源汽车充电站的建设标准与运行模式 |

📋 工作计划

按照前面所了解的知识内容和小组内部讨论的结果，制定工作方案，落实各项工作负责人，如任务实施前的准备工作、实施中主要操作及协助支持工作、实施过程中相关要点及数据的记录工作等。工作计划表见表 5-3-2。

表 5-3-2　工作计划表

步骤	工作内容	负责人
1		
2		
3		
4		
5		
6		
7		
8		

进行决策

1）各组派代表阐述资料查询结果。
2）各组就各自的查询结果进行交流，并分享技巧。
3）教师对各组的计划方案进行点评。
4）各组长对组内成员进行任务分工，教师确认分工是否合理。

任务实施

引导问题 5

了解充电站的发展趋势，完成课后练习。

_____
_____
_____

评价反馈

1）各组代表展示汇报 PPT，介绍任务的完成过程。
2）以小组为单位，对各组的操作过程与操作结果进行自评和互评，并将结果填入综合评价表（见表 5-3-3）的小组评价部分。
3）教师对学生工作过程与工作结果进行评价，并将评价结果填入综合评价表（见表 5-3-3）的教师评价部分。

表 5-3-3 综合评价表

班级		组别		姓名		学号	
实训任务							
评价项目		评价标准				分值	得分
小组评价	计划决策	制定的工作方案合理可行，小组成员分工明确				10	
	任务实施	能够正确检查并设置实训工位				5	
		能够准备和规范使用工具设备				5	
		能够收集有关充电站发展趋势的信息				20	
		能够处理收集的信息并进行论述				20	
		能够规范填写任务工单				10	
	任务达成	能按照工作方案操作，按计划完成工作任务				10	
	工作态度	认真严谨、积极主动，安全生产，文明施工				10	
	团队合作	小组组员积极配合、主动交流、协调工作				5	
	6S 管理	完成竣工检验、现场恢复				5	
		小计				100	
教师评价	实训纪律	不出现无故迟到、早退、旷课现象，不违反课堂纪律				10	
	方案实施	严格按照工作方案完成任务实施				20	
	团队协作	任务实施过程互相配合，协作度高				20	
	工作质量	能准确完成本节的实训任务				20	
	工作规范	操作规范，三不落地，无意外事故发生				10	
	汇报展示	能准确表达、总结到位、改进措施可行				20	
		小计				100	
综合评分		小组评价分 ×50% + 教师评价分 ×50%					
总结与反思							

（如：学习过程中遇到什么问题→如何解决的/解决不了的原因→心得体会）

新能源汽车充电技术

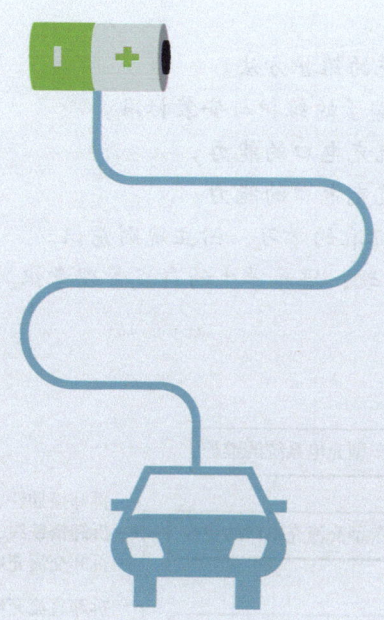

能力模块六

掌握新能源汽车充电系统故障的诊断与排除方法

任务一　维护新能源汽车充电系统

学习目标

- 了解秦 EV 车型充电系统的维护方法。
- 了解直流充电系统接线端子的维护与安装标准。
- 具备更换秦 EV 车型交流充电口的能力。
- 具备更换秦 EV 车型直流充电口的能力。
- 通过对维护方法和安装标准的学习，树立规则意识。
- 通过实训过程中的 6S 管理，培养学生的自我管理意识。

知识索引

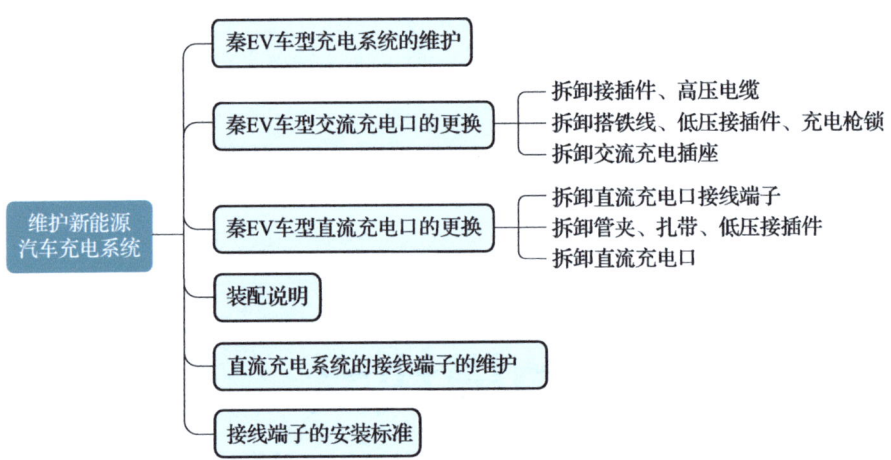

情境导入

周先生进行直流充电时，仪表提示充电故障，他将车开到 4S 店进行检修，经车间主管检查后，发现直流充电口端子簧片前端断裂，需要更换直流充电口，车间主管将这个任务分给了作为维修技师的你，你能解决这个问题吗？

能力模块六　掌握新能源汽车充电系统故障的诊断与排除方法

获取信息

引导问题 1

请查阅相关资料，简述秦 EV 车型充电口的保养项目。

_____
_____
_____
_____

职业认证　新能源汽车装调与测试职业技能等级要求中的充电系统检测与验证任务，就要求报考人员能按照诊断流程完成充电系统故障分析与处理，确认系统运行正常并编写诊断报告。通过新能源汽车装调与测试职业技能等级考核，可获得教育部 1+X 证书中的《新能源汽车装调与测试职业技能等级证书》。

秦 EV 车型充电系统的维护

如图 6-1-1 所示，秦 EV 车型的直流充电口安装在前格栅处，交流充电口安装在车身右后侧翼子板上。充电口作为传导充电的接口，经常会插拔充电枪，这就会导致充电口出现簧片磨损、老化等问题，因此需要将充电口加入保养范围，具体保养项目如下。

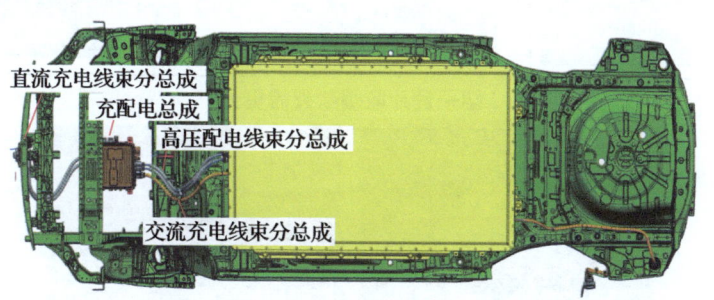

图 6-1-1　秦 EV 充电系统结构图

1）车辆熄火（退电至 OFF 档），整车解锁，打开充电口舱盖及充电口盖。

2）目视检查充电口塑料绝缘壳体外观有无热熔变形，如果发生严重热熔变形影响正常使用，需要对充电口进行更换处理。

3）目视检查充电口内部以及端子内部有无异物，有异物的需要使用高压气枪吹出异物，无法排出且影响正常使用的需更换处理。

4）目视检查充电口端子簧片及底部是否变黑，变黑的需要更换处理。

5）目视检查充电口端子簧片及底部是否变黄，如变黄请打开后背门，打开左后侧围检修口排查充电口尾部电缆是否烧黑及变形（需辅助照明仔细观察），如变黄且伴随尾部电缆外层变黑则需更换处理。

6）目视检查端子簧片是否断裂，断裂的需要更换处理。

7）超过质保期的充电口需自费更换（不更换的需告知使用安全隐患以及连带充电枪损失）。

充电口判断标准见表 6-1-1。

表 6-1-1　充电口判断标准

正常状态一	正常状态二	端子簧片附着异物需清理
		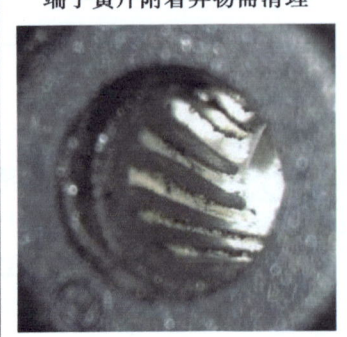
端子变黑需更换	端子簧片及底部变黄且尾部电缆外层变黑需更换	
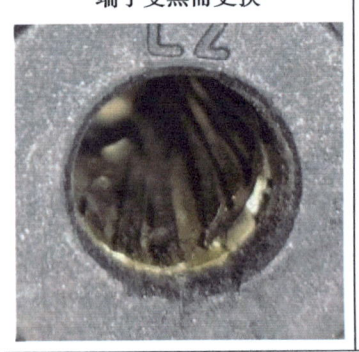		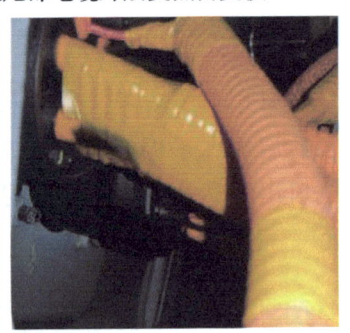
端子簧片前端断裂需更换		
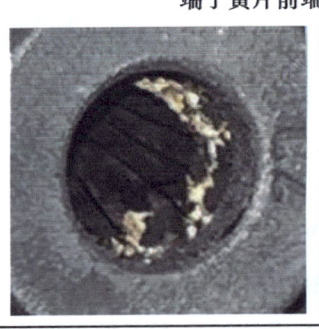		

引导问题 2

请查阅相关资料，简述秦 EV 车型交流充电口更换过程中的注意事项。

秦 EV 车型交流充电口的更换

1. 拆卸接插件、高压电缆

1）关闭点火开关（退至 OFF 档），断开充配电总成接动力电池的接插件。由于高压接插件锁扣为防拆结构，为了避免锁扣在操作过程中被损坏，应该按照以下要求退出锁扣，如图 6-1-2 所示。

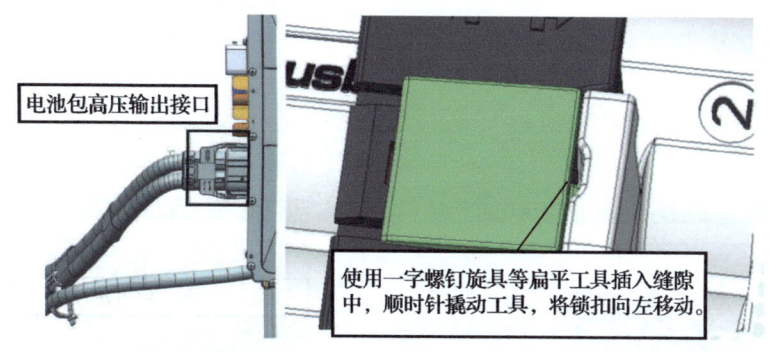

图 6-1-2　按要求退出锁扣

锁扣退出后，逆时针转动扭力扳手，同时拔出插接器，如图 6-1-3 所示。

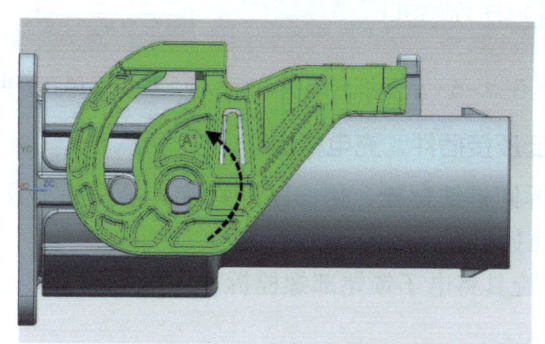

图 6-1-3　逆时针转动扭力扳手

2）拆卸充配电总成的交流接口高压接插件。该接插件锁扣为防拆结构，需要使用一字螺钉旋具等扁平工具将锁扣撬出，才能拔出插接器，操作步骤如图 6-1-4 所示。

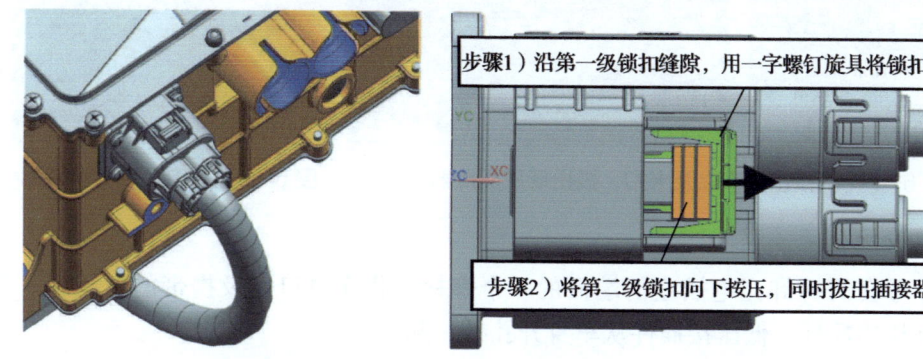

图 6-1-4　拆卸充配电总成的交流接口高压接插件

3）将地板下的高压线束扎带、护板、单孔管夹依次拆卸，如图6-1-5所示。

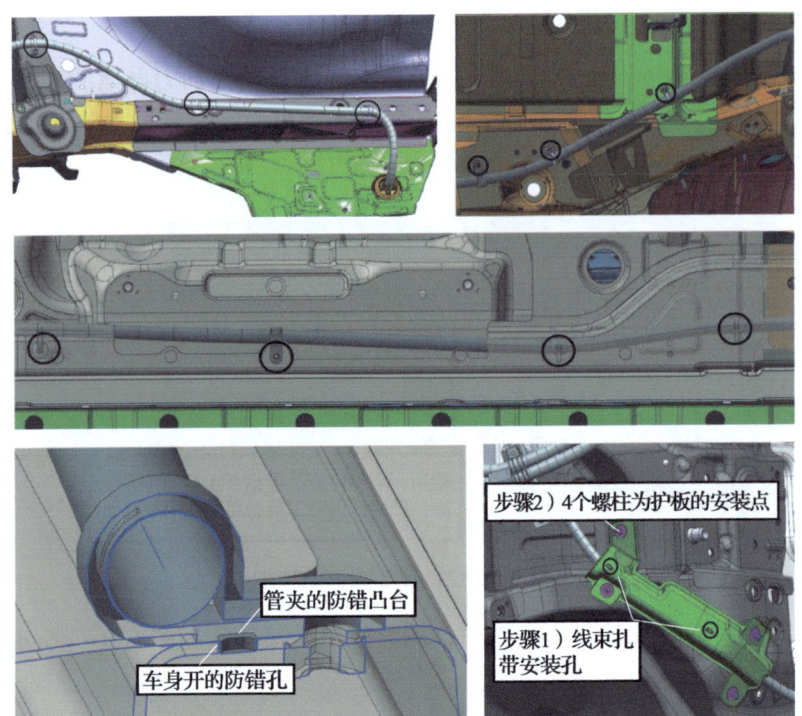

图6-1-5　依次拆卸高压线束扎带、护板、单孔管夹

2. 拆卸搭铁线、低压接插件、充电枪锁

1）用10号套筒拆卸搭铁螺栓，用一字螺钉旋具等扁平工具撬出扎带以及低压接插件的卡扣，拔出低压插接器，如图6-1-6所示。

2）使用十字螺钉旋具将电子锁尾部螺栓拆下，将电子锁朝充电插座后部滑出，如图6-1-7所示。

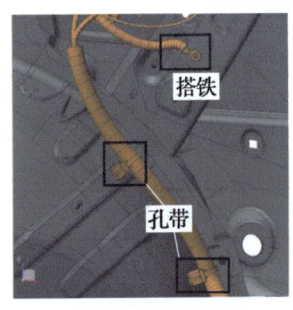 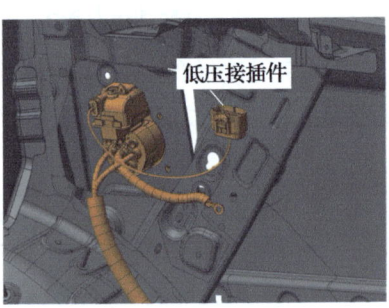 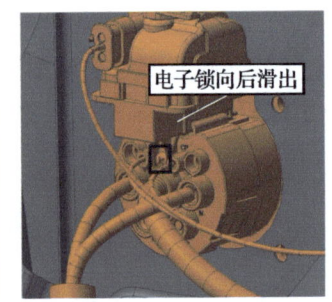

图6-1-6　撬出扎带以及卡扣，拔出低压插接器　　图6-1-7　电子锁向后滑出

3. 拆卸交流充电插座

使用8号套筒拆卸充电插座前端面的4个螺栓，将充电口以及携带的电子锁、高压线束、高压接插件、低压接插件从车身开孔处一起拉出。

能力模块六 掌握新能源汽车充电系统故障的诊断与排除方法

引导问题 3

请查阅相关资料，简述秦 EV 车型直流充电口更换过程中的注意事项。

_____

_____

_____

秦 EV 车型直流充电口的更换

1. 拆卸直流充电口接线端子

1）将充配电端的电池包输出高压接插件拆卸，关闭点火开关（退至 OFF 档），断开充配电总成接动力电池的接插件。由于高压接插件锁扣为防拆结构，为了避免锁扣在操作过程中被损坏，应该按照以下要求退出锁扣，如图 6-1-8 所示。

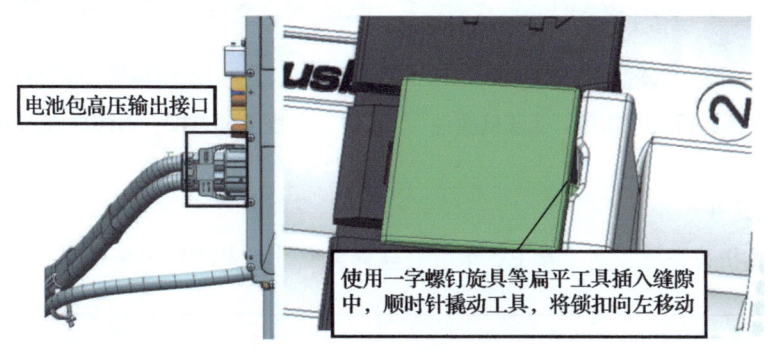

图 6-1-8 按要求退出锁扣

锁扣退出后，逆时针转动扭力扳手，同时拔出插接器，如图 6-1-9 所示。

2）拆卸充配电总成上盖板，使用 TS25 专用工具拆卸充配电总成上盖板螺钉。

3）用 8 号套筒工具拆卸直流充电口接线端子，如图 6-1-10 所示。

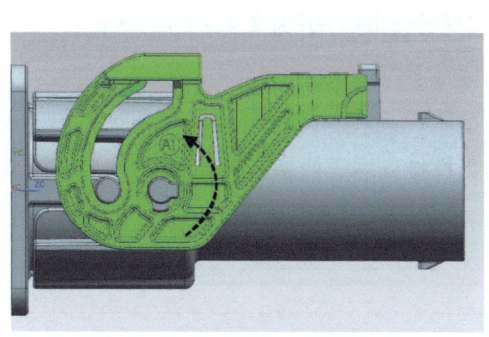

图 6-1-9 逆时针转动扭力扳手

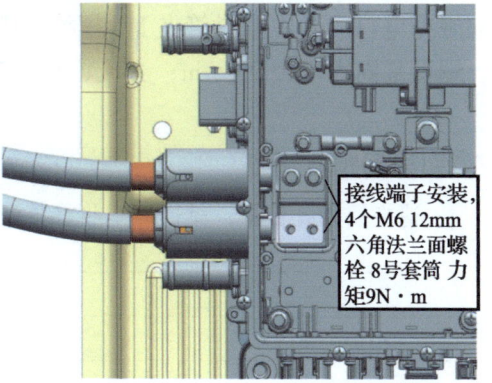

图 6-1-10 拆卸直流充电口接线端子

2. 拆卸管夹、扎带、低压接插件

前格栅拆卸后，用 10 号套筒工具拆卸双孔管夹，用工具将扎带与低压接插件卡扣

从钣金支架上撬下，拔出低压接插件。用10号套筒拆卸搭铁螺栓，如图6-1-11所示。

3. 拆卸直流充电口

用10号套筒拆卸直流充电口钣金支架与前端模块以及防撞梁的固定螺栓。用8号套筒拆卸充电口与钣金支架的安装螺栓，如图6-1-12所示。

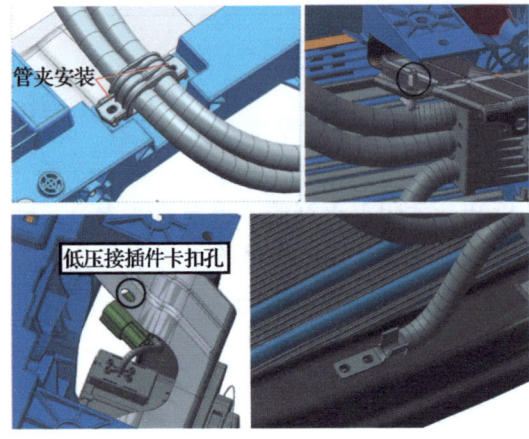

图6-1-11 拆卸管夹、扎带、低压接插件

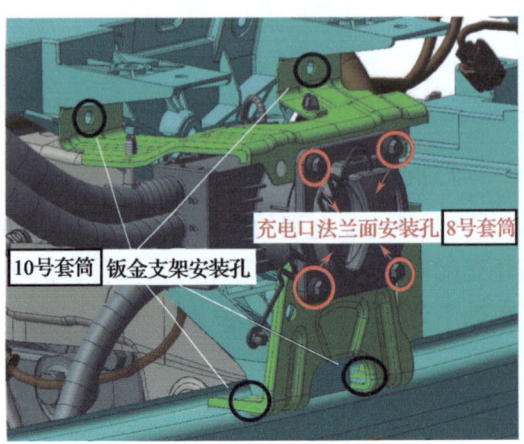

图6-1-12 拆卸直流充电口

引导问题4

请查阅相关资料，简述秦EV车型充电口装配过程中的注意事项。

装配说明

取出故障充电口，更换一个新的充电口，按照拆卸的相反顺序，用同样的工具，装配好充电口。其中塑料管夹M6螺栓、螺母用的紧固力矩为6N·m；钣金支架M6螺栓、螺母紧固力矩为9N·m；交流、直流搭铁螺栓紧固力矩为（9±1）N·m。

引导问题5

请查阅相关资料，简述有哪些需要重新更换接线端子的密封圈的情况。

直流充电系统的接线端子的维护

接线端子在每次拆卸后，应该对接线端子的密封圈外观进行检测。若出现以下问题，需要重新更换密封圈，如图 6-1-13 所示。

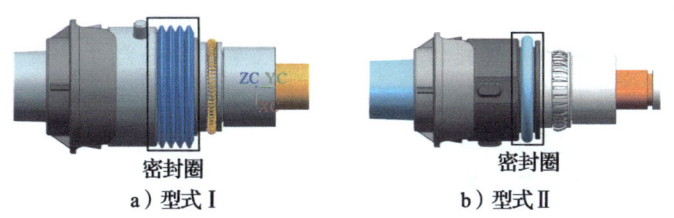

图 6-1-13　检测接线端子的密封圈外观

1）密封圈出现破损、开裂等结构破坏性损伤。
2）密封圈表面无润滑油，表面干燥。
3）接线端子在插拔过程中，插拔力大。
4）接线端子的密封圈在插拔过程中脱出、变形挤出。

引导问题 6

请查阅相关资料，简述接线端子装配到位的标准是什么。

_____

_____

_____

接线端子的安装标准

由于接线端子为腰型孔（考虑吸收公差设计），在装配过程中，允许接线端子有一定后退量。故接线端子装配到位的标准以接线端子上的密封圈是否能从销钉槽中露出为依据，如图 6-1-14 所示。

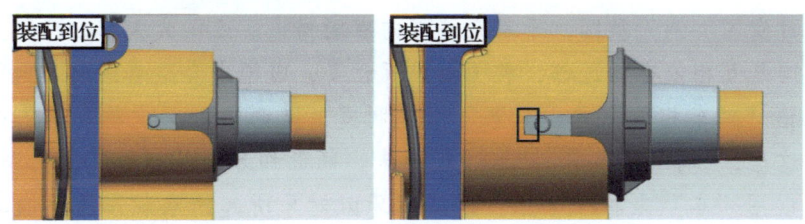

图 6-1-14　接线端子装配到位的标准

装配不到位时如图 6-1-15 所示。

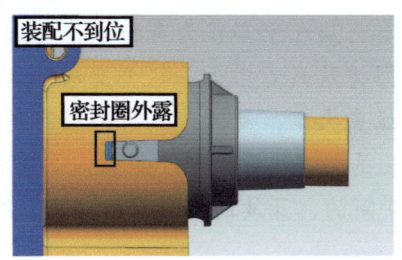

图 6-1-15　接线端子装配不到位

📖 拓展阅读

若是提到车，我们会想到什么？新能源汽车、公共汽车、货车……车在我们的日常生活中具有重要的地位，孙中山先生曾在《民生主义》中将人们的基本需求总结为"衣食住行"四大类，车正是我们如今出行时离不开的交通工具，那么，如果古人提到了车，他们会想到什么呢？

"车"最初是指陆地上有轮子的交通运输工具，最初的车有两个轮子，由马来拉。许慎《说文解字》："车，舆轮之总名。""舆"指车厢，"轮"指车轮。在古代车的构造当中，车厢和车轮是最重要的两个部件，因此许慎将"车"定义为以舆和轮为主要部件的交通工具的总称。

与今天不同的是，早期的车除了供出行使用外，更主要的用途是用于军事作战，所以，"车"有时专指战车。《史记·陈涉世家》："比至陈，车六七百乘，骑千余，卒数万人。"古代表示战车的数量，通常用"乘"，四匹马拉一辆车为"一乘"。因为拥有战车的数量标志着一国国力的强弱，所以才有"千乘之国""万乘之国"等说法。这种用战车的数量表示国家的强盛与否的说法，与我们现如今以汽车工业的强弱判断国家工业的发展情况的思路有异曲同工之妙。

随着时代的发展，车的形制发生了巨大变化，"车"所涵盖的范围也随之不断扩大。跟"车"具有共同特征的利用轮轴转动来工作的工具也可以用"车"来称呼。明代陆容《菽园杂记》卷十列举了各种以"车"命名的工具："今观凡器之运转者，皆谓之车。……纺纱具曰纺车，扇谷具曰风车，缫丝具曰缫车……"这些并非出行工具的机械装置，也被起名叫车，车渐渐被用来代指一切机器，今天的"车间、试车"等词语中的"车"都属于这种用法。

成语"辅车相依"源自《左传·僖公五年》中的一段记载：春秋时期，晋国想越过虞国去消灭虢国，于是派使者向虞国借道。虞国大夫宫之奇认为，虞国和虢国是互相依存的近邻，虢国如果灭亡了，虞国也会跟着遭殃。他引用当时的谚语"辅车相依，唇亡齿寒"来说明虞、虢两国之间这种互相依存的关系。在这里，"辅"指颊骨，"车"指牙床。颊骨和牙床互相依靠，关系密切。而之所以用"车"来称呼牙床，是因为牙床对牙所起的承载作用就像车载物一样。

车的出现与发展不但解决了交通问题，还促进了道路设施、商贸运输、文化活动、军事战争等的飞速发展。改革开放40年来，我国人民从主要依靠步行，到拥有第一辆自行车；从私家车作为身份地位的象征，到如今成为真真切切的代步工具；从长时间排队只为搭上一辆公交车，到如今手机一开就能叫到车；从时速几十千米的绿皮火车，到时速几百公里的高铁动车……车轮上承载的不仅仅是人民日益增长的美好生活需要，更让人们看到了中国改革开放40年来的发展，看到了一个崭新的、开放的、自信的、多元的中国。

| 姓名 | | 班级 | | 日期 | | 能力模块六　掌握新能源汽车充电系统故障的诊断与排除方法  |

👥 任务分组

学生任务分配表见表 6-1-2。

表 6-1-2　学生任务分配表

班级		组号		指导老师	
组长		学号			
组员角色分配					
信息员		学号			
操作员		学号			
记录员		学号			
安全员		学号			
任务分工					
（就组织讨论、工具准备、数据采集、数据记录、安全监督、成果展示等工作内容进行任务分工）					

📝 工作计划

按照前面所了解的知识内容和小组内部讨论的结果，制定工作方案，落实各项工作负责人，如任务实施前的准备工作、实施中主要操作及协助支持工作、实施过程中相关要点及数据的记录工作等。工作计划表见表 6-1-3。

表 6-1-3　工作计划表

步骤	工作内容	负责人
1		
2		
3		
4		
5		
6		
7		
8		

进行决策

1）各组派代表阐述资料查询结果。
2）各组就各自的查询结果进行交流，并分享技巧。
3）教师对各组的计划方案进行点评。
4）各组长对组内成员进行任务分工，教师确认分工是否合理。

任务实施

引导问题 7

扫描二维码观看视频，了解如何更换直流充电口，并简述操作要点。

_____
_____

参考操作视频，按照规范作业要求完成相应的操作步骤，完成数据采集并记录。实训准备见表 6-1-4。

表 6-1-4　实训准备

序号	设备及工具名称	数量	设备及工具是否完好
1	比亚迪秦 EV	1 辆	□是　□否
2	安全防护套装	1 套	□是　□否
3	三层工具车	1 辆	□是　□否
4	一体化集成工量具	1 套	□是　□否
5	绝缘胶带	1 卷	□是　□否
6	万用表	1 台	□是　□否
7	车外三件套	1 套	□是　□否
质检意见	原因：		□是　□否

直流充电口的更换见表 6-1-5。

表 6-1-5　直流充电口的更换

序号	步骤	记录	完成情况
1	作业准备 （1）将车辆正确停放至工位，放置车轮挡块 （2）按下钥匙解锁键进行车辆解锁 （3）打开车门 （4）规范铺设车内四件套 （5）进入车内，踩下制动踏板，按下起动开关		已完成□ 未完成□

（续）

序号	步骤	记录	完成情况
1	（6）按下驾驶位车窗按钮，降下驾驶位车窗，以防车辆意外断电造成车门误锁 （7）拉前舱盖开关，打开前舱盖 （8）规范铺设车外三件套		已完成□ 未完成□
2	维修准备工作 （1）检查耐磨手套有无明显破损，如有破损，需进行更换 （2）检查万用表外观有无破损 （3）检查红黑表笔外观有无破损 （4）连接万用表红黑表笔并调至电阻档，万用表校表 （5）检查绝缘手套有无破损		已完成□ 未完成□
3	直流充电口的拆卸 （1）断开低压蓄电池负极，并使用绝缘胶带缠绕负极插头 （2）等待 5min 被动泄放 （3）断开充配电总成低压接插件 （4）规范佩戴绝缘手套与护目镜，使用绝缘一字螺钉旋具松开高压母线互锁开关并拔下 （5）使用万用表电压档对高压母线插头进行验电。测得的电压值接近 0V，正常 （6）使用绝缘胶带缠绕高压母线接插件 （7）拆卸充配电总成上盖，用 7 号套筒与棘轮扳手拆卸充配电总成大盖上的 19 个十字槽盘头螺钉组合件 M5×12 加 1 个 M5×10 的内五花螺栓 （8）取下充配电总成上盖，妥善保管 （9）规范佩戴绝缘手套与护目镜，拆卸充配电总成内部接线端子，用 8 号套筒与棘轮扳手拆卸直流充电线束 4 个固定螺栓 （10）拔下直流充电线束并使用绝缘胶带包扎 （11）装配充配电总成上盖，用 7 号套筒与棘轮扳手安装充配电总成大盖上的 19 个十字槽盘头螺钉组合件 M5×12 加 1 个 M5×10 的内五花螺栓。注意防止异物进入损坏内部元件 （12）拆下直流充电线固定卡箍 （13）拆卸直流充电口总成 2 个搭铁螺栓 （14）拆卸与车身钣金件连接的快充充电口的 4 颗固定螺栓 （15）取下直流充电口总成		已完成□ 未完成□

 新能源汽车充电技术   姓名   班级   日期

（续）

序号	步骤	记录	完成情况
4	直流充电口的安装 （1）安装直流充电口总成 （2）安装快充充电口的 4 颗固定螺栓 （3）拆卸充配电总成上盖 （4）取下直流充电正负极绝缘胶带，连接充配电总成 （5）安装 4 颗固定螺栓并预紧 （6）使用扭力扳手紧固螺栓 （7）装配充配电总成上盖 （8）安装直流充电口总成 2 个搭铁线螺栓 （9）安装直流充电线固定卡箍 （10）取下高压母线接插件的绝缘胶带，连接高压母线 （11）安装充配电总成低压接插件 （12）取下低压蓄电池负极绝缘胶带，使用棘轮扳手、10 号套筒安装低压蓄电池负极并紧固 （13）车辆上电，OK 指示灯正常点亮 （14）车辆下电 （15）连接直流充电枪 （16）车辆正常充电		已完成□ 未完成□
5	实训现场 6S 整理		已完成□ 未完成□
总结提升			已完成□ 未完成□
质检意见	原因：		已完成□ 未完成□

📋 评价反馈

1）各组代表展示汇报 PPT，介绍任务的完成过程。

2）以小组为单位，对各组的操作过程与操作结果进行自评和互评，并将结果填入综合评价表（见表 6-1-6）的小组评价部分。

3）教师对学生工作过程与工作结果进行评价，并将评价结果填入综合评价表（见表 6-1-6）的教师评价部分。

表 6-1-6 综合评价表

班级		组别		姓名		学号	
实训任务							
评价项目		评价标准				分值	得分
小组评价	计划决策	制定的工作方案合理可行，小组成员分工明确				10	
	任务实施	能够正确检查并设置实训工位				5	
		能够准备和规范使用工具设备				5	
		能够正确拆卸直流充电口				20	
		能够正确安装直流充电口				20	
		能够规范填写任务工单				10	
	任务达成	能按照工作方案操作，按计划完成工作任务				10	
	工作态度	认真严谨、积极主动，安全生产，文明施工				10	
	团队合作	小组组员积极配合、主动交流、协调工作				5	
	6S 管理	完成竣工检验、现场恢复				5	
		小计				100	
教师评价	实训纪律	不出现无故迟到、早退、旷课现象，不违反课堂纪律				10	
	方案实施	严格按照工作方案完成任务实施				20	
	团队协作	任务实施过程互相配合，协作度高				20	
	工作质量	能准确完成本节的实训任务				20	
	工作规范	操作规范，三不落地，无意外事故发生				10	
	汇报展示	能准确表达、总结到位、改进措施可行				20	
		小计				100	
综合评分		小组评价分 ×50% + 教师评价分 ×50%					
总结与反思							

（如：学习过程中遇到什么问题→如何解决的/解决不了的原因→心得体会）

任务二 诊断与排除交流充电系统故障

学习目标

- 了解汽车故障的相关术语。
- 了解故障模式的描述原则。
- 了解汽车故障的分类。
- 了解交流充电的流程。
- 具备独立发现交流充电系统故障现象的能力。
- 具备分组合作排除交流充电系统故障的能力。
- 通过实训过程中的 6S 管理,培养学生的自我管理意识。

知识索引

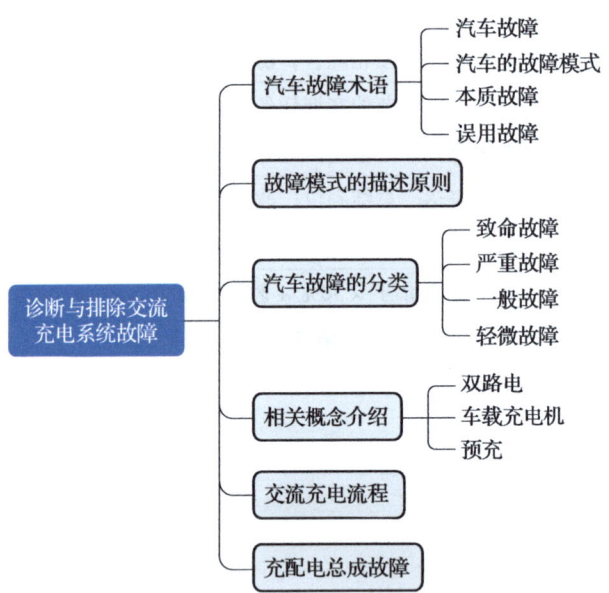

情境导入

杨先生在驾驶过程中发现自己的秦 EV 无法进行交流充电,但是仍然可以正常进行直流充电。他将车开到 4S 店进行检修,车间主管将排查这个故障的任务分给了你,你能完成这个任务吗?

| 姓名 | 班级 | 日期 | 能力模块六　掌握新能源汽车充电系统故障的诊断与排除方法 |

📩 获取信息

> ❓ **引导问题 1**
> 请查阅相关资料，简述什么是本质故障。
> _____
> _____
> _____

汽车故障术语

1. 汽车故障

汽车整车、总成及其零部件在规定的条件下和规定的时间内，丧失规定功能的事件称为汽车故障。

2. 汽车的故障模式

故障的表现形式称为汽车的故障模式。

3. 本质故障

汽车在规定的条件下使用，由汽车自身固有的弱点引起的故障称为本质故障。汽车的本质故障用于可靠性统计。

4. 误用故障

汽车不按规定条件使用而引起的故障称为误用故障。汽车的误用故障不用于可靠性统计。

> ❓ **引导问题 2**
> 请查阅相关资料，简述故障模式的描述原则有哪些。
> _____
> _____
> _____

故障模式的描述原则

1）原则上应以零件的故障模式来描述汽车故障。

2）难以用零件的故障模式描述或无法确认是某一零件发生故障时，可以用上一级部件、总成直至整车的故障模式进行描述。

3）表现为总成或整车综合功能或性能方面的故障，以总成或整车的故障模式进行描述。

4）由于某一故障导致关联性故障发生，则以导致的最终故障划分类别。

5）汽车的故障模式主要有下列类型：损坏、退化、松脱、失调、堵塞、渗漏、性能衰退及功能失效。

> **引导问题 3**
>
> 请查阅相关资料,简述一般故障的定义。
> _____
> _____
> _____

汽车故障的分类

根据故障的危害程度将汽车故障分为四类。

1. 致命故障

危及人身安全,引起主要总成报废,造成重大经济损失,对周围环境造成严重危害的故障。

2. 严重故障

影响行车安全,引起主要零部件、总成严重损坏,不能用易损备件和随车工具在短时间内排除的故障。

3. 一般故障

不影响行车安全,非主要零部件故障,可用备件和随车工具在较短时间内排除的故障。

4. 轻微故障

对汽车正常运行基本没有影响,不需要更换零件,可用随车工具较容易排除的故障。

> **引导问题 4**
>
> 请查阅相关资料,简述预充的概念。
> _____
> _____
> _____

相关概念介绍

1. 双路电

即"上电 + 充电"两路电。因为燃油车没有充电工况,所以燃油车的工作模块除了常电,还有起动时用的 IG 电;而新能源车型的部分模块(如 BMC、充配电三合一等)是无论上电还是充电工况下都需要工作,因此新能源汽车除常电以外的这路电源就叫"双路电"。

2. 车载充电机

它指固定安装在电动汽车上的充电机，具备为新能源汽车的动力电池安全、自动充满电的能力，充电机依据电池管理系统（BMS）提供的数据，能动态调节充电电流或电压参数，执行相应的动作，完成充电过程。

3. 预充

起动车辆或给车辆充电时，为缓解对高压系统的冲击，电池管理器先吸合预充接触器，电池包的高压电经过预充接触器串联的限流电阻后加载到高压母线上，电机控制器检测到母线上的电压是电池包电压的 90% 左右时，通过 CAN 通道向电池管理器反馈一个预充满信号，电池管理器收到预充满信号后控制主接触器吸合，断开预充接触器。

> **引导问题 5**
>
> 请查阅相关资料，简述交流充电流程。
> _____
> _____
> _____

交流充电流程

交流充电流程图如图 6-2-1 所示。

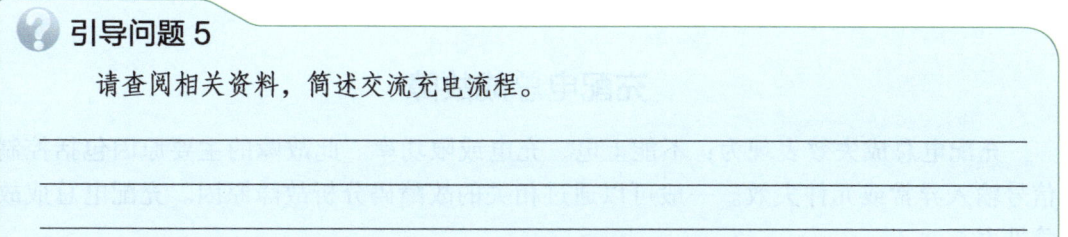

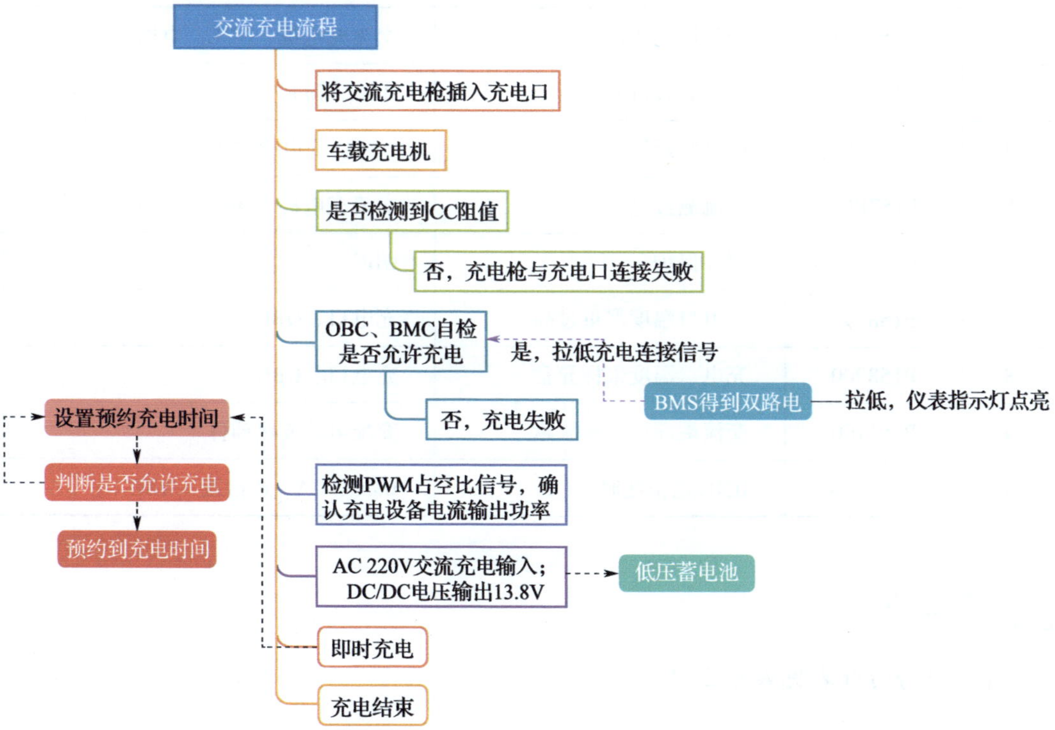

图 6-2-1　交流充电流程图

> **引导问题 6**
>
> 请查阅相关资料，简述故障码 P158798 对应的故障描述。
>
> _____
>
> _____

竞赛指南　在 2022 年全国职业院校技能大赛——汽车技术赛项里的纯电动汽车技术模块的样题中，有一道题是围绕"车辆无法（交流）充电"现象设置的，这道题目为"BMS 的充电连接信号线断路"。

充配电总成故障

充配电总成失效表现为：不能上电、充电或限功率。此故障的主要原因包括控制信号输入异常或元件失效。一般可以通过相关的故障码分析故障原因。充配电总成故障见表 6-2-1。

表 6-2-1　充配电总成故障

序号	故障码	故障描述	故障点定位
1	P157016	交流侧电压低	交流充电桩、OBC、电网
2	P157017	交流侧电压高	交流充电桩、OBC、电网
3	P157216	整流后直流侧电压低	OBC、预充失败
4	P157897	CC 信号异常	OBC、充电枪线束
5	P157B00	交流侧过电流	交流充电桩、OBC、电网
6	P157C00	硬件保护	OBC
7	P158798	充电口温度严重过高	充电口、OBC
8	P158900	充电口温度采样异常	充电口、OBC
9	P151100	交流端高压互锁故障	充配电总成接插件
10	U011100	BMC 通信超时	BMC、CAN 通信线、OBC

任务分组

学生任务分配表见表 6-2-2。

表 6-2-2　学生任务分配表

班级		组号		指导老师	
组长		学号			
组员角色分配					
信息员		学号			
操作员		学号			
记录员		学号			
安全员		学号			
任务分工					
（就组织讨论、工具准备、数据采集、数据记录、安全监督、成果展示等工作内容进行任务分工）					

工作计划

按照前面所了解的知识内容和小组内部讨论的结果，制定工作方案，落实各项工作负责人，如任务实施前的准备工作、实施中主要操作及协助支持工作、实施过程中相关要点及数据的记录工作等。工作计划表见表 6-2-3。

表 6-2-3　工作计划表

步骤	工作内容	负责人
1		
2		
3		
4		
5		
6		
7		
8		

进行决策

1）各组派代表阐述资料查询结果。
2）各组就各自的查询结果进行交流，并分享技巧。
3）教师对各组的计划方案进行点评。
4）各组长对组内成员进行任务分工，教师确认分工是否合理。

🧑‍💼 任务实施

❓ 引导问题 7

扫描二维码观看视频，了解如何诊断与排除车载 CC 信号断路故障，并简述操作要点。

_____

_____

参考操作视频，按照规范作业要求完成相应的操作步骤，完成数据采集并记录。实训准备见表 6-2-4。

表 6-2-4　实训准备

序号	设备及工具名称	数量	设备及工具是否完好
1	安全防护套装	1 套	□是　□否
2	一体化集成工量具	1 套	□是　□否
3	车外三件套	1 套	□是　□否
4	车内四件套	1 套	□是　□否
5	万用表	1 台	□是　□否
6	万用接线盒	1 套	□是　□否
7	道通解码仪	1 台	□是　□否
8	比亚迪秦 EV	1 辆	□是　□否
质检意见	原因：		□是　□否

CC 信号断路故障诊断与排除见表 6-2-5。

表 6-2-5　CC 信号断路故障诊断与排除

序号	步骤	记录	完成情况
1	**准备工作** （1）检查耐磨手套有无明显破损，如有破损，需进行更换 （2）检查万用表外观有无破损 （3）检查红黑表笔外观有无破损 （4）连接万用表红黑表笔并调至电阻档，万用表校表 （5）规范安装车内四件套		已完成□ 未完成□
2	**验证故障现象** （1）车辆上电，OK 指示灯正常点亮，仪表无故障提示 （2）按下起动开关，车辆下电 （3）打开交流充电口盖，连接交流充电枪，发现仪表充电连接指示灯没有正常点亮，车辆无法充电		已完成□ 未完成□

（续）

序号	步骤	记录	完成情况
3	**故障原因分析** （1）连接道通诊断仪，读取故障码，诊断仪显示无故障 （2）进入动力网，读取车载充电机数据流，显示充电枪未连接，交流侧电压为0V （3）分析故障原因：CC信号断路或PE线断路		已完成☐ 未完成☐
4	**确认故障点** （1）拔下充电枪插头 （2）万用表旋转至电阻档，校表 （3）万用表旋转至电压档，红表笔接充电口CC端子，黑表笔搭铁。测得电压值为0V，异常；标准值为5~12V之间 （4）车辆下电，戴上耐磨手套，断开低压蓄电池负极，并用绝缘胶带缠绕负极插头 （5）拔下充配电总成BK46低压插头 （6）使用万用表测量BK46-2号端子的电压，测得的电压值为12V，正常 （7）打开行李舱盖，使用一字螺钉旋具拆卸行李舱内右侧卡扣 （8）拔下B53（B）接插件，检查针脚是否损坏，有无异常情况 （9）使用万用接线盒中的延长线连接B53（B）-2号端子与BK46-4号端子，用万用表测量其电阻，测得的电阻值为0.7Ω，正常 （10）使用一字螺钉旋具撬开B53（A）号端子的固定卡片，检查端子与接插件连接的线束是否有损坏或松动，发现存在异常情况，B53（A）-2号端子松动且退针，确认故障点为CC信号断路故障		已完成☐ 未完成☐

203

（续）

序号	步骤	记录	完成情况
5	**CC 信号断路故障排除** （1）将 B53（A）-2 号端子对应的线拉出，使用专用工具处理插接处金属凸起，使其适当扩张 （2）把线插回接插件原来的端子孔位置，可以听到细小的"咔哒"一声，退针问题修复完成 （3）接上 B53（B）接插件 （4）取下低压蓄电池负极绝缘胶带，连接低压蓄电池负极 （5）连接充电枪，发现仪表充电连接指示灯正常点亮，正常显示充电功率和预计充满时间 （6）连接道通诊断仪，读取车载充电机数据流，诊断仪显示充电枪已连接，交流侧电压及 CP 占空比等显示正常数据 （7）故障排除已完成		已完成□ 未完成□
6	**实训现场 6S 整理** （1）规范拆除车外三件套，关闭前舱盖 （2）关闭起动开关，车辆下电 （3）规范拆除车内四件套 （4）清点工具放回原位，进行场地 6S 工作		已完成□ 未完成□
总结提升			已完成□ 未完成□
质检意见	原因：		已完成□ 未完成□

秦 EV 充配电总成 / 交流充电口电路图（局部）如图 6-2-2 所示。

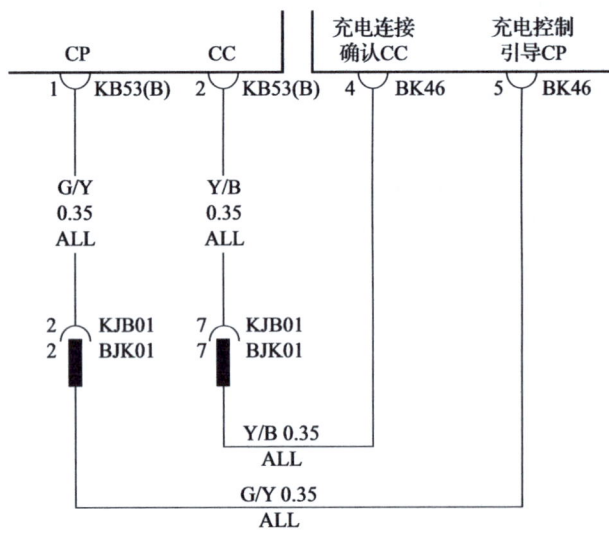

图 6-2-2　秦 EV 充配电总成 / 交流充电口电路图（局部）

| 姓名 | | 班级 | | 日期 | | 能力模块六 掌握新能源汽车充电系统故障的诊断与排除方法 |

评价反馈

1）各组代表展示汇报 PPT，介绍任务的完成过程。

2）以小组为单位，对各组的操作过程与操作结果进行自评和互评，并将结果填入综合评价表（见表 6-2-6）的小组评价部分。

3）教师对学生工作过程与工作结果进行评价，并将评价结果填入综合评价表（见表 6-2-6）的教师评价部分。

表 6-2-6 综合评价表

班级			组别		姓名		学号	
实训任务								
评价项目			评价标准				分值	得分
小组评价	计划决策		制定的工作方案合理可行，小组成员分工明确				10	
	任务实施		能够正确检查并设置实训工位				5	
			能够准备和规范使用工具设备				5	
			能够正确完成 CC 信号断路故障的诊断				20	
			能够正确完成 CC 信号断路故障的排除				20	
			能够规范填写任务工单				10	
	任务达成		能按照工作方案操作，按计划完成工作任务				10	
	工作态度		认真严谨、积极主动，安全生产，文明施工				10	
	团队合作		小组组员积极配合、主动交流、协调工作				5	
	6S 管理		完成竣工检验、现场恢复				5	
	小计						100	
教师评价	实训纪律		不出现无故迟到、早退、旷课现象，不违反课堂纪律				10	
	方案实施		严格按照工作方案完成任务实施				20	
	团队协作		任务实施过程互相配合，协作度高				20	
	工作质量		能准确完成本节的实训任务				20	
	工作规范		操作规范，三不落地，无意外事故发生				10	
	汇报展示		能准确表达、总结到位、改进措施可行				20	
	小计						100	
综合评分			小组评价分 ×50% + 教师评价分 ×50%					
总结与反思								
（如：学习过程中遇到什么问题→如何解决的 / 解决不了的原因→心得体会）								

任务三 诊断与排除直流充电系统故障

学习目标

- 了解新能源汽车直流充电工作原理。
- 了解秦 EV 车型的直流充电流程图。
- 了解直流充电故障诊断。
- 具备独立发现直流充电系统故障现象的能力。
- 具备分组合作排除直流充电系统故障的能力。
- 通过实训过程中的 6S 管理,培养学生的自我管理意识。

知识索引

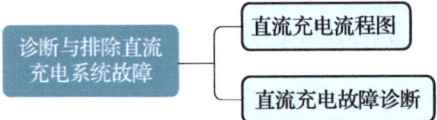

情境导入

罗女士在驾驶过程中发现自己的秦 EV 无法进行直流充电,但是仍然可以正常进行交流充电。她将车开到 4S 店进行检修,车间主管将排查这个故障的任务分给了你,你能完成这个任务吗?

获取信息

引导问题 1

请查阅相关资料,简述直流充电流程。

_____

_____

_____

直流充电流程图

秦 EV 直流充电流程图可以辅助了解各部分在充电流程中的关系，具体如图 6-3-1 所示。

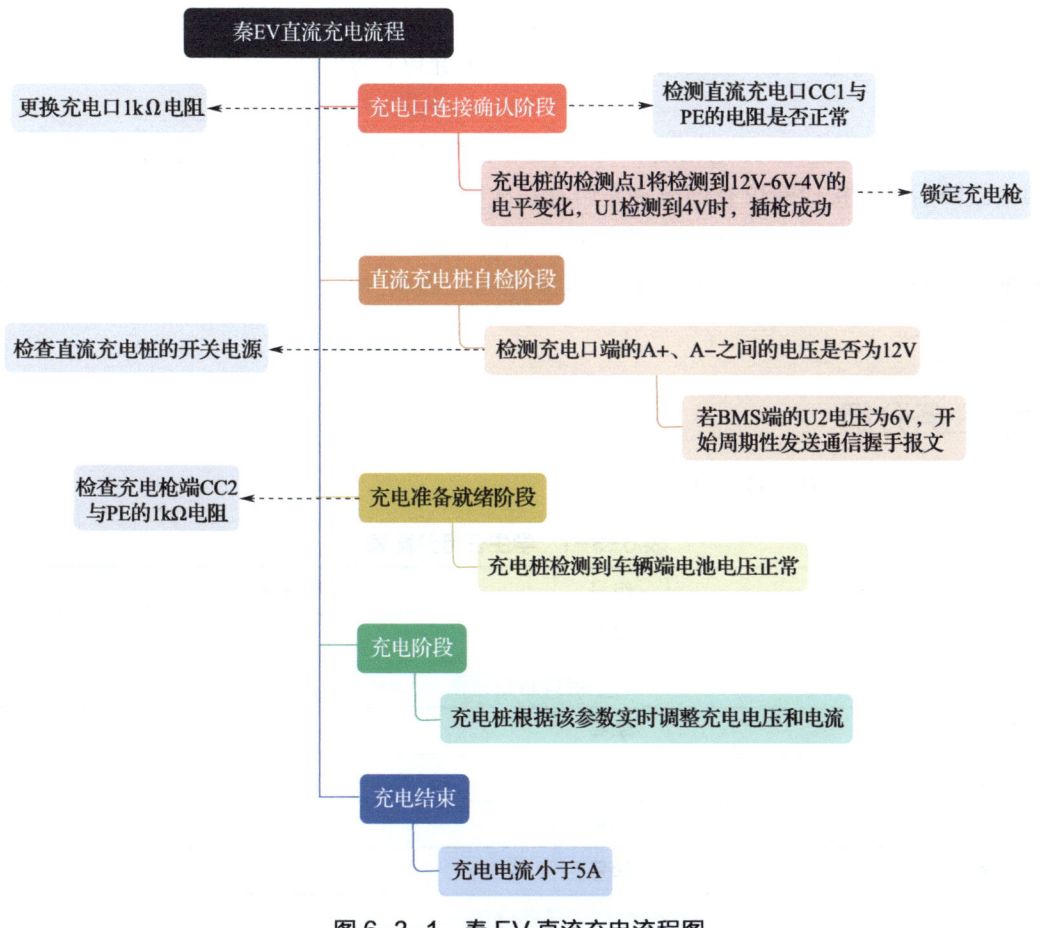

图 6-3-1　秦 EV 直流充电流程图

引导问题 2

请查阅相关资料，简述当电动汽车连接充电枪后，充电桩无电流输出且报连接超时故障情况下的故障诊断思路。

_____

_____

直流充电故障诊断

电动汽车在直流充电过程中，如果非车载充电机（以下简称直流充电桩）出现不能继续充电的故障，首先应使用万用表检查直流充电口端的温度传感器的电阻值，标准值为 2kΩ；其次使用诊断仪查看动力电池数据流，查看单体电池的最高电压是否超过标准值，磷酸铁锂电池最高电压不超过 3.65V，三元锂电池最高电压不超过 4.20V；然后查看单体电池最高温度是否超过 50℃；最后检查电池组的绝缘阻值是否低于 500Ω/V。

电动汽车在充电过程中，直流充电桩若发生通信超时（如通信线路故障等），直流充电桩将停止充电。此时应使用万用表测量直流充电口端的 S+、S– 之间的电阻值，标准值为 120Ω。

电动汽车在连接上充电枪后，充电桩无电流输出，充电桩报连接超时故障。排除通信故障后，连接诊断仪查询车辆是否存在故障码。秦 EV 车型的充配电总成中安装有直流烧结检测模块，在直流充电确认前会判断接触器是否烧结。关闭点火开关，打开充配电总成的上盖，使用万用表检测直流充电正极或负极接触器两端的电阻值，标准值为无穷大。

任务分组

学生任务分配表见表 6-3-1。

表 6-3-1 学生任务分配表

班级		组号		指导老师	
组长		学号			
组员角色分配					
信息员		学号			
操作员		学号			
记录员		学号			
安全员		学号			
任务分工					
（就组织讨论、工具准备、数据采集、数据记录、安全监督、成果展示等工作内容进行任务分工）					

工作计划

按照前面所了解的知识内容和小组内部讨论的结果，制定工作方案，落实各项工作负责人，如任务实施前的准备工作、实施中主要操作及协助支持工作、实施过程中相关要点及数据的记录工作等。工作计划表见表 6-3-2。

表 6-3-2　工作计划表

步骤	工作内容	负责人
1		
2		
3		
4		
5		
6		
7		
8		

进行决策

1）各组派代表阐述资料查询结果。
2）各组就各自的查询结果进行交流，并分享技巧。
3）教师对各组的计划方案进行点评。
4）各组长对组内成员进行任务分工，教师确认分工是否合理。

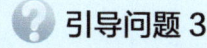 任务实施

引导问题 3

扫描二维码观看视频，了解如何检测直流充电口温度信号，并简述操作要点。

_____
_____

引导问题 4

扫描二维码观看视频，了解如何检测直流充电口线路故障，并简述操作要点。

_____
_____

参考操作视频，按照规范作业要求完成相应的操作步骤，完成数据采集并记录。实训准备见表 6-3-3。

表 6-3-3　实训准备

序号	设备及工具名称	数量	设备及工具是否完好
1	比亚迪秦 EV	1辆	□是　□否
2	安全防护套装	1套	□是　□否
3	一体化集成工量具	1套	□是　□否
4	车外三件套	1套	□是　□否
5	车内四件套	1套	□是　□否
6	万用表	1台	□是　□否
7	万用接线盒	1套	□是　□否
8	道通解码仪	1套	□是　□否
9	直流充电设备	1套	□是　□否
质检意见	原因：		□是　□否

直流充电口温度信号检测见表 6-3-4。

表 6-3-4　直流充电口温度信号检测

序号	步骤	记录	完成情况
1	准备工作 （1）检查耐磨手套有无明显破损，如有破损，需进行更换 （2）检查万用表外观有无破损 （3）检查红黑表笔外观有无破损 （4）连接万用表红黑表笔并调至电阻档，万用表校表 （5）规范安装车内四件套		已完成□ 未完成□
2	验证故障现象 （1）车辆上电，OK 指示灯正常点亮，仪表无故障提示 （2）按下起动开关，车辆下电 （3）打开直流充电口盖，连接直流充电枪，仪表充电连接指示灯正常点亮，车辆正常开启充电		已完成□ 未完成□
3	故障原因分析 （1）连接道通诊断仪，读取故障码，诊断仪显示：P158900- 充电口温度采样异常 （2）进入动力网，读取电池管理系统数据流，数据流显示正常 （3）分析故障原因：充电口温度传感器故障、充电口温度传感器线路故障		已完成□ 未完成□
4	确认故障点 （1）万用表旋转至电阻档，校表 （2）万用表旋转至电压档，红表笔接直流充电低压接插件 B53（A）-7，黑表笔搭铁。测得的电压值为 0V，异常；标准值为 2.2V 左右		已完成□ 未完成□

(续)

序号	步骤	记录	完成情况
4	（3）万用表旋转至电压档，红表笔接直流充电低压接插件 B53（A）-8，黑表笔搭铁。测得的电压值为 0V，正常；标准值为 0V （4）车辆下电，带上耐磨手套，断开低压蓄电池负极，并用绝缘胶带缠绕负极插头 （5）拔下直流充电低压接插件 B53（A） （6）万用表旋转至电阻档，红表笔接直流充电低压接插件 B53（A）-7，黑表笔接直流充电低压接插件 B53（A）-8，测得的电阻值为无穷大，异常。标准值为 11.2kΩ （7）使用一字螺钉旋具撬开 B53（A）接插件的固定卡片，检查端子与接插件连接的线束是否有损坏或松动 （8）发现存在异常情况，B53（A）-7 号端子松动且退针，确认故障点为直流充电口正极温度高导致信号断路故障		已完成□ 未完成□
5	直流充电口线路故障排除 （1）将 B53（A）-7 号端子对应的线拉出，使用专用工具处理接插处金属凸起，使其适当扩张 （2）把线插回接插件原来的端子孔位置，可以听到细小的"咔哒"一声，退针问题修复完成 （3）接上 B53（A）接插件 （4）取下低压蓄电池负极绝缘胶带，连接低压蓄电池负极 （5）连接直流充电枪，发现仪表充电连接指示灯正常点亮，正常显示充电功率和预计充满时间 （6）连接道通诊断仪，读取全车故障信息，诊断仪无故障显示 （7）故障排除已完成		已完成□ 未完成□
6	实训现场 6S 整理		已完成□ 未完成□
总结提升			已完成□ 未完成□
质检意见	原因：		已完成□ 未完成□

秦 EV 电池管理器 B/ 直流充电口电器原理图如图 6-3-2 所示。

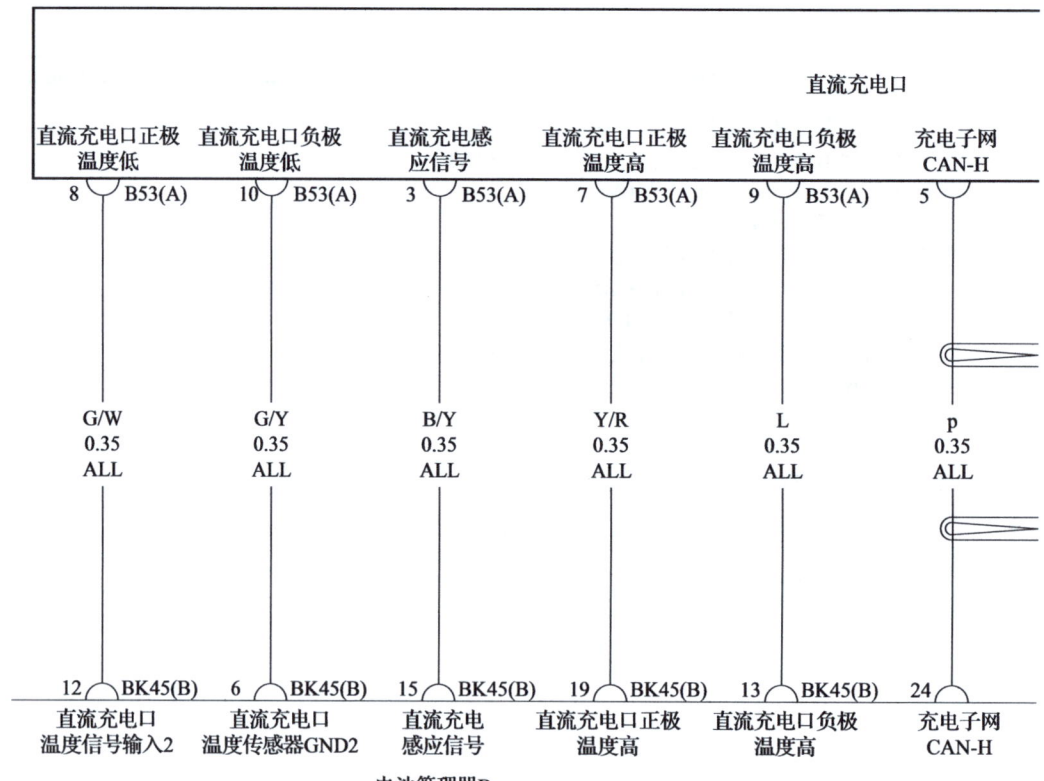

图 6-3-2　秦 EV 电池管理器 B/ 直流充电口电器原理图

直流充电口线路故障检测见表 6-3-5。

表 6-3-5　直流充电口线路故障检测

序号	步骤	记录	完成情况
1	准备工作 （1）检查耐磨手套有无明显破损，如有破损，需进行更换 （2）检查万用表外观有无破损 （3）检查红黑表笔外观有无破损 （4）连接万用表红黑表笔并调至电阻档，万用表校表 （5）规范安装车内四件套		已完成□ 未完成□
2	验证故障现象 （1）车辆上电，OK 指示灯正常点亮，仪表无故障提示 （2）按下起动开关，车辆下电 （3）打开直流充电口盖，连接直流充电枪，仪表充电连接指示灯正常点亮，车辆正常开启充电		已完成□ 未完成□
3	故障原因分析 （1）连接道通诊断仪，读取故障码，诊断仪无故障显示 （2）进入动力网，读取电池管理系统数据流，直流充电正负极接触器状态：断开		已完成□ 未完成□

（续）

序号	步骤	记录	完成情况
3	（3）分析故障原因：直流充电接触器故障、直流充电接触器供电故障、直流充电接触器控制线路故障		已完成☐ 未完成☐
4	**确认故障点** （1）万用表旋转至电阻档，校表 （2）万用表旋转至电压档，红表笔接充配电总成低压接插件 BK46-8，黑表笔搭铁。测得的电压值为 0V，异常；标准值为 10~14V （3）万用表旋转至电压档，红表笔接电池管理器低压接插件 BK45（A）-15，黑表笔搭铁。测得的电压值为 0V，异常；标准值为 10~14V （4）车辆下电，带上耐磨手套，断开低压蓄电池负极，并用绝缘胶带缠绕负极插头 （5）拔下电池管理器低压接插件 BK45（A） （6）万用表旋转至电阻档，红表笔接电池管理器低压接插件 BK45（A）-15，黑表笔接充配电总成低压接插件 BK46-8，测得的阻值为无穷大，异常。标准值为小于 1Ω （7）使用一字螺钉旋具撬开 BK45（A）接插件的固定卡片，检查端子与接插件连接的线束是否有损坏或松动，发现存在异常情况，BK45（A）-15 号端子松动且退针，确认故障点为直流充电正极接触器温度高导致信号断路故障 BK45(A)		已完成☐ 未完成☐
5	**直流充电口线路故障排除** （1）将 BK45（A）-15 号端子对应的线拉出，使用专用工具处理插接处金属凸起，使其适当扩张 （2）把线插回接插件原来的端子孔位置，可以听到细小的"咔哒"一声，退针问题修复完成 （3）接上 BK45（A）接插件 （4）取下低压蓄电池负极绝缘胶带，连接低压蓄电池负极 （5）连接直流充电枪，发现仪表充电连接指示灯正常点亮，正常显示充电功率和预计充满时间 （6）连接道通诊断仪，读取全车故障信息，诊断仪无故障显示，电池管理系统数据流显示直流充电正负极接触器闭合 （7）故障排除已完成		已完成☐ 未完成☐

（续）

序号	步骤	记录	完成情况
6	实训现场 6S 整理		已完成□ 未完成□
总结提升			已完成□ 未完成□
质检意见	原因：		已完成□ 未完成□

秦 EV 电池管理器 A/ 电池包 33PIN 如图 6-3-3 所示。

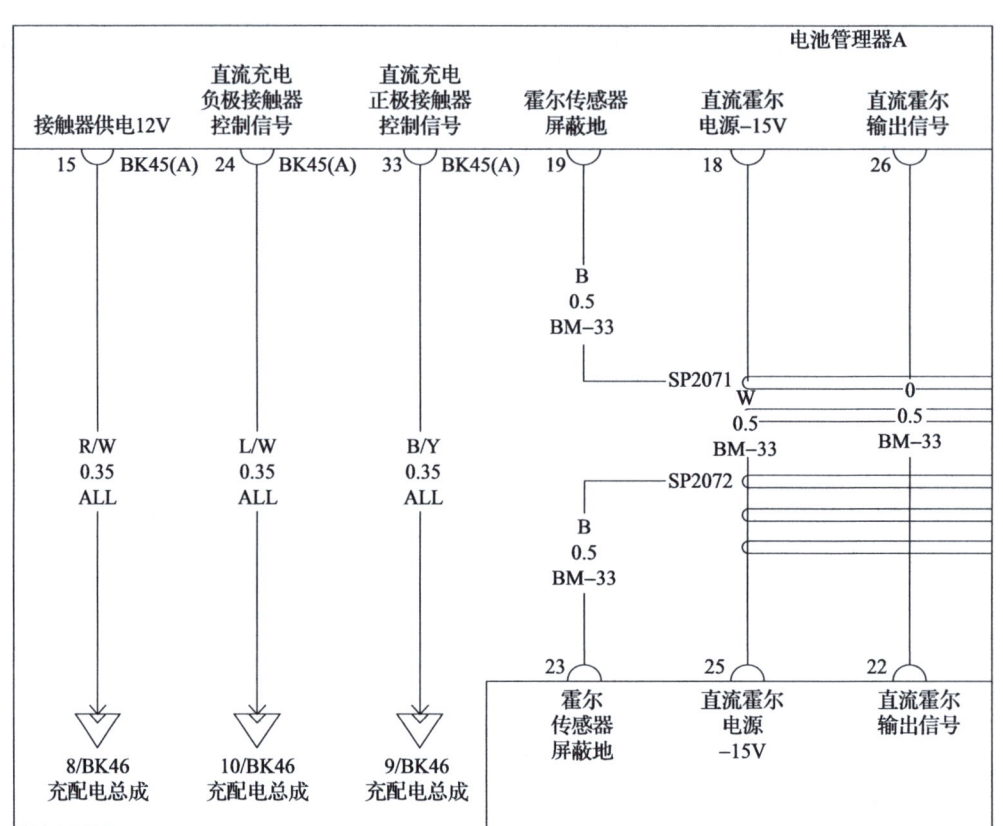

图 6-3-3　秦 EV 电池管理器 A/ 电池包 33PIN

评价反馈

1）各组代表展示汇报 PPT，介绍任务的完成过程。

2）以小组为单位，对各组的操作过程与操作结果进行自评和互评，并将结果填入综合评价表（见表 6-3-6）的小组评价部分。

3）教师对学生工作过程与工作结果进行评价，并将评价结果填入综合评价表（见表 6-3-6）的教师评价部分。

表 6-3-6　综合评价表

班级		组别		姓名		学号	
实训任务							
	评价项目		评价标准			分值	得分
小组评价	计划决策		制定的工作方案合理可行，小组成员分工明确			10	
	任务实施		能够正确检查并设置实训工位			5	
			能够准备和规范使用工具设备			5	
			能够正确检测直流充电口温度信号			20	
			能够正确检测直流充电口线路故障			20	
			能够规范填写任务工单			10	
	任务达成		能按照工作方案操作，按计划完成工作任务			10	
	工作态度		认真严谨、积极主动、安全生产、文明施工			10	
	团队合作		小组组员积极配合、主动交流、协调工作			5	
	6S 管理		完成竣工检验、现场恢复			5	
			小计			100	
教师评价	实训纪律		不出现无故迟到、早退、旷课现象，不违反课堂纪律			10	
	方案实施		严格按照工作方案完成任务实施			20	
	团队协作		任务实施过程互相配合，协作度高			20	
	工作质量		能准确完成本节的实训任务			20	
	工作规范		操作规范，三不落地，无意外事故发生			10	
	汇报展示		能准确表达、总结到位、改进措施可行			20	
			小计			100	
综合评分			小组评价分 ×50% + 教师评价分 ×50%				
总结与反思							

（如：学习过程中遇到什么问题→如何解决的 / 解决不了的原因→心得体会）